보고 생각하고 느끼는
우리 명승기행 1
역사문화 명승 편

보고 생각하고 느끼는
우리 명승기행 1 _역사문화 명승 편

지은이_ 김학범

1판 1쇄 발행_ 2013. 5. 20
1판 4쇄 발행_ 2015. 8. 27

발행처_ 김영사
발행인_ 김강유

등록번호_ 제406-2003-036호
등록일자_ 1979. 5. 17.

경기도 파주시 문발로 197(문발동) 우편번호 10881
마케팅부 031) 955-3100, 편집부 031) 955-3250, 팩시밀리 031) 955-3111

저작권자 ⓒ 김학범, 2013

이 책은 저작권법에 의해 보호를 받는 저작물이므로
저자와 출판사의 허락 없이 내용의 일부를 인용하거나 발췌하는 것을 금합니다.

값은 뒤표지에 있습니다.
ISBN 978-89-349-6264-9   03900

독자 의견 전화_ 031)955-3200
홈페이지_ http://www.gimmyoung.com   카페_ cafe.naver.com/gimmyoung
페이스북_ facebook.com/gybooks   이메일_ bestbook@gimmyoung.com

좋은 독자가 좋은 책을 만듭니다.
김영사는 독자 여러분의 의견에 항상 귀 기울이고 있습니다.

역사문화 명승 편

김학범 교수와 함께 떠나는 국내 최초 자연유산 순례기

보고 생각하고 느끼는
우리 명승기행 1

김학범

김영사

추천의 글

우리 명승의 발전을 위하여

운암 김학범 교수의 오랜 집념이 결실을 맺어 마침내 국가지정 문화재인 아름다운 명승을 소개한 《보고 생각하고 느끼는 우리 명승기행》이 출간된 것을 진심으로 축하한다. 문화는 국가의 품격을 결정하는 척도다. 특히 전통문화는 그 민족의 고유성을 웅변하는 역사의 산물이기 때문에 그것이 지닌 문화적 가치는 민족의 품격을 결정하는 핵심 요소다. 아울러 그 문화를 창조해낼 수 있게 한 삶의 터전인 자연 또한 민족문화와 분리해서 생각할 수 없는 한 부분이라고 할 수 있다.

유네스코는 인류가 만들어낸 위대한 문화와 그 창조의 터전인 자연을 조상이 남긴 인류 공동의 유산으로 인식하고 이를 문화유산과 자연유산, 그리고 문화와 자연의 복합유산이라고 정의했다. 이 중 종족이나 국가가 보존할 수 있는 차원을 뛰어넘는 가치를 지닌 것을 세계유산으로 지정하고, 유네스코가 범세계적인 유산으로 관리하게 했다. 1972년 파리에서 개최된 제17차 총회에서 유네스코가 마련한 '세계문화 및 자연유산 보호에 관한 협약'은 그렇게 만들어진 것이다.

문화재에 대한 우리의 인식은 해방 이후 남겨진 이왕가 자산을 관리할 목적으로 만들어진 구황실 사무청의 설치에서 비롯되었다. 그것이 1961년 문화재관리국으로 독립하면서 오늘에 이르렀다. 이로 인해 문화재 관리의 핵심도 당연히 왕실 재산에서 비롯된 문화유산이라는 매우 좁은 범주를 벗어나지 못했다. 더욱이 문화재cultural property라는 말에는 유산heritage의 개념이 포함되지 않아서 자연유산의 의미는 도외시될 수밖에 없었던 것이 저간의 사정이었다. 이는 전적으로 유산적인 가치를 간과한 '문화재'라는 말을 '유산' 대신 쓰게 한 일본인의 오류 때문이며, 다시 그 용어를 분별없이 답습한 우리의 잘못에 기인한 것이다. 문화재청은 국가유산을 지정·관리하면서 조상들이 만들어낸 전통문화에 대해서만 관심을 집중해왔다. 그러면서 자연유산에 대한 배려는 '천연기념물'에만 국한했는데 이것은 결국 문화재라는 용어로 상징되는 개념의 한계에서 비롯되었다고 할 수 있다.

천연기념물과 함께 자연유산의 한 축이 되는 명승은 1933년에 공포하여 문화재보호법의 모체가 된 '조선보물 고적 명승 천연기념물 보존령'에 이미 명시되었다. 이후 1962년에 제정된 우리나라 문화재보호법에서 '기념물'의 한 핵심 영역으로 그 위상이 정립되었지만 오랜 세월 동안 문화재청의 관심에서는 벗어나 방치되어 있었다. 그래서 2003년까지 국가지정문화재인 자연명승은 7건, 문화와 자연을 아우르는 복합유산 개념인 사적 및 명승은 10건이 전부였다.

우리나라 마을숲을 전공한 김학범 교수는 1997년부터 문화재 전문위원으로 활동했다. 특히 2003년부터는 본격적으로 천연기념물분과 문화재위원으로 선임되어 명승의 본격적인 지정에 심혈을 기울여왔다. 그는 1988년 서울올림픽을 대비하여 내무부가 기획한 '한국의 명원 100선 조사연구'에 참여하면서 전국을 답사하는 기회를 가졌고, 그 연구 성과는 박사학위 논문인 《한국의 마을원림에 관한 연구》(1992)와 《마을숲》(1994)으로 결실을 맺었다.

김 교수의 이러한 연구는 우리나라 명승에 대한 국가적인 관심을 불러일으키는 결정적인 계기를 마련했다. 그동안 천연기념물분과 내에서 아무도 주목하지 않았던 명승의 가치를 기회가 있을 때마다 역설하고, 명승지정에 발 벗고 나서 오늘이 있게 한 것이다. 천연기념물분과에 명승을 담당할 계가 만들어진 것이 2011년이니, 김 교수가 주도하여 전국에 흩어져 있는 명승지를 가려내 국가지정문화재로 지정할 수 있도록 쏟은 열정이 얼마나 큰 것이었는지 미루어 짐작할 수 있을 것이다.

이러한 집념은 큰 변화를 이루어냈다. 초기 자연명승에 국한된 영역을 역사·문화 명승으로 확대 및 발전케 했고, 7건에 불과했던 명승을 10년이 지난 2013년에 들어서면서 100건이 넘도록 지정 속도를 가속시키는 원동력을 제공하였다. 운암은 명승의 거의 모든 곳에 답사의 발자국을 남겼던 것이다.

문화재청은 김학범 교수의 이러한 헌신에 보답하기 위해 2009년 옥관문화훈장을 수여했다. 김 교수의 노고를 처음부터 옆에서 지켜보았고, 또 함께 동참하기도 한 인연은 나에게 가장 자랑스러운 기억의 한 토막이 되고 있다. 다시 한 번 이 귀한 책의 출간을 축하하면서 개발 압력에 소리 없이 사라지고 있는 우리나라 명승들이 더욱 훼손되기 전에 앞으로 더 많이 발굴하고 기록에 남겨, 후대에 넘겨주는 역사적인 임무에 박차를 가해주기를 진심으로 기원한다.

서울대학교 명예교수
전 문화재위원회 위원장
이인규

들어가며

아름다운 금수강산, 명승의 나라

　우리나라는 정말 아름답다. 사계절이 뚜렷하고 계절에 따라 고운 옷을 갈아입는 금수강산錦繡江山이다. 금수강산이란 비단에 수를 놓은 것처럼 아름다운 산천이라는 뜻으로 빼어난 자연 경관을 비유하여 이르는 말이다. 우리나라의 산천은 금수강산이요, 곧 명승의 나라다.

　우리 국토에는 아름다운 경승지가 헤아릴 수 없이 많다. 북에서 남으로 보면 눈 덮인 설악산에서부터 철쭉이 만발한 소백산, 억새와 단풍이 어우러진 지리산, 바다 건너 우뚝 솟은 한라산 영봉까지 이른다. 또한 동에서 서로는 무수한 새들이 무리지어 나는 독도, 일출의 자태가 장관인 동해안의 절경에서부터 서해 낙조의 아름다움이 황홀경을 연출하는 안면도 할매바위까지 연결된다. 온 산천 방방곡곡이 그야말로 하늘의 선녀가 섬섬옥수로 수를 놓은 비단과도 같은 금수강산이라 할 수 있다.

　우리의 아름다운 자연은 이제 세계적으로도 그 가치를 인정받고 있다. 바로 '제주도 화산섬과 용암동굴'이 지난 2007년 6월 유네스코 세계자연유산에 등재된 것이다. 우리 경승지가 곧 세계무대에 오를 수 있는 명승이 되었다는 것을 의미하는 기념비적인 사건이었다.

그러나 우리는 이토록 많은 경승지를 가졌음에도 불구하고 지금까지 그 아름다움을 제대로 알지 못하고 지내왔다. 그것은 명승의 숫자만 봐도 극명하게 드러난다. 대한민국에서 명승이 국가문화재로 지정되기 시작한 1970년대 초부터 2003년까지 명승은 단 7건에 불과했다. 이미 같은 시기에 수백 군데의 명승을 보유하고 있던 일본이나 북한과는 비교해볼 수조차 없는 처지였다. 이것은 금수강산이라고 국민 모두가 입버릇처럼 자랑하는 국토에 대한 크나큰 모독이라 해도 과언이 아니다.

우리나라의 명승지정은 2003년부터 본격적으로 시작되었다. 초기에는 매년 수 군데씩 지정되다가 해가 지나면서 차츰 활발해져 2013년 5월 현재 104곳이 되었다. 10여 년에 걸친 문화재청의 많은 노력으로 다행히 100여 곳의 명승을 확보한 것이다. 그러나 아직도 명승은 매우 적은 상황이다. 한 자료에 의하면 북한에는 320건의 명승이 있고, 일본은 360건, 중국은 국가지정 명승이 208건, 지방 명승이 2,560건으로 총 2,768건에 달하는 엄청난 규모를 자랑한다.

그렇다면 어떻게 주변 국가들은 우리보다 많은 명승을 가지고 있을까? 일본은 우리보다 네 곱절이나 더 아름다운 나라인가? 우리 국토에 명승으로 지정할 만한 경승지가 북한과 일본에 비해 크게 부족한 것일까? 절대 그렇지 않다. 이는 모두 우리의 잘못 때문이다. 아름다운 국토가 너무 가까이 있고 또 익숙해서 그 소중함을 간과한 것이다. 그리고 이런 사실을 너무 늦게 깨달으면서 비롯된 결과이다.

2003년 이전 우리나라는 명승을 지정할 때 주로 규모가 크고 아름다운 자연 경관 지역을 대상으로 했다. 아기자기함에 바탕을 둔 우리나라 자연의 특성을 제대로 이해하지 못했던 것이다. 이로 인해 그 당시 지정된 명승은 대부분 규모가 컸고 자연스럽게 명승 전체를 한 곳에서 조망할 수도, 그 모습을 확연히 볼 수도 없었다. 결국 구체적으로 어떤 경관 요소가 명승인지조차 알 수 없게 되었고 명승의 지정도 활발히 이루어지지 못했다. 그러나 2001년과 2007년 두 차례에 걸친 개정 작업으로 명승에 대한 기준이 크게 확대되었다. 가장 큰 변화는 정원, 원림, 동천, 대, 옛길, 경작지, 포구 등과 같은 역사·문화 경관이 명승의 개념으로 확장되었다는 것이다. 이때 이후로 다양한 문화 경관을 명승으로 지정할 수 있게 되었다.

  명승의 개념은 국가마다 다양하다. 일본의 경우 협곡, 계류, 습원, 산악 등의 자연적 명승과 공원, 정원, 교량 등 인공으로 형성된 인문적 명승으로 구분하여 여러 대상을 명승에 포함시키고 있다. 지정 종류도 순수한 자연적 경승지로서의 명승, 자연 경관과 인문 경관이 함께 있는 명승·사적, 자연 경관과 천연기념물이 함께 있는 명승·천연기념물 등 세 가지 형식으로 나누어 폭넓게 지정하고 있다. 우리도 이처럼 지속적으로 명승의 개념과 범위를 확장할 필요가 있다.

  일본에는 다수의 고정원도 공원과 함께 명승으로 지정되어 있다. 360건의 명승 중 고정원이 200건이 넘는다. 일본의 명승 정책이 거의 고정원 중심이라는 것을 의미한다. 과거 우리나라는 고정원이 모두 사적으로 지정되어 있었다. 2007년 명승의 기준이 개정된 이후 처음으로 광한루원을 비롯한 담양 소쇄원, 보길도 윤선도 원림, 성락원 등의 고정원이 명승으로 지정되었다. 이것은 명승지정에 관한 획기적인 전환점을 가져왔고, 현재는 고정원의 약 20여 군데가 명승이 되었다.

옛길 또한 새로운 명승으로 지정되기 시작했다. 과거 교통로로 이용되었던 옛길은 지나간 문화의 한 단면을 보여주는 중요한 유산으로 대관령 옛길, 문경새재, 토끼비리 등이 명승으로 지정되었다. 전통산업 경관도 명승에 포함되었다. 가파른 경사지에 조성된 남해의 가천마을 다랑이논과 지족해협에 설치된 죽방렴은 전통적인 산업 시설로 대표적인 명승이다. 농어촌 마을의 전통문화를 상징하는 마을숲도 명승으로 지정되었다. 마을숲에는 솟대, 장승, 오리, 돌탑과 같은 토착신앙을 상징하는 요소들이 많다. 또한 마을의 유교문화를 비롯한 제의행위, 놀이, 휴식 등 다양한 이용적 기능을 담고 있는 자연유산이다. 이 외에 문화재보호법에도 없는 '사적 및 명승'으로 잘못 지정되어 있었던 명산과 고찰, 아름다운 일출과 일몰 광경을 조망할 수 있는 지점도 명승으로 지정되기 시작했다.

설악산, 한라산, 홍도, 대암산, 건봉산 등도 아름다운 자연 경관을 무수히 지녀 '천연보호구역'으로 지정되었다. 이는 문화재보호법에서 규정하고 있는 문화재의 한 종류로 천연기념물에 속한다. 대부분 넓은 야생 지역을 대상으로 지정하고 있으며, 그 안에는 다수의 경승지를 포함하고 있는 경우가 많다. 이러한 경승지는 한눈에 들어오는 소규모의 경관으로 '점경관'이라고 할 수 있다. 점경관은 사진의 프레임이나 화가의 캔버스에 한 폭의 풍경으로 묘사되는 경관을 의미한다. 북한을 비롯한 일본의 명승 대부분이 규모가 작은 점경관으로 이루어져 있다. 이러한 점경관을 명승으로 지정하여 국민의 접근과 감상뿐만 아니라 이해도 넓힐 수 있는 정책이 바람직하다.

최근에 문화재청은 명승자원의 발굴을 위해서 많은 노력을 기울이고 있다. 명승은 관광자원으로 활용하기에도 좋은 문화재다. 따라서 국가는 물론 지방자치단체도 다수의 아름다운 경관을 명승으로 지정하여 관광자원으로 활용할 필요가 있다.

지금까지 문화재는 오로지 보존해야 하는 국보나 보물, 혹은 국민의 재산권을 제한하는 규제의 대상으로만 인식되었다. 문화재는 본래 재화의 가치를 지닌 동산문화재를 중심으로 하는 개념이다. 그러나 이제는 세계적인 추세에 맞춰 유네스코가 사용하는 '유산'이라는 개념으로 변화와 발전을 해야 한다. 이러한 변화는 이미 문화재청의 명칭에서 시작되었다. 우리말로는 '문화재'지만 영어로는 'cultural property(문화재)'가 아닌 'cultural heritage(문화유산)'라는 용어를 사용하고 있는 것이다. 명승이나 천연기념물을 아우르는 '자연유산'의 개념을 포함하는 것으로 향후 '국가유산'이라는 개념으로 다시 한 번 확대되어야 할 것이다.

명승은 활용을 전제로 하기 때문에 이에 대한 관심이 점점 커지고 있는 현 시점에서 매우 중요한 자연유산이다. 앞으로 명승 지정을 확대하여 관광자원으로 적극 이용함으로써 국가유산에 대한 국민의 인식을 개선해야 한다. '제주도 화산섬과 용암동굴'이 세계유산으로 지정된 것과 때를 같이 하여 지금까지 소홀했던 금수강산의 의미를 되새기고 우리 국토의 아름다움을 밝혀, 많은 경관자원이 명승으로 지정될 수 있도록 국민 모두가 함께 뜻을 모아야 한다.

언젠가 〈1박 2일〉에서 명승 제18호로 지정된 '소매물도 등대섬'이 방영된 적이 있었다. 방송을 보면서 언제쯤 그곳이 명승임을 설명할지 매우 궁금했다. 그러나 그 누구도 '소매물도 등대섬'이 국가에서 지정한 자연유산, 즉 명승이라는 사실을 이야기하는 사람이 없었다. 명승은 그저 아름다운 경승지라는 일반 명사 정도로 아는 사람이 대부분인 것이다.

2003년 이후 명승지정에 관한 모든 절차에 관여하면서 늘 이와 같은 인식을 새롭게 변화시켜야 한다는 생각을 해왔다. 그래서 2011년 후반부터 본격적으로 문화재청에서 발행하고 있는 〈문화재사랑〉과 인터넷 매체인 〈헤리티지채널〉에 꾸준히 글을 게재하면서 명승을 홍보하기 시작했다. 이 책은 그곳에 실렸던 글을 새로이 다듬고 편집한 것이다. 이를 통해 국가에서 지정한 명승이 사적, 천연기념물과 똑같은 국가지정문화재의 하나라는 사실이 널리 알려지고 그 의미가 충분히 인지되기를 바라는 마음이다.

2013년 5월

김학범

차 례

추천의 글__ 우리 명승의 발전을 위하여 • 4
들어가며__ 아름다운 금수강산, 명승의 나라 • 8

제1장 고정원

올곧은 선비의 향기가 묻어나는 채미정 • 20
배롱나무 꽃이 흐드러지는 명옥헌 원림 • 26
그림으로 남은 정원 소쇄원 • 32
나 다시 돌아가리라 만휴정 원림 • 38
그림자가 쉬어가는 식영정 일원 • 44
섬 속의 낙원을 알지 못하였구나 윤선도 원림 • 50
신선이 사는 도심 속 정원 성락원 • 56
물외무우의 한거 초연정 원림 • 62
묵향이 묻어나는 학문의 공간 초간정 원림 • 68
참선의 원림 청평사 고려선원 • 74
화림동천의 계원 거연정 일원 • 80
고반원터에 지은 별서 임대정 원림 • 86
염퇴의 강직한 기품이 흐르는 월연대 일원 • 92
신선과 반려하는 유토피아 용암정 일원 • 100

제2장
누원과 대

심산유곡의 산수를 즐기다 **수승대** • 108

관아원림의 상징 **광한루원** • 114

금닭이 알을 품고 있는 명당 **청암정과 석천계곡** • 120

진경산수화의 비경 **죽서루와 오십천** • 126

남종화의 산실 **운림산방** • 132

악성 우륵의 자리 **탄금대** • 138

제3장
팔경구곡과 옛길

퇴계와 두향의 애절한 전설이 담긴 **구담봉** • 146

조선 선비들의 벼슬길 **문경새재** • 152

도담의 아름다운 세 봉우리 **도담삼봉** • 158

아흔아홉 굽이 큰 고개 **대관령 옛길** • 164

시인묵객이 시화로 예찬한 **사인암** • 172

선조의 삶이 배어 있는 바꾸미 고개 **구룡령 옛길** • 180

마고할미의 성지 **석문** • 186

석벽을 깎아 만든 벼랑길 **토끼비리** • 192

선비의 기개와 절의를 품은 **일사대 일원** • 198

구천동 물돌이 명소 **파회와 수심대** • 204

죽죽이 개척한 대재 **죽령 옛길** • 210
백사실계곡의 원림 유적 **백석동천** • 216
희고 푸른 바위들의 향연 **옥순봉** • 222
백두대간을 넘는 최초의 고갯길 **하늘재** • 228

제4장
역사·문화 명소

법보사찰의 으뜸 **가야산 해인사 일원** • 236
곰을 상징하는 백제의 중심지 **공주 고마나루** • 244
만년불패의 터전 **두륜산 대흥사 일원** • 252
단종의 한이 서린 유형의 땅 **영월 청령포** • 258
속세를 떠난 이상향 **속리산 법주사 일원** • 266
승보사찰의 명산 **조계산 송광사와 선암사 일원** • 274
백제의 고도 **부여 구드래 일원** • 282
화엄의 불국세계 **지리산 화엄사 일원** • 290

제5장

전통산업·
문화 경관

농경이 문화 경관이 되다 **가천마을 다랑이논** • 300

내앞마을의 지킴이 **백운정과 개호송숲** • 308

어업문화의 경관 **지족해협 죽방렴** • 314

전통포구의 마을숲 **법성진 숲쟁이** • 320

꿈에서 본 선경 **선몽대 일원** • 326

삼한시대의 저수지 **의림지와 제림** • 332

덕연구곡의 명소 **용계정과 덕동숲** • 338

감사의 글 • 344

부록 _ 지도로 보는 명승 • 346

　명승 목록 • 348

제 1 장

고정원

올곧은 선비의 향기가 묻어나는 옛 정원, 묵향의 짙은 내음이 깊게 배어 있는 학문의 장소, 벼슬살이를 마친 유림이 돌아와 머물던 정자, 공명과 현달을 버리고 신선이 되어 살고자 한 원림, 아름다운 자연 속에 우리의 선인들이 산수와 벗하며 지은 이 모든 정자와 원림은 국가지정 명승으로 분류되는 고정원이다.

명승 제52호

올곧은 선비의 향기가 묻어나는, 채미정

오백년 도읍지를 필마匹馬로 돌아드니
산천은 의구依舊하되 인걸은 간데없다
어즈버 태평연월太平烟月이 꿈이런가 하노라

_ 길재,〈회고가懷古歌〉

  오백년을 이어온 고려왕조가 국운이 다해 결국 멸망했다. 많은 인사들이 새롭게 열린 나라 조선의 공신이 되어 개국의 깃발 아래 구름처럼 모여들었다. 그러나 새로운 나라의 창업에 동참하지 않고 이미 무너져버린 고려왕조에 끝까지 충절을 지킨 사람들이 있었다. 세상에 다시 나오지 않을 각오로 두문동杜門洞에 들어간 사람을 비롯하여 두 나라, 두 임금을 섬기지 않겠다고 선언한 이들이다. 멸망한 고려에 충절을 지킨 충신으로 잘 알려진 삼은三隱도 이들에 속하는 대표적 인물이다.

  길재吉再는 바로 그 삼은 중 한 사람이다. 고려 말에서 조선 초기의 학자로 그는 야은冶隱, 또는 금오산인金烏山人이라는 호를 즐겨 사용했다. 조선 개국 후 2대 정종 임금 시절, 당시 왕세제였던 이방원이 그를 불러 태상박사에 임명하려 했다. 그러나 그가 글을 올려 두 임금을 섬기지 않는다는 뜻을 펴니, 이방원은 그 절의를 갸륵하게 여기고 예를 다해 대접하여 보내주었다고 한

▼ 채미정 전경

계곡 위의 다리를 건너면 입구인 홍기문이 있고, 이 문을 직선으로 지나는 축의 끝부분에 경모각이 위치한다. 또한 우측에는 채미정, 좌측에는 구인재가 있다.

다. 그 후 길재는 고향인 금오산 아래에 머물렀다.

경부고속도로 구미인터체인지를 통과한 후 좌측 방향으로 난 길을 따라가면 금오산(976m)에 다다른다. 기암괴석과 울창한 수림이 절경을 이루고 맑은 물이 흐르는 계곡이 깊은 명산이다. 경상북도 도립공원으로도 지정되어 있는 금오산의 계곡에는 채미정採薇亭이 고고한 모습으로 자리하고 있다. 길재의 충절과 학덕을 기리기 위해 건립된 정자로 이 길목에 〈회고가〉를 새긴 시비가 서 있다. 채미정은 1768년(영조 44)에 창건되었으나, 1977년 구미시에서 건물을 보수하고 경역을 정화하는 사업을 크게 시행하여 지금에 이르고 있다.

채미정은 벽체가 없고 16개의 기둥만 있는 정자다. 정면 3칸,

▶ **채미정의 계곡**
금오산에서 발원하여 채미정 앞을 흐른다. 계류의 다소 높은 위치에 다리가 놓여 있으며, 이 계곡은 채미정에서 아래로 부감되는 경관 요소다.

측면 3칸의 한식 건물로 한가운데 1칸을 방으로 만들고 'ㅁ'자로 우물마루를 두른 건물이다. 정자의 정중앙에 자리한 방은 온돌로 되어 있어 추운 계절에도 사용할 수 있다. 방문은 들문의 형식으로 사방에 2짝씩 달려 있는데 모든 문을 들어 올리면 방이 없는 무실형 정자의 모습으로 변한다. 채미정의 경역은 정문인 홍기문興起門을 시작으로 석축 상단에 가로로 쌓은 담장으로 구획되어 있다. 이곳에 숙종의 어필 오언시五言詩가 걸려 있는 경모각敬慕閣과 구인재求仁齋, 비각 등의 건물이 위치하고 있다. 채미정으로 가려면 깊은 계곡 위에 놓인 다리를 지나야 한다. 다리 아래로 흐르는 계류와 울창한 수목들은 채미정과 어우러져 아름다운 경관을 이룬다. 특히 채미정에서 바라보는 금오산의 풍광은 명승으로서의 경관미를 한층 돋보이게 한다.

채미정이 위치한 금오산은 경관이 빼어나고 힘과 기상이 넘치는 바위산이다. 불교를 신라에 처음 전파한 아도화상阿道和尙이 이곳을 지나다가 저녁노을 속으로 황금빛 까마귀가 나는 것을 보고 금오산이라 이름 지었다고 한다. '채미'는 고사리를 캔다는 뜻으로 중국 주나라의 전설적인 형제 성인 백이伯夷와 숙제叔齊에 관한 고사에서 유래된 말이다.

백이와 숙제는 본래 은나라 고죽국孤竹國의 왕자들이었다. 선왕이 죽은 뒤 두 사람 모두 후계자가 되기를 사양하고는 고죽국을 떠나버려, 결국 왕위는 가운데 아들이 물려받았다고 한다. 그 무렵에 주나라의 무왕武王이 은나라의 주왕紂王을 토멸하였다. 백이와 숙제는 무왕의 정벌이 신하가 천자를 배신한 인의仁義에 위배되는 일이라고 생각했다. 그래서 주나라에서 나는 곡식을 거부하고 수양산으로 들어가 몸을 숨기고 고사리로 연명하다가 굶어 죽었다고 한다.

유림들은 백이와 숙제를 절의의 상징으로 높이 평가하고 있다. 사마천司馬遷이 지은 《사기史記》의 〈백이숙제열전편〉에는 이렇게 〈채미가采薇歌〉가 전해지고 있다.

저 서산에 올라	登彼西山兮
산중의 고사리나 꺾자	采其薇矣
포악함을 포악함으로 바꾸면서도	以暴易暴兮
그 잘못을 모르는구나	不知其非矣
신농과 우하의 시대는 가고	神農虞夏 忽焉沒兮
우리는 장차 어디로 돌아갈 것인가	我安適歸矣
아, 이제 떠나야 하리	于嗟徂兮
천명이 모두 쇠하였구나	命之衰矣

▶ 채미정
연한 초록색을 두른 늦은 봄의 채미정이다. 한가운데 방을 두고 툇마루를 두른 구조로 방문은 사방을 모두 들어 올릴 수 있는 들문으로 되어 있다. 구미시 제공.

　인의를 저버린 군주, 새로운 왕조를 섬길 수 없다며 불사이군 不事二君을 고집한 백이와 숙제는 야은 길재가 사표師表로 삼고자 한 인물이다. 신하가 주군을 멸하고 세운 조선에서 길재는 백이와 숙제가 간 길을 택하고자 했다. 이처럼 은나라에 대한 충절을 지켰던 백이와 숙제의 고사에서 비롯된 명칭인 '채미정'은 길재의 충절을 상징한다.

　길재는 1353년 구미에서 태어나 당시 관료로 있던 아버지를 만나기 위해 개경으로 가서 이색, 정몽주, 권근 등의 문하에서 학문을 익혔다. 1374년 생원시, 1383년 사마감시, 1386년 진사시에 합격한 후 성균박사를 지냈다. 고려의 쇠망을 짐작한 후 늙은 어머니의 봉양을 구실로 사직하여 낙향했다. 어머니에 대한 효성이 지극했으며 세속의 현달에 뜻을 두지 않고 성리학 연구에 매진했기 때문에 그를 본받고 가르침을 얻으려는 학자가 줄을 이었다고 한다. 김숙자, 김종직, 김굉필, 정여창, 조광조 등이 그의 학맥을 이은 유림이다. 1419년(세종 1) 67세를 일기로 생을 마친 길재는 금산의 성곡서원, 선산의 금오서원, 인동의 오산서원에 향사되었다.

　왕권이 교체되는 난세에도 고려에 절의를 지키고 학문에만 정진한 야은 길재는 사후, 오히려 조선에서 충절忠節이라는 시호를 받으면서 충신이 되었다. 또한 후학들에 의해 학통을 잇게 하는 중심인물로 위상을 지니게 된다. 채미정은 충절을 지키며 오직 학문에 정진한 야은의 올곧은 선비로서의 향기가 묻어나는 명승이다.

배롱나무 꽃이 흐드러지는, 명옥헌 원림

▶ **명옥헌의 녹음**
천원지방의 음양구조를 보여주는 명옥헌 원림은 고졸한 정자와 배롱나무, 소나무 등의 정원수가 어우러져 정원의 특징을 잘 나타내고 있다.

▶ **배롱나무 꽃의 원림**
늦여름 배롱나무 꽃잎이 무리지어 떨어지면 마치 붉은 꽃비가 내리는 것 같다. 꽃이 떨어져 연못의 가장자리에 덮여 있는 모습이다. 담양군 제공.

한여름 푹푹 찌는 더위를 뚫고 찾아가면, 이곳에서는 이글이글 타는 듯한 여름의 끄트머리를 만날 수 있다. 바로 빨간 꽃이 흐드러진 배롱나무 정원이다. 연못을 중심으로 가장자리의 둑방길을 따라 배롱나무가 줄지어 서 있고, 못 한가운데 있는 섬 안에도 배롱나무가 자리하고 있어 그야말로 배롱나무는 이 정원을 온통 뒤덮고 있다. 특히 배롱나무는 대부분 고목이 되어 총총히 가지를 뻗고 그 빼곡한 가지마다 빨갛게 탐스러운 꽃무리를 수관 가득히 달고 있다. 늦여름 배롱나무 꽃이 질 때면 붉은 꽃비가 되어 정원 곳곳에 흩날리고, 꽃잎이 못 위에 호사스런 붉은 융단을 만드는 아름다운 자미紫薇(배롱나무)의 정원이 명옥헌 원림이다. 이곳은 담양 지방의 정자원림 중에서도 배롱나무 꽃이 가장 아름답다.

담양은 나무로 유명하다. 대나무, 메타세쿼이아, 배롱나무가 주종을 이루는데 그중에서도 배롱나무는 명옥헌 원림을 대표하는 여름 꽃나무다. 또한 담양은 정자원림의 고장이다. 명옥헌, 소쇄원, 식영정, 면앙정, 송강정, 환벽당, 독수정 등 가사문학의 산실이 되었던 정자가 모두 이 지방에 위치하고 있다. 특히 소쇄원을 비롯한 식영정, 환벽당 등 다수의 정자원림은 배롱나무 여울이라 불렸던 자미탄紫薇灘(증암천) 주변에 자리하고 있다. 그

옛날 빨간 꽃 흐드러진 자미탄과 정자원림 속에서 이곳 사람들은 무언가 글을 쓰거나 시를 노래하지 않을 수 없었을 것이다.

명옥헌 원림은 조선 중엽에 명곡明谷 오희도吳希道가 산천경개를 벗하며 살던 곳으로 그의 아들 오이정이 선친의 뒤를 이어 이곳에 은거하면서 만든 정원이다. 오이정은 자연 경관이 좋은 도장곡에 정자를 짓고 그 앞에 연못을 파서 주변에 배롱나무와 소나무를 심어 가꾸었다. 명옥헌鳴玉軒이란 계곡물이 흘러 하나의 못을 채우고 다시 그 물이 아래의 연못으로 흘러가는 과정에서 물 흐르는 소리가 마치 옥구슬이 소리를 내는 것과 같다고 하여 붙여진 이름이다.

명옥헌은 정면 3칸, 측면 2칸의 아담한 규모의 정자다. 정자의 한가운데에 방이 위치하고 그 주위에 ㄷ자 마루를 놓은 형태로 소쇄원의 중심건물인 광풍각과 동일한 평면구조를 가지고 있다. 이러한 형식은 호남 지방 정자의 전형이다. 방이 있는 정자에서는 별서의 주인이 항상 머무를 수 있고, 공부를 하거나 자손들을 교육할 수도 있다. 명옥헌은 이와 같이 은일자의 거처나 후학들을 가르치는 교육의 장소로 활용하기에 알맞은 구조를 지녔다.

명옥헌 원림에는 상지上池와 하지下池 두 개의 연못이 있다. 이 연못은 모두 네모난 형태로 안에는 둥근 모양의 섬이 조성되어 있다. 조선시대 정원에 많이 나타나는 방지원도方池圓島의 모습이다. 이는 천원지방天圓地方, 즉 우리가 살고 있는 땅은 네모나고 하늘은 둥글다고 여긴 선조들의 우주관에서 비롯되었다.

명옥헌 원림의 지형은 안온하다. 전면은 후산마을의 고개가

▶ **명옥헌**
한가운데 방을 두고 'ㅁ' 자형으로 마루를 두른 형태로 호남 지방에서 주로 지어진 전통정자다.

낙타의 등처럼 드러나 있어 시야를 가리고 왼편은 들판, 오른편은 목맥산에서 후산으로 이어지는 산등성이가 있어 북풍을 막아준다. 자연스런 기단과 지형적인 입지적 특성으로 산의 위아래에서 불어오는 바람을 느낄 수 있으며, 동남쪽으로는 크게 자라는 느티나무를 심어 낮의 햇볕을 차단해 시원함을 더해주고 있다. 경역 또한 명료하다. 연못 아래로는 정원의 경계부에 소나무가 줄지어 자라고 있어 담장 역할을 대신하며, 배롱나무, 느티나무 등이 잘 배식되어 호남 지방 별서정원의 형식을 잘 보여준다. 붉게 무리지어 꽃이 핀 원림의 모습은 도연명의 무릉도원에 비유되기도 한다.

오희도는 1602년(선조 35)에 사마시와 1614년(광해군 6) 진사시에 합격했으나 벼슬에 큰 뜻이 없었다. 이는 당시 광해군 재위기의 어지러운 세상에서 벗어나고 싶은 마음과 효성이 지극

보고 생각하고 느끼는 우리 명승기행 1

◀ 명옥헌 광경
'광경'이란 문이나 창과 같은 일정한 프레임을 통해 보는 경관을 의미한다. 명옥헌에서 바라본 원림의 모습이다.

하여 어머니를 모시고자 했기 때문이라고 한다. 그는 어머니와 후산마을에 정착해 산기슭에 망재忘齋라는 조그마한 서재를 짓고 공부에 매진했으며, 때때로 고개 너머에 있는 장계골에서 자연을 즐겼다. 정철의 아들 정홍명이 지은 《명옥헌기鳴玉軒記》에는 명옥헌을 오희도의 손인 오대경이 중수했다고 기록되어 있다.

정자를 오른쪽으로 하고 돌아 계류를 거슬러 오르면 조그마한 바위가 있는데 이곳에 우암尤庵 송시열宋時烈이 썼다는 '명옥헌 계축鳴玉軒 癸丑'이라는 글씨가 새겨져 있다. 명옥헌에 걸려 있는 '삼고三顧'라는 편액은 인조가 왕위에 오르기 전에 오희도를 중용하기 위해 멀리 찾아왔다는 것을 의미한다. 인조는 반정 직전에 세상을 돌며 뜻을 함께할 사람들을 찾아다녔는데 이때 만난 선비 오희도를 등용하기 위해 노력했다고 한다.

명옥헌 원림은 근래 태풍으로 인해 배롱나무 몇 그루가 피해를 입었다. 또한 고사한 배롱나무의 후계목으로 대체해서 심은 유목이 적절하지 않은 위치에 다소 많이 식재되어 있는 상태다. 이로 인해 조망이 가로막혔고, 명옥헌 원림의 의미를 훼손하는 비석과 시설물도 있어 명승으로서의 가치를 회복하기 위한 정비가 필요한 상황이다. 그러나 이러한 사소한 문제에도 불구하고 명옥헌 원림은 조선시대 고정원을 대표하고 충분한 진가를 지니고 있는 전통정원임이 분명하다.

명승 제40호

그림으로 남은 정원, 소쇄원

새로운 시대에 대한 갈망으로 가득 찼던 중종조. 중종의 신임 속에 신진사류를 대표하는 정암靜庵 조광조趙光祖가 추진했던 개혁정치가 실패로 돌아갔다. 기묘사화로 조광조가 전라도 능주로 유배당하자 그를 따르던 젊은 학자들은 모두 실의에 빠졌다. 그러나 당시 17세였던 젊은 제자 양산보梁山甫는 유배지까지 따라와 그를 모신다. 그해 겨울 스승 조광조는 사약을 받고 사망했는데 이때 큰 충격을 받은 양산보는 더 이상 바랄 것이 없는 현세에서의 공명과 현달을 버리고 고향으로 돌아와 별서를 짓고 은거생활을 시작한다.

배롱나무 꽃이 개울가에 빨갛게 군무를 이루고 있는 자미탄을 따라 창암촌에 다다르면 소쇄공 양산보가 지은 소쇄원을 만날 수 있다. 자미탄은 무등산의 북쪽에서 발원하여 담양군 고서면을 지나 광주로 흘러가는 개울이 배롱나무로 가득 차 있다고 해서 붙여진 증암천의 별칭이다. 지금은 광주호가 조성되면서 만수 때 소쇄원 아래까지 물이 차올라 배롱나무 핀 여울의 모습은 더 이상 볼 수 없다.

광주호의 상류에 창암촌이 있는데, 이 마을이 양산보가 태어나서 자란 곳이다. 그는 15세가 되던 해에 상경하여 조광조의 문하에 들어갔으며, 1519년 17세에 현량과에 합격했으나 숫자

▶ 〈소쇄원도〉
1755년에 목판화로 제작된 그림으로 조선시대 별서정원인 소쇄원의 모습을 잘 보여준다. 오곡문을 통해 흘러드는 계류를 중심으로 건물과 연못, 담장, 석축, 수목 등의 입면을 사방으로 눕혀서 그리는 기법으로 제작했다.

▶ 대나무 숲
대숲은 소쇄원의 내외를 구분짓는 요소이자 신선의 경역으로 들어가는 것과 같은 상징적 의미를 지니는 입구다. 이곳을 지나야만 내원으로 진입할 수 있어 소쇄원에 대한 신비감을 더해준다.

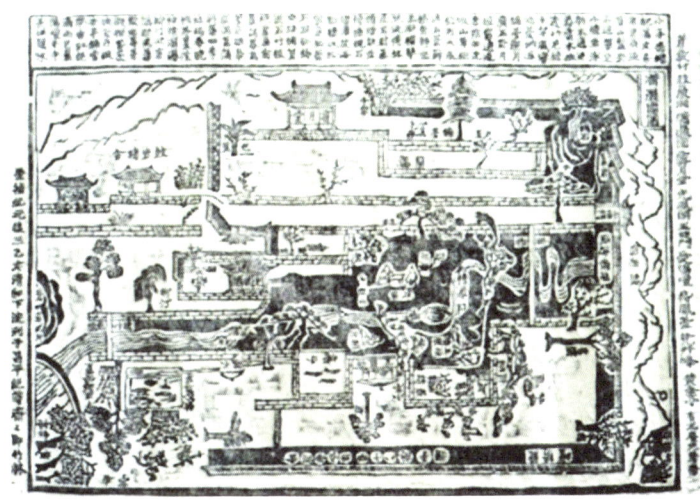

를 줄여 뽑는 바람에 낙방했다. 고향으로 다시 돌아온 그가 창암촌 옆의 산간 계곡을 택하여 조성한 별서가 바로 소쇄원이다. 소쇄원은 정원의 옛 모습을 알 수 있는 그림 자료가 남아 있는 몇 안 되는 고정원이다. 그중에서도 특히 정원의 설계도, 혹은 준공도라고 해도 부족함이 없는 〈소쇄원도瀟灑園圖〉가 현존해 있다. 〈소쇄원도〉는 1755년에 제작된 목판화로 1548년 하서 김인후가 쓴 〈소쇄원 48영〉이라는 소쇄원의 경관을 노래한 시가 상단에 각자되어 있으며, 계류를 중심으로 조영된 정원의 시설과 세부를 확인할 수 있다.

　소쇄원으로 들어가는 입구는 대나무가 숲을 이루고 있다. 이 대숲은 정원에 대한 신비감을 더해준다. 숲을 지날 때 바람소리가 적막과 고요를 깨는 소슬함을 느끼게 하여 지나는 이를 전율케 한다. 소쇄원의 안과 밖을 가르는 경계인 이곳을 통과해야 비로소 은일자의 성역인 선계에 들어서게 되는 것이다.

　소쇄원의 내원은 광풍각과 제월당을 중심으로 대봉대, 연못, 애양단 담장, 계류, 화계를 비롯해 나무 홈대飛溝, 물레방아 등의 시설로 구성되어 있다. 광풍각은 소쇄원의 가장 주된 건물로 후면의 단 위에 지은 제월당과 짝을 이루고 있다. 두 건물의 이름은 송나라 때 명필로 이름난 황정견이 주무숙의 사람됨을 이야기할 때 "가슴에 품은 뜻의 맑음이 마치 비가 갠 뒤에 해가 뜨면서 부는 청량한 바람光風과도 같고 비 개인 하늘의 상쾌한 달빛霽月과도 같다"고 한 데서 유래되었다. 은일생활을 하는 양산보가 스스로 닮고 싶어 하는 사람의 모습을 뜻하고 있는 이름이라고 생각된다.

▲ 광풍각
광풍각은 소쇄원의 중심이 되는 건물로 뒤편에 짝을 이루는 제월당이 있다. 광풍각의 한가운데에는 방이 있는데 호남 지방에 많이 지어진 정자의 전형을 보여준다.

광풍각의 건너에는 작은 연못이 하나 있는데 그 위쪽에 초정으로 지어진 대봉대 待鳳臺가 자리하고 있다. 대봉대는 귀한 손님을 맞기 위해 지은 조그마한 정자다. 봉황을 기다린다는 이름의 대봉대 곁에는 봉황새가 둥지를 틀고 산다는 벽오동나무를 심었다. 김인후는 〈소쇄원 48영〉에서 대봉대의 풍광에 대해 이렇게 노래하고 있다.

작은 정자의 난간에 기대어	小亭憑欄
오동나무 대에 드리운 한여름의 녹음을 보네	桐臺夏陰
해 저문 대밭에 새가 날아들고	叢筠暮鳥
작은 못에 물고기 노니네	小塘魚泳

소쇄원은 계류가 암반을 타고 흐르는 아름다운 계곡의 자연을 다듬어 만든 전통적인 계원溪園의 모습을 잘 보여준다. 특히 담장으로 계곡을 가로막아 정원의 구획을 분명히 하면서도 그 아래로는 물이 흐를 수 있도록 교각을 세워 담장을 만든 오곡문은 매우 세련된 조경기법이라 할 수 있다. 내원과 외원을 가르는 담장에는 '애양단愛陽壇', '오곡문五曲門', '소쇄처사양공지려瀟灑處士梁公之廬' 등의 글이 새겨져 있다.

소슬하고 청아한 분위기의 산중 별서에서 소쇄공 양산보와 하서 김인후는 옛사람의 진실한 사귐을 나누었던 것 같다. 두 사람이 평평한 바위에 앉아 그 아래로 떨어지는 폭포소리를 들으며 거문고를 타는 모습을 "맑은 물가에서 거문고를 빗겨 안고 玉湫橫琴《〈소쇄원 48영〉》"라는 표현에서 상상할 수 있다. 하서의 시에는 자연과 조화를 이루며 은일하는 선비의 모습과 자연을 감상하고 즐기는 처사의 생활이 매우 짙게 표현되어 있으며, 소쇄한 별서정원의 모습도 잘 나타내고 있다.

광풍각에 누워 머리맡으로 계곡 물소리枕溪文房를 듣는다. 대숲에서 울리는 바람소리千竿風響를 들으며 넓은 바위에 누워 달을 본다廣石臥月. 걸상 바위에 조용히 앉아榻巖靜坐 바둑을 두고床巖對棋

도는 물살에 술잔을 띄운다流觴傳盃. 바위 위로 물이 흘러내리고 危巖展流 계곡에는 대나무 다리가 위태롭다透竹危橋.

자연과 더불어 지어지는 별서정원은 담장 안으로 한정된 일본이나 중국의 정원과 달리 한눈에 보이지 않는 우리나라 고유의 정원이다. 소쇄원은 이러한 모습을 대표적으로 보여준다. 내원조차 크게 수식을 가하지 않고 조영하기 때문에 전혀 화려하지도 인공적이지도 않다. 이러한 별서정원은 정원을 둘러싸고 있는 자연을 모두 구성 요소로 차경借景, 거대한 정원으로 구성하고는 이 모두를 신선이 살고 있는 정원인 동천으로 승화시키고 있다.

소쇄원의 외원은 후간장帳竿場, 오암鰲巖과 오암정鰲巖井, 지석리支石里, 자죽총紫竹叢, 바리봉鉢裏峰, 황금정黃金亭, 창암동蒼巖洞, 고암동鼓巖洞, 옹정봉甕井峰, 가재등加資嶝, 장자담莊子潭, 죽림사竹林寺, 산리동酸梨洞, 장목등長木嶝, 한벽산寒碧山 등 내원과 바로 곁에 있는 것에서부터 멀리 무등산의 안산까지로 규정하고 있다. 별서정원의 깊고 그윽한 맛은 이러한 정원의 의미와 상징을 이해해야만 비로소 맛볼 수 있다.

나 다시 돌아가리라, 만휴정 원림

나 돌아가리라, 이니스프리로
가지 얽고 진흙 발라 조그만 초가 짓고
아홉 이랑 콩밭 일구어 꿀벌 치면서

1923년 노벨 문학상을 수상한 아일랜드 시인 윌리엄 버틀러 예이츠William Butler Yeats의 시다. 그가 고향 슬라이고 근처 호수 속의 작은 섬, 이니스프리로 돌아가고자 부른 망향가 〈이니스프리의 호수섬The Lake Island of Innisfree〉이다. 이 시는 서양의 '귀거래사 歸去來辭'로 불리고 있다.

돌아가리라. 전원이 황폐해지니 어찌 돌아가지 않을 수 있겠는가 歸去來兮 田園將無胡不歸.

중국 진나라의 도연명陶淵明(365~427)은 41세에 팽택현의 지사를 사직하고 고향으로 돌아오는 심경을 〈귀거래사〉에서 이렇게 노래하고 있다. 〈귀거래사〉는 도연명이 세속과 결별하고 은일을 결심한 선언문이다. 동서양을 막론하고 노후에 사람들은 누구나 고향으로 돌아가고픈 간절한 마음을 가지고 살고 있는 것 같다. 수구초심首丘初心이라 하지 않았던가. 한낱 동물에 불과

한 여우도 죽을 때는 자기가 살던 언덕을 향해 머리를 두고 그곳을 그리며 죽는다 했다.

자신의 삶을 주제로 중국 문학사에서 '전원시'라는 새로운 영역을 개척한 도연명은 귀거래 후 노년을 산골에서 직접 농사를 지으며 말 그대로 가난을 벗 삼아 은거한 인물이다. 그는 이러한 은거생활을 통해 청고함, 은일, 탈속과 같은 은자隱者문화의 상징이 되었고, 후세의 사대부가 지향하는 삶의 모범이 되었다. 귀거래를 통한 그의 소박하고 청빈했던 삶은 고려시대는 물론 조선시대의 선비사회에도 커다란 영향을 주었다.

향수鄕愁는 다른 말로 회향懷鄕이라고 하는데, 고금을 막론하고 고향을 떠나 살고 있는 사람들은 누구나 갖고 있는 시름이다. 향수가 깊어지면 마음의 병을 일으키기도 한다. 서양에서는 이를 노스탤지어nostalgia라 부른다. 노스탤지어는 귀향, 귀거래를 뜻하는 노스토스nostos, 괴로움과 고통을 의미하는 알고스algos가 합쳐진 말이다. 사람은 누구나 작게는 옛집을 그리워하고, 크게는 고향을 포함한 고국을 그리며 산다.

조선시대에도 학문을 닦은 후 조정에 출사해 유생으로서의 의무를 다한 선비들은 누구나 나이가 들면 고향에 돌아와 속세를 잊고 유유자적하고자 했다. 만휴정은 조선 전기의 문신 김계행金係行(1431~1521)이 말년에 귀거래하여 지은 정자다. 김계행은 17세에 진사가 되고 50세 되던 해 식년시에 급제하여 늦은 나이에 관직에 나아갔다. 연산군 때 대사간에 올랐으나 직언을 서슴지 않았던 그는 어지러운 국정을 바로잡기 위한 간언이 받아들여지지 않자 벼슬을 내놓고 고향인 안동으로 낙향했다.

처음에는 풍산사제에 조그마한 정자를 지어 '보백당寶白堂'이라 칭하고 학생들을 모아 가르쳤다. 그래서 세간에서는 그를 보백 선생이라 불렀다. 보백이란 재물에 대한 욕심 없이 곧고 깨끗함을 뜻하는 '청백淸白'을 보물로 삼는다는 의미다. 1501년 고희를 넘긴 보백 선생 김계행은 안동시 길안면 묵계리에 일찍이 마련한 지금의 '보백당 종택'에 정착하고, 산속 계곡의 폭포 위에 만휴정을 지어 산수를 즐겼다.

만휴정晩休亭이란 '늦은 나이에 쉬다'는 뜻으로 김계행이 말년에 얻은 정자의 의미를 잘 나타내고 있는 이름이다. 만휴정은 김계행의 장인 김전金腆이 지어 처음에는 쌍청헌雙淸軒이라는 당호로 불렀다고 한다. 김계행이 만년의 늦은 나이에 이곳을 은거 생활의 장소로 즐겨 사용한 것에서 이름이 만휴정으로 바뀌게 된 것이다. 김계행은 조선시대 선비들이 지향하고자 했던 삶의 전형을 보여준 올곧고 강직한 선비였다. 그는 자손들에게 많은 재산을 물려주지는 못했으나 청렴을 제일로 하는 청백리의 정신을 유산으로 남겼다. "나의 집에는 보물이 없다吾家無寶物. 오로지 청백뿐이다寶物惟淸白." 이토록 청렴하고 결백한 그의 삶에 대한 정신은 자신의 호이자 종택의 당호인 '보백당'의 의미를 담은 시에도 잘 나타난다.

만휴정 원림은 독서와 사색을 위한 정원이다. 묵계리에서 길안천에 놓인 하리교를 건너 지류를 따라 올라가면 송암계곡에 다다른다. 이곳을 지나면 먼저 암벽의 단애 위로 흰 물줄기가 흘러내리는 송암폭포의 시원한 모습이 보이며, 더 위로 거슬러 올라가면 암반 위를 흐르는 물길로부터 조금 안쪽으로 움푹 파

▲ 만휴정 전경
계류 건너에 축대를 쌓아 터를 닦고 낮은 담을 가로로 설치하여 정자의 경계를 분명히 하면서도 정자에서 바라보는 조망을 해치지 않도록 배려하고 있다.

여 들어간 곳에 만휴정이 자리하고 있다. 만휴정은 이 계류를 건너야 들어갈 수 있는데 마치 외나무다리와 같이 폭이 좁은 다리를 통과해야 한다. 다리 건너편으로 보이는 만휴정은 석축 위 끝단에 가로세운 낮은 담장 안쪽으로 위치하고 있다. 만휴정의 마루에 오르면 계자난간 앞으로 맑은 물이 흘러가는 계곡이 내려다보이고, 고개를 들면 앞산의 산허리에 자연스럽게 시선이 머무르게 된다. 또 위쪽으로는 암반 위를 흘러내려 이룬 소와 계류를 가로지르는 다리가 고졸한 모습을 보여준다. 아래쪽 소의 큰 바위 위에는 '보백당만휴정천석寶白堂晚休亭泉石'이라는 각자가 새겨져 있다.

만휴정은 인공적인 원림 요소가 극히 절제된 구성을 보여준

◀ **송암폭포**
암반을 굽이돌아 하얀 물줄기를 아래로 쏟아내는 송암폭포와 그 위로 단아하게 자리하고 있는 만휴정 원림의 아름다운 전경이다. 안동시 제공.

다. 이곳을 짓기 위해 축조한 석축과 담장, 소박한 정자, 계곡을 가로지르는 다리가 원림의 전부다. 본래 우리나라의 원림은 인공적인 일본의 정원이나 과장된 중국 민가정원과는 달리, 주변에 있는 다양한 자연 요소를 모두 소재로 차용해서 정원을 구성하는 것이 특징이다. 만휴정 원림은 이러한 한국 고유의 소박한 원림 형태를 잘 보여주는 고정원이다.

만휴정에서 귀거래의 늦은 삶을 여유롭게 보낸 김계행은 천수라 할 수 있는 91세까지 살았다. 그는 자신의 처소인 보백당에서 임종하면서 "대대로 청백한 삶을 살고 항상 돈독한 우애와 지극한 효심을 갖도록 하라. 그리고 절대 세상의 헛된 명예를 얻으려 하지 마라"는 청백리의 삶을 후손에게 유지로 남겼다. 1706년(숙종 32) 안동 지방의 유림들은 보백당 김계행, 응계 옥고 玉沽 선생의 학문과 청백리 정신을 높이 기려 묵계서원을 짓고 이들을 주향자로 향사했다.

명승 제57호

그림자가 쉬어가는, 식영정 일원

어떤 지날 손이 성산에 머물면서
서하당 식영정 주인아 내 말 듣소
인간 세상에 좋은 일 많건마는
어찌 한 강산을 그처럼 낫게 여겨
적막산중에 들고 아니 나시는고

송강松江 정철鄭澈(1536~1593)은 식영정息影亭과 서하당棲霞堂이 있는 별뫼星山 주변의 아름다운 경치와 밤하늘에 떠 있는 별을 보며 이렇게 노래했다. 식영정은 담양의 창계천가 언덕 위에 지어진 정자로 조선 중기 호남가단의 한 맥을 이루는 식영정가단의 중심이 되었던 장소였다. 정철은 이곳에서 가사와 단가, 한시 작품을 많이 남겼다. 〈성산별곡星山別曲〉은 정철이 김성원을 흠모하여 지은 가사로 국문학사에 길이 남는 빼어난 작품으로 평가받는다. 이처럼 식영정은 송강문학의 산실로 우리나라 고전문학의 기틀이 마련된 곳이기도 하다. 창계천 주변에는 식영정을 비롯하여 서하당, 부용당, 환벽당, 취가정 등 많은 정자가 있고, 이웃에는 별서정원으로 유명한 소쇄원이 자리하고 있다.

식영정은 1560년(명종 15) 서하당 김성원金成遠이 자신의 스승이자 장인이었던 석천石川 임억령林億齡을 위해 지은 정자다. 김

▼ 식영정 전경

소나무와 배롱나무로 울창하게 둘러싸여 있는 식영정은 팔작지붕의 정자로서 2칸의 방이 후면에 있고 마루는 ㄱ자형으로 되어 있다.

성원이 쓴 시문집 《서하당유고棲霞堂遺稿》에는 "공이 36세 되던 해인 1560년, 창평의 성산에 식영정과 서하당을 지었다庚申公三十六歲築棲霞堂于昌平之星山"고 기록되어 있다. 식영정은 정면 2칸, 측면 3칸의 팔작지붕 정자로 우뚝 솟아 있는 노송과 한여름 붉은 꽃의 무리로 온통 뒤덮인 배롱나무가 함께 어울려 아름다운 조화를 이룬다.

식영정이라는 이름은 《장자》의 〈제물편〉에 등장하는 '자신의 그림자가 두려워 도망치다 죽은 바보' 이야기에서 유래되었다. 그림자를 두려워하는 바보가 있었다. 그는 그림자에서 벗어나려고 끝없이 달아났다. 그러나 제아무리 빨리 달려도 그림자는 끝까지 그를 쫓아왔다. 더욱더 빠르게 달려도 절대로 그림자를

벗어날 수 없었다. 결국 그는 그림자에서 벗어나지 못한 채 힘이 다해 그만 쓰러져 죽고 말았다. 여기서 그림자는 인간의 욕망을 의미한다. 누구나 욕심으로 가득 찬 세속을 벗어나지 않고는 이를 떨쳐버릴 수 없다는 것이다. 옛날 선인들은 세속을 떠나 있는 곳, 그림자도 쉬는 그곳을 '식영세계'라 불렀다. 식영정은 바로 이러한 식영세계를 상징하는 곳이다.

식영정의 주인이었던 임억령은 관직에서 물러난 뒤 노후를 이곳에서 유유자적하며 자연을 벗 삼아 생활했다. 그는 세상의 부귀영화를 초개와 같이 여기고 산림에 묻혀 산 선비로 진퇴를 분명히 한 올곧은 지식인이었다. 그는 호남의 사종(詞宗)으로 불리는데 사종이란 시문에 뛰어난 대가라는 의미다. 해남의 석천동에서 다섯 형제 중 삼남으로 태어난 그는 14세 때 엄한 어머니의 뜻에 따라 청백리로 불렸던 조선 사림의 정통인 박상의 제자가 되었다. 임억령은 30세가 되던 해 과거에 급제하여 관직에 나갔다. 그가 금산군수로 재직할 당시 을사사화(1545)가 일어났는데, 그의 동생 임백령이 사화에 연루된 것을 알고 벼슬을 내놓고 향리에 은거했다. 그는 명종조에 다시 벼슬에 나아가 담양부사를 끝으로 은퇴한 후 이곳 식영정에서 은일했다.

식영정에는 당대를 풍미한 시인묵객이 드나들었는데, 그들은 이곳의 아름다운 경치에 취해 시를 짓고 노래를 했다. 이때 식영정을 다닌 인물로는 면앙정 송순, 사촌 김윤제, 하서 김인후, 고봉 기대승, 소쇄공 양산보, 서하당 김성원, 송강 정철, 제봉 고경명, 옥봉 백광훈 등이었다. 이들이 바로 식영정가단을 형성한 인사들이다. 특히 석천과 서하당, 송강, 제봉을 일컬어 '식영

▼ 성산별곡 시비
가사문학의 대표작이라 할 수 있는 〈성산별곡〉을 새겨놓은 시비로 식영정 뒤편에 자리하고 있다.

정 사선(四仙)' 또는 '성산 사선'이라고 칭했다. 식영정 사선을 강조하는 의미에서 식영정을 '사선정'이라는 별칭으로 부르기도 했다. 이들 식영정 사선은 식영정과 환벽당을 오가면서 각 20수씩 총 80수의 〈식영정 20영〉을 지어 이곳의 아름다운 풍광을 노래했다.

성산은 식영정의 뒷산인 별뫼를 말한다. 광주호가 만들어지면서 현재는 지형이 변형되었지만 과거에는 식영정 앞 창계천을 따라 경치가 뛰어난 장소가 많았다. 자미탄, 견로암, 방초주, 부용당, 서석대 등 식영정 주변의 아름다움을 노래한 시가 곧 〈식영정 20영〉이다.

식영정을 지은 김성원은 정철과 함께 김윤제의 문하에서 동문수학한 사이로 유년에 창계천 건너 작은 동산 위에 지어진 환

벽당環碧堂에서 함께 공부했다. 정철이 지은 〈성산별곡〉은 성산의 사계절을 아름답게 표현한 시가로 가사문학의 정수로 꼽힌다. 가사歌辭는 고려 말에서 조선 초에 걸쳐 생겨난 우리 문학의 한 형식으로 시조와 함께 양반, 평민, 부녀자 등 다양한 계층에서 부른 노래를 일컫는다. 시가와 산문의 중간 형식인 가사문학은 담양 지방의 정자원림, 특히 이곳 식영정을 중심으로 크게 발전했다.

식영정은 환벽당, 소쇄원과 함께 일동一洞의 삼승三勝이라 일컬어졌다. 일동의 동은 동천洞天을 의미하는데 동천이란 산수가 빼어난 아름다운 경승지로 마치 신선이 살고 있는 선계와 같은

◀ 식영정의 여름
붉은 꽃이 흐드러지게
무리지어 핀 배롱나무와
푸른 솔잎이 울창한
소나무가 팔작지붕의
식영정과 잘 어우러진
모습이다. 담양군 제공.

곳을 상징하는 지명이다. 이러한 동천의 경승 중에서 특별히 수려한 정자원림 세 곳을 선정하여 일동삼승이라 했다.

식영정은 부용당, 서하당과 함께 정자원림을 구성하고 있다. 부용당과 서하당은 식영정 아래 낮은 계곡에 자리하고 있어 부용당 앞 연못의 가장자리에서 시작되는 돌계단을 올라야 언덕 끝에 자리한 식영정을 만날 수 있다. 계단 주변으로는 소나무가 울창하고, 식영정 정면에서는 소나무 사이로 광주호의 수면이 보인다. 과거에는 배롱나무의 붉은 꽃이 온통 흐드러지게 핀 창계천의 여울이 아름답게 펼쳐졌을 것이다. 식영정 뒤편에는 〈성산별곡〉 시비가 서 있고, 그 뒤로 소나무가 가득한 성산 봉우리로 산세가 연결된다. 본래 정자의 '정亭'이라는 글자는 언덕 위에 집을 지어놓은 모습을 형상화한 것으로 전망이 탁 트인 곳에 위치한다는 관점에서 볼 때, 식영정은 모범적인 정자의 전형이라 할 수 있다.

식영정 일원은 성산 아래에 위치한 식영정과 부용당, 서하당, 연못 등 전통원림 시설을 비롯하여 우거진 송림, 조망의 아름다움이 명승의 요건으로서 중요하게 평가되었다. 특히 고전문학을 저변으로 하는 문화적 의미는 식영정 일원을 역사와 문화의 숨결을 담은 명승으로 빛나게 하는 중요한 요소라고 할 수 있다.

명승 제34호

섬 속의 낙원을 알지 못하였구나, 윤선도 원림

보길도는 완도에서 가기도 하지만 해남반도의 땅끝에서 배를 타고 들어가는 사람이 많다. 보길대교가 놓이기 전에는 땅끝에서 보길도까지 뱃길로 한 시간 정도 걸렸는데 지금은 노화도의 산양항까지 약 30분이면 된다. 산양에서 다시 육로로 10여 분 정도 달려 새로 만든 다리를 넘어가면 보길도 윤선도 원림에 다다른다. 보길도는 섬으로 이루어진 완도군의 서남쪽에 위치한 작은 섬이다. 격자봉을 중심으로 말굽 모양의 산줄기가 굽어 흐른 아늑한 곳에 윤 고산이 만든 윤선도 원림이 펼쳐진다. 이곳은 신선의 경역이다. 고산은 어찌하여 이렇게 외딴섬에 그토록 아름다운 별천지를 조성했을까?

《보길도지 甫吉島識》에서 고산은 이곳을 부용동이라고 칭했다. "지형이 마치 연꽃 봉오리가 터져 피어나는 듯하여 부용 芙蓉이라 이름 지었다"고 했으며, 시문집 《고산유고 孤山遺稿》에서는 다음과 같이 노래하고 있다.

부용동은 중국의 부용성으로	芙蓉城是芙蓉洞
옛날 꿈꾸던 부용의 절경을 얻었네	今我得之古所夢
세상 사람 신선이 사는 섬 알지 못하고	世人不識蓬萊島
단지 기화와 요초만 찾고 있구나	但見琪花與瑤草

윤 고산이 부용동이라 부른 보길도는 중국의 부용성 선유고사仙遊故事에서 연유한 이름으로 윤선도 원림은 신선이 노니는 선계가 분명하다. 본래 섬이란 소금기 묻은 해풍과 운무가 서리는 곳이다. 하지만 부용동은 바다 한가운데 있는 조그마한 섬에 위치한 계곡임에도 불구하고 골짜기 안으로 들어가면 마치 심산유곡에 들어와 있는 것 같은 착각을 느끼게 한다. 청정한 땅의 기운과 시원한 들이 있고 파도소리조차 들려오지 않는 곳이다. 고목의 동백나무 숲이 무성하고, 주위를 에워싸고 있는 산에는 천연림이 울창해 깊은 산속을 연상케 한다.

고산은 자연과 함께 살아가면서 그 아름다움을 노래한 음유시인이다. 그는 〈오우가五友歌〉를 비롯해 〈만흥漫興〉, 〈조무요朝霧謠〉, 〈하우요夏雨謠〉 등 수많은 시와 노래를 남겼다. 그중에서도 이곳 부용동에서 지은 〈어부사시사漁父四時詞〉는 보길도의 아름다움을 잘 나타내고 있으며, 부용동 원림을 소재로 한 〈희황교羲皇橋〉, 〈석실모연石室暮煙〉, 〈소은병小銀屛〉, 〈귀암龜岩〉, 〈낙서재樂書齋〉, 〈낭음계朗吟溪〉, 〈미산薇山〉 등은 보길도 원림의 모습을 잘 묘사하고 있다.

윤선도는 1587년(선조 20) 서울에서 태어났다. 그는 별시문과에 급제하고 인조의 총애를 받으며 공조정랑을 비롯해 호조, 예조 등 관직을 두루 거쳤다. 이후 고향인 해남으로 돌아와 50세 되던 해에 병자호란(1636)을 겪게 된다. 인조는 허둥지둥 남한산성으로 피신했고, 이 소식을 들은 윤선도는 향리의 자제와 집안의 노복 수백 명을 모아 배를 타고 서해를 올라가 강화도에 이르게 된다. 그러나 이미 강화도는 청나라 군대에게 함락된 후

였고 귀향하는 뱃길에서 인조가 청나라에 항복했다는 비보를 듣게 된다. 울분으로 가득 찬 그는 세상을 다시 보지 않을 결심으로 제주로 향했다. 그러던 중 수려한 산봉우리로 둘러싸인 아름다운 섬 보길도를 보고 이곳에 머무르게 되었다.

  고산은 보길도에서 은둔생활을 시작했다. 격자봉 아래 집을 짓고 낙서재라 이름 지어 본제로 삼았다. 67세 되던 해에는 무민당無悶堂과 정성당靜成堂을 짓고 정자를 증축했으며, 큰 연못을 판 후 꽃나무를 심어 원림생활을 즐겼다. 윤 고산은 1671년 85세의 나이로 죽을 때까지 일곱 차례나 부용동을 드나들었다. 이곳에서 고산이 주로 생활한 공간은 낙서재였다. 낙서재 뒤에는 소은병을 두었다. 이는 주자가 고향으로 낙향해 경영한 무이구곡에 자리한 대은봉大隱峰과 마주한 소은병을 본뜬 것이다. 당시 조선

◀ **낙서재**
윤선도가 보길도에 들어와 처음으로 주택을 짓고 생활하던 곳으로 풍수적으로도 혈처에 해당하는 길지다. 앞으로는 가까이에 조산이 나지막이 보이고 멀리는 동천석실이 조망되는 곳으로 최근에 건조물과 정원 시설이 복원되었다.

의 선비사회에는 주자의 은일철학을 흠모하고 세상의 명리名利를 버리고 산간에 은둔하는 것을 으뜸으로 여기는 풍조가 있었다.

고산은 낙서재 앞의 산인 미산薇山의 이름을 백이와 숙제의 고사에서, 미산 옆의 산봉우리인 혁희대赫羲臺는 굴원의 옛 고사로부터 가져와 명명했다. 그는 부용동에서 생활하는 자신의 모습을 신선으로 승화시켜 중국의 선인인 희황羲皇에 자신을 비유하기도 하였으며, 승룡대升龍臺에 올라앉아 우화등선(사람이 신선이 되어 하늘로 올라감)하는 기분으로 시가를 읊기도 했다.

낙서재 입구에는 세연정이라는 정자를 지었는데 고정원을 축조한 고산의 기발한 조경가적 수법을 볼 수 있다. 개울에 구들 모양의 판석으로 보를 막아 못을 만드는 특별한 방법으로 조성했는데 자연형의 계담溪潭과 사각의 방지方池가 세연정을 중심으로 양쪽에 자리하고 있다. 이곳에서 고산은 바다를 바라보며 〈어부사시사〉를 짓기도 하고, 술을 마시며 노래를 부르고, 가야금을 타며 계담에 배를 띄우고 낚시를 하기도 했다.

세연지에서 1km쯤 올라가면 낙서재터 건너편 산중턱에 동천석실이 있다. 해발 100m 정도에 위치한 이 석실에는 석문, 석담, 석천, 석폭, 석대 및 희황교 유적이 있다. 동천석실은 부용동 원림의 중심건물인 낙서재에서 바라보는 모습이 특히 아름답다. 앞산의 우거진 숲 사이에 자리한 바위 위의 조그마한 단칸 정자가 날듯이 올라앉아 있는 동천석실의 모습은 신비스러운 느낌을 갖게 한다. 또한 이곳은 정자에 올라 부용동 전경을 내려다보는 전망 위치로도 으뜸이다.

부용동 원림은 고산의 조경에 대한 높은 안목을 느낄 수 있는

보고 생각하고 느끼는 우리 명승기행 1

◀ **세연정과 계담**
계류를 판석보로 막고 자연의 형태로 조성된 계담과 거대한 자연석을 그대로 활용하여 정원을 조성하였다. 계담 주변은 활짝 핀 배롱나무, 가장자리에 식재되어 있는 수목과 세연정의 모습이 서로 어울려 매우 아름답다.

중요한 명승이다. 고산은 우리나라 조경사를 통해 볼 때 가장 기발한 작가이자 당대 최고의 조경가라 평가할 만하다. 천재적 안목을 지닌 조경가 윤 고산은 따사로운 봄날을 맞아 그가 정성 들여 조영한 부용동 원림에서 보길도 앞바다를 향해 이렇게 노래를 부르고 있다.

    앞산에 안개 걷고 뒷산에 해 비친다
    배 띄워라 배 띄워라
    썰물은 물러가고 밀물이 밀려온다
    찌거덩 찌거덩 어야차
    강촌의 온갖 꽃은 먼빛이 더욱 좋다

    날씨가 덥도다 물 위에 고기 떴다
    닻 들어라 닻 들어라
    갈매기 둘씩 셋씩 오락가락하는구나
    찌거덩 찌거덩 어야차
    낚싯대는 쥐고 있다 술병은 실었느냐

    _ 〈어부사시사〉 중에서

명승 제35호

신선이 사는 도심 속 정원, 성락원

한양도성의 사소문 중 하나인 동소문(혜화문)을 나서면 곧바로 맑은 성북천이 흐른다. 삼선교 아래를 흐르는 개울이다. 지금은 복개되어 차도로 바뀌었지만 이 시내를 따라 상류로 올라가면 선잠단이 위치하고, 다시 이곳에서 북쪽으로 난 계곡을 거슬러 올라가면 성락원이 있다. 의친왕이 35년 동안 사용했던 별장이다. 별장이란 제2의 주택을 의미하는데 조선시대 사대부가 소유했던 별장은 별서라 불렀고 제왕의 별장은 별궁, 혹은 이궁이라 했으니 아마도 별궁이라 해야 맞을 것 같다. 상해임시정부로의 망명이 좌절된 후 평생 배일정신을 잃지 않고 일제의 감시 속에 살았던 의친왕은 이곳에 머무르며 어떤 소회에 젖었을까?

성락원城樂園은 철종 때 이조판서를 지냈던 심상응沈相應이 지은 별서다. 낙산 아래 계곡에서 발원하여 흐르는 계류가에 조성한 별서정원으로, 두 개의 물줄기가 합쳐지는 곳에 위치한다고 해서 쌍류동천이라 불렀다. 동천이란 신선이 사는 곳을 뜻하는 어휘로 심산유곡의 경치 좋은 곳에 붙여지는 명칭이다. 성북동은 도성에서 가까운 곳에 있으면서도 계곡이 깊고 산수가 아름다워 옛날부터 선비들이 즐겨 찾던 곳이었다. 그들은 수려한 이 계곡에서 휴식을 취하고 몸과 마음을 수양했다.

성락원은 서울 시내에 위치한 별서정원으로는 비교적 옛날

▼ 송석정

성락원의 후원에 해당하는 송석정 주변의 모습이다. 송석정은 해방 이후 현대에 지은 정자로 규모가 크게 확장되었다. 그 앞의 못은 아래의 지형이 성토되면서 많은 변형이 이루어진 것으로 보인다.

모습이 많이 남아 있는 고정원이다. 옛 문헌과 그림, 지도를 보면 도성의 내부는 물론 근교에도 다수의 고정원이 만들어졌음을 알 수 있다. 그러나 도성 안에 자리했던 북촌의 옥호정을 비롯해 인왕산 계곡의 빼어난 동천은 모두 훼손되었으며, 도성 밖에 조성되었던 백석동천도 유구만 남아 있는 상황이다. 온전히 보존되어 있다고는 할 수 없지만, 대원군의 별장이었던 석파정과 함께 성락원은 서울에 남아 있는 대표적인 정원 유적이라 할 수 있다.

성락원의 내원 바위에는 '청산일조靑山壹條'라고 새겨져 있고, 각자된 시문 중에는 '청산수첩靑山數疊'이란 글이 음각되어 있는

데, 이것은 모두 소나무로 울창하게 뒤덮여 있는 성락원 일대의 아름다운 산세를 표현한 글이다. 지금은 주변의 산야가 모두 고급주택으로 점유되어 성락원은 담장 안의 정원이 되어 버렸지만, 쌍류동천이라 칭했던 신선이 사는 땅의 산천경개가 얼마나 청아했는지를 쉽게 짐작할 수 있다.

현재 성락원은 동천으로의 진입 분위기를 전혀 느낄 수 없는 상황이다. 계곡이 모두 도시화되어 골목길을 올라가야 하기 때문이다. 담장으로 구획된 그 안의 별장만을 감상할 수 있다. 성락원은 크게 세 곳의 소정원 구역으로 구분된다. 쌍류동천雙流洞天과 용두가산龍頭假山이 있는 전원, 영벽지影碧池와 폭포가 있는 내원, 송석松石과 못이 있는 후원 등 자연 지형에 따라 조원된 구역으로 나누어진다.

성락원의 정문을 통해 정원으로 진입하면 가장 처음 만나는 공간이 전원이다. 이곳에는 두 줄기의 계류가 하나로 모여 흘러내리는 계곡이 위치하고 있다. 이 계곡은 과거에 차도를 만드는 바람에 깊은 도랑처럼 되어 있어 전원으로서의 옛 모습을 거의 느낄 수 없는 상황이었다. 그러나 근래에 차도를 폐쇄하고 도로를 보행로로 고치면서 고정원의 모습을 많이 되찾게 되었다. 이곳 암벽에 쌍류동천이라는 글자가 음각되어 있다.

전원 공간은 정원의 진입부다. 옛날에는 어렵게 계곡을 거슬러 올라와 성락원의 문이라고 할 수 있는 이곳을 통과하는 감동이 매우 컸으리라 생각된다. 쌍류동천 각자가 있는 전원의 입구에서 바라보면, 그 안쪽에 위치한 내원은 용두가산이 가로막아 밖에서 보이지 않는다. 계류 옆으로 난 길을 따라 용두가산 안으로 들어가야 비로소 신선의 경역인 성락원의 비경이 펼쳐진다. 용두가산은 성락원의 내원을 아늑하게 감싸서 깊이를 주기 위해 만든 인공조산人工造山이다. 이 위에는 고목으로 된 느티나무, 음나무, 참나무 숲이 울창하게 조성되어 있다.

내원은 계곡의 자연을 그대로 이용해 만든 전형적인 계원이다. 상류에서 흘러내리는 계류의 암벽 아래에 소沼가 조성되어 있는데 이곳이 영벽지다. 소의 주변은 자연암벽과 암반으로 이루어졌으며, 물이 흘러내리는 북쪽 암벽에는 인공수로를 파고 3단의 폭포를 만들었다. 폭포에서 떨어지는 물줄기는 깊은 산의 계곡에서만 느낄 수 있는 맑은 소리를 낸다. 폭포의 좌측 암벽에는 전서체로 '청산일조'라고 각자되어 있다. 소의 서쪽 암벽에는 '장빙가檣氷家'라고 쓰여 있는데, 이는 겨울에 고드름이 달려 있는 집이라는 의미로 완당阮堂이라는 호가 옆에 새겨져 있어 김정희의 글씨임을 알 수 있다.

'장빙가'가 각자된 암벽 위에는 '영벽지 해생影碧池 海生', '온갖 샘물을 모아 고이게 하니 푸른 난간머리에 소가 되었네. 내가 이 물을 얻은 뒤 가끔 강호놀이를 하네. 계묘 5월 손문학 씀百泉會不流 爲沼碧闌頭 自吾得此水 少作江湖遊 癸卯五月 孫文鶴書'이라고 새겨져 있다. 연대를 나타내는 계묘는 1843년(헌종 9)으로 추정된다. 이 바위에는 전서체로 내려쓴 또 하나의 각자가 있는데 '밝은 달은 소나무 사이에 비치고 맑은 샘물은 돌 위에 흐르네. 푸른 산이 여러 겹으로 싸여 있고 이곳에 있는 나의 오두막을 사랑한다明月松間照 靑泉石上流 靑山數疊 吾愛吾盧'는 의미다.

영벽지 동쪽 언덕 위에는 한옥이 있는데 원래 별서의 본채로

보고 생각하고 느끼는 우리 명승기행 1

◀ **성락원 내원**
영벽지를 중심으로 계원의 진수를 보여준다. 계원이란 계류가 흐르는 아름다운 계곡의 자연을 바탕으로 약간의 수식을 가해 만든 정원으로 별서를 즐겨 조성한 조선의 대표적인 형식 중 하나다.

◀ **장빙가 각자**
명필가 추사 김정희의 글씨다. '청산일조'를 비롯해 손문학의 '영벽지 해생' 등의 각자는 성락원의 풍광과 관련된 글이다.

의친왕이 기거했던 곳이다. 이 한옥을 지나 숲 속의 돌계단을 오르면 또 하나의 못이 만들어져 있다. 못의 동쪽에는 근래에 지은 송석정松石亭이 있고 북쪽 계류가에는 '송석'이라는 각자가 있어 본래 이곳에 큰 소나무들이 울창했음을 추측할 수 있다.

늙은 소나무가 푸른 가지를 드리운 성락원의 못가에서 저물어가는 노을과 함께 의친왕은 쓸쓸히 깊은 생각에 잠겼을 것이다. 상해임시정부 망명사건 이후 일본 정부로부터 줄기차게 도일을 강요받았으나 이를 거부한 의친왕은 일제의 삼엄한 감시 속에 지내다가 해방을 맞았다. 그 후로 10년이 지난 1955년 의친왕은 망국의 황자로서 고난의 세월을 보내다가 이곳 성락원에서 79세의 나이로 타계했다. 성락원은 의친왕의 한과 숨결이 느껴지는 고정원이다.

물외무우의 한거, 초연정 원림

▶ 초연정
새싹이 돋아나는 신록의 초연정이다. 주변에 자라고 있는 낙엽수들이 아직은 우거지지 않아 초연정 안팎으로 시야가 탁 트여 있다.

무거움은 가벼움을 근거로 하고	重爲輕根
고요함은 소란스러움을 바탕으로 하지	靜爲躁君
그리하여 성인은 종일토록 행함에	是以聖人 終日行
어느 한쪽으로 치중하지 않아	不離輜重
비록 아름다운 경치를 볼지라도	雖有榮觀
안거하며 초연하게 바라보네	燕處超然

노자의 《도덕경道德經》에 나오는 글이다. 노자는 "초연超然이란 인간 내면의 근본, 근저에 가까워진 상태에서 외부의 세계와 공명을 일으키는 경지를 말한다. 초연이 되지 않고 몰연沒然이 되면 바탕과 괴리되어 미혹에 빠지게 된다. 그러므로 무릇 성인은 언제나 초연에서 언행하고 사유해야 한다"고 말했다. 조선시대 말엽 유불선에 모두 능했던 월창거사 김대현金大鉉은 《술몽쇄언術夢瑣言》에서 '초연'을 이렇게 말하고 있다. "세상에는 간혹 세간의 속된 일에서 벗어나 홀로 근심 없이 사는 이가 있다." 이렇듯 조선시대 사류에게는 물외(바깥세상)에 초연하여 높은 절개를 지닌 채 세속에 물들지 않고 근심 없이 살아가는 사람들을 높게 생각하는 풍조가 있었다.

초연정 원림은 순천시 송광면 삼청리 왕대마을의 모후산

(918m) 자락에 위치하고 있다. 모후산 봉우리에서 좌측으로 뻗어 내린 산줄기와 모후산 아래 중봉에서 흘러내린 능선이 아래 위로 주암호에 맞닿아 양쪽 능선 안에 자리한 곳이 바로 왕대마을이다. 마치 육지 속의 섬과 같은 매우 안온한 마을이다.

주암댐의 건설로 형성된 주암호에 물이 차면서 그 위로 놓인 신평교만이 왕대마을로 갈 수 있는 유일한 길이 되었다. 신평교를 지나 삼청길을 따라 오르면 유경마을이 나오고 조금 더 올라가면 왕대마을에 다다른다. 초연정은 이 마을의 뒷산인 모후산 아래, 마치 속세를 초월한 듯한 모습으로 위치하고 있다. 이 정자는 원래 1788년(정조 12) 대광사大光寺의 승려가 창건하여 수석정水石亭이라 이름 짓고 수도하던 곳이다. 그 후 1809년(순조 9)에 청류헌廳流軒, 조진충趙鎭忠이 중창하여 순창조씨의 제각으로 사용했으며, 그의 아들 조재호趙在浩가 다시 중건하고 1888년(고종 25)에 송병선이 초연정이란 이름으로 개칭했다.

초연정은 정면 3칸, 측면 2칸의 건물로 앞뒤에 툇마루가 있는 단층에 홑처마 팔작지붕의 정자다. '초연정超然亭' 현판 옆에 '아천석我泉石'이라고 쓰인 현판, 건물의 개보수 관련 내용을 기록한 중수기, 그리고 송병선, 조후섭趙後燮, 조인섭趙仁燮 등의 시문을 기록한 여러 개의 편액이 걸려 있다.

초연정 원림은 초연정과 주변의 외원外苑을 포함하여 명승으로 지정되었다. 우리나라 정자가 대부분 풍경이 수려한 강변이나 구릉에 지어져 확 트인 경관을 감상하는 것이 목적인 데 반해 초연정은 마을 뒷산의 깊은 계곡을 이용하여 만들어진 매우 드문 형태라 할 수 있다. 초연정에서는 나무에 가려져 바로 앞에 흐르는 계곡은 보이지 않으나 맑은 물소리가 들리는 것이 매우 특이하다.

초연정에는 큰 바위가 자리하고 있는데 여기에는 고려 공민왕과 관련된 전설이 전해지고 있다. 홍건적의 난 때 공민왕 일행이 이곳 모후산에 머물렀다 하여 유경留京이라 부르다가 마을에서 300m 정도 떨어진 곳으로 다시 피신했다고 해서 왕대라 부르게 되었다고 한다. 초연정의 바위에는 공민왕이 파천했던 당시 왕을 호위하던 5명의 장수가 깃대를 꽂았던 흔적이 있다고 하여 '깃대바위'라고도 부른다. 높은 암반 위에 축대를 1단으로 쌓고 건물을 앉혔으며, 바로 아래에는 연못의 유구가 있고 주변은 울창한 숲으로 둘러싸여 있다.

초연정 앞의 모후산 자연 계곡은 유량은 많지 않으나 물이 맑고 인적이 드문 곳으로 주변의 아름다운 암반과 암벽, 다양한 식물이 서로 어우러져 독특한 자연미를 나타내고 있다. 또한 초연정 원림은 전통적인 모습을 잘 간직하고 있어 조경사적 의미뿐만 아니라 자연유산으로서의 가치가 큰 명승이기도 하다.

남도의 깊은 산속에 위치한 초연정은 그 이름대로 세속에서 벗어나 홀로 근심 없이 살아가기에 매우 좋은 환경을 지닌 별서정원이다. 이곳에서는 모후산과 중봉 사이로 멀리 형성된 계곡이 울창한 숲과 함께 조망된다. 특히 초연정 옆에 있는 커다란 바위는 상단부가 평평하여 이 위에 올라앉으면 앞으로 펼쳐지는 전망이 한층 더 넓게 열린다. 이 바위에 정좌를 하고 앉는다면 세상의 온갖 번뇌와 시름을 잊어버리고 물외무우物外無憂의 경지인 초연의 세계로 쉽게 몰입할 수 있을 것 같다.

▶ **초연정 원림의 전경**
모후산 계곡에 위치하여 원생의 자연, 깊은 산속에 있는 느낌을 준다. 왕대마을에서 모후산으로 오르는 길에서 보면 초연정의 지붕이 아래로 보이고 그 앞으로는 마치 원시림이 펼쳐져 있는 것 같다.

▶ **초연정 외원의 계류**
초연정 원림에는 인공적 요소가 거의 조성되지 않았다. 외원이라 할 수 있는 정자 앞의 계곡에는 암반과 계류 등이 자연 그대로의 아름다움을 지니고 있다. 단지 인공적 요소라면 이러한 외원 경관을 감상할 수 있도록 순환로가 개설되어 있을 뿐이다.

초연정 원림이 위치한 순천시는 일찍이 많은 명승을 보유한 지방자치단체다. 국보, 보물, 사적, 천연기념물, 명승 등 모든 문화재가 종목별로 다 지정되어 있다. 2007년 12월 7일 처음으로 '초연정 원림'이 국가지정 명승 제25호로 지정된 후 '조계산 송광사·선암사 일원', '순천만' 등의 자연유산이 명승으로 지정되어 현재 순천시는 모두 3건의 명승을 보유하고 있다.

'조계산 송광사·선암사 일원'은 오랫동안 불교문화를 발전시켜온 귀중한 불교 유적인 송광사와 선암사를 비롯해 이를 둘러싸고 있는 조계산의 자연 경관이 잘 보존됨으로써, 그 가치를 인정받은 명승이다. 또한 순천만은 수많은 철새를 품고 있는 너른 개펄과 드넓게 형성된 갈대밭이 소중한 경승지로 평가되어 명승으로 지정되었다. 이처럼 순천시는 문화재청의 명승 업무가 활발해지기 시작한 초기부터 많은 명승을 보유했다. 그 이유는 바로 순천시가 아름다운 산과 바다를 동시에 가지고 있는 산자수명한 곳이기 때문이다.

명승
제51호

묵향이 묻어나는 학문의 공간, 초간정 원림

예천의 용문산 골짜기를 굽이쳐 흐르는 금곡천 개울가 바위 위에는 마치 한 폭의 그림과 같은 정자가 자리하고 있다. 기암괴석으로 이루어진 암반 위에 날아갈 듯 올라앉은 정자와 소나무 숲과 계곡이 어울려 우리나라 전통원림의 아름다움을 잘 묘사하고 있다. 바로 예천 초간정草澗亭 원림이다.

초간정은 풍류나 안식을 위해 지은 정자가 아니다. 조선시대 정자는 보통 관직에서 은퇴한 사류가 노후의 안식을 위해 짓는 경우가 대부분이다. 권세와 탐욕이 만연한 세상으로부터 벗어나 한적한 곳에서 은일하고자 하는 은둔자에 의해 지어지기도 한다. 그러나 이러한 안식이나 은일과는 전혀 다른 학문과 집필을 위한 공간으로 쓰인 정자가 있다. 오롯이 묵향으로 가득 찬 정자가 바로 초간정이다. '초간'이라는 뜻은 당나라 시인 위응물이 읊은 시 〈저주서간滁州西澗〉의 "홀로 물가에 자라는 우거진 풀 사랑하노니獨憐幽草澗邊生"라는 구절에서 따온 것이다.

초간 권문해權文海(1534~1591)는 관향이 예천이다. 총명한 자질을 타고난 그는 유년 시절에 아버지 권지로부터 가학을 전수받았다. 초간의 행장을 보면 어린 시절부터 글을 읽을 때 다른 사람들보다 총명함이 넘쳤다고 한다. 일례로 역사서를 읽으면 눈에 한번 스친 것은 모두 기억하는 능력을 지녀 인물의 성정,

문장, 내용의 높고 낮음에 대해 일별로 모두 헤아렸다고 기록하고 있다. 그의 아우 문연文淵과 함께 용문사에서 공부할 때는 침식을 잊을 정도로 혹독하게 매진하여 늘 밤을 밝힐 등잔 기름이 모자랐다고 한다. 가학에 통달한 권문해는 1546년 한서암寒棲庵으로 가서 퇴계 이황에게 수학한다. 총명한 두뇌에 부단한 노력을 기울인 그는 향시에 장원으로 합격했으며, 명종 15년(1560) 별시문과에 병과로 대과 급제한다.

권문해는 명종조부터 선조에 걸쳐 벼슬길에 나갔다. 우부승지, 좌부승지, 관찰사, 목사 등의 중앙관료와 지방수령을 역임

▼ 초간정
계류가 바위를 감돌아 흘러가는 모서리에 우뚝 자리하고 있는 초간정은 마치 계류에 한쪽 팔을 늘이고 있는 것과 같은 느낌을 준다. 계자난간 바로 아래로는 수직의 석벽이 있어 이곳에 기대면 계류가 한눈에 보인다.

▶ **《대동운부군옥》**
현존하는 유일한 초간본이다. 책명에서 '대동'이라는 말은 '동방대국東方大國', '운부군옥'은 운별로 배열한 사전이라는 뜻이다.

했다. 그는 공주목사직을 사임한 후 고향으로 돌아와 노년을 보내기 위해 초당을 짓는다. 이 정자가 바로 초간정이다. 1582년 그가 49세 되던 해 완성한 초간정은 그의 종가에서 약 2km 떨어진 풍광이 아름다운 금곡천 계류가에 조성되었다.

노구의 권문해는 초간정에서 집필에 몰두하여 56세 되던 1589년, 우리나라 최초의 백과사전으로 평가되는 《대동운부군옥大東韻府群玉》을 완성한다. 초간은 일찍이 조선의 선비들이 중국의 역사에 대해서는 너무 잘 알고 있지만, 우리나라의 역사는 잘 모르고 있어 이를 한탄했었다. 이는 눈앞에 있는 자신의 물건도 보지 못하면서 천리 밖의 남의 것만 주시하려는 것과 같다고 말하며, 우리나라 역사와 사적을 담은 백과사전을 만들 뜻을 일찍이 품은 것이다.

《대동운부군옥》은 20권 20책으로 은나라 음사부의 《운부군옥》을 본떠 단군에서 조선의 선조까지의 사실을 지리, 역사, 문학, 철학, 인물, 예술, 풍속 등 다방면에 걸쳐 총망라한 방대한 저작이다. 초간은 이외에도 초간정 원림에서 《초간일기》, 《초간집》, 《선조일록》, 《신묘일기》 등 많은 저서를 남긴다. 《대동운부군옥》은 임진왜란이 일어나기 전에 쓰인 것으로 선조 이전 우리 조상들의 생활을 보여주는 중요한 자료이며, 이 책의 판각이 보물 제878호로 지정되어 있다.

초간정의 형태는 매우 특이하다. 정면 3칸, 측면 2칸의 정자로서 진입하는 마당 방향에 2칸이 온돌방으로 구성되어 있고 나머지 4칸은 대청마루로 온돌방을 두르고 있다. 이 마루는 밖에서 보면 마치 누마루와 같은 느낌을 준다. 마루의 가장자리에

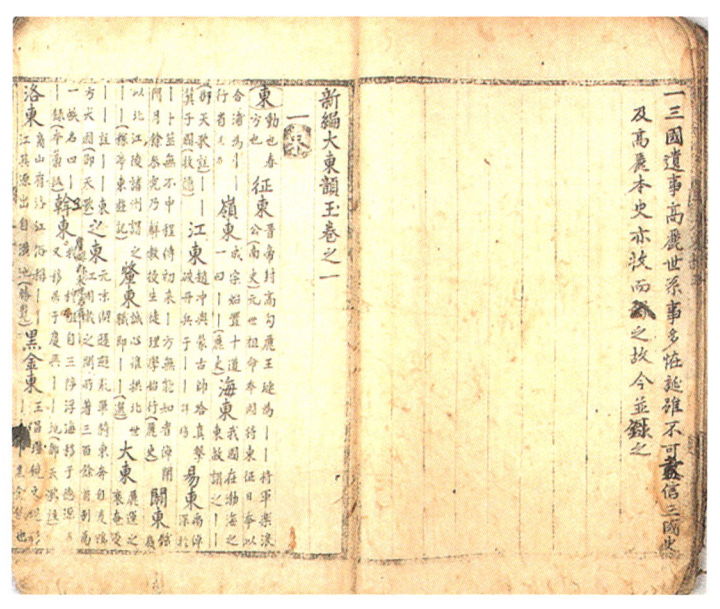

는 계자난간을 두르고 있으며, 누마루에서 밖을 바라보면 암반을 굽이쳐 흐르는 계류가 바로 아래로 내려다보인다. 이곳에서는 계류에 바로 낚싯대를 드리울 수 있다. 정자의 북쪽 편액에는 석조헌 夕釣軒이라 쓰여 있는데 '저녁 무렵 낚시하는 마루'를 의미하는 것으로, 종일 집필에 몰두하고 난 후 석양에 낚싯대를 계자난간에 걸쳐놓은 초간의 모습을 상상하게 한다.

별서란 제2, 제3의 주거, 즉 별장을 의미하는 고어로 근래에 다시 쓰이기 시작했다. 본가를 소유하고 있어야 별도의 주거인 별장을 가질 수 있듯이 별서의 성립 조건은 본가를 전제로 한다. 오늘날 별장은 본가에서 멀리 떨어진 곳에 짓는다 해도 차량과 같은 빠른 이동수단으로 쉽게 접근할 수 있지만, 당시에는 별서를 본가에서 가까운 곳에 지을 수밖에 없었다. 그러나 초간정 원림은 다른 별서와 달리 도보로 왕래하기에는 다소 거리가 있는 곳에 위치한다. 본가를 왕래하며 식사를 하기에는 거리가 멀어 초간정 옆에는 별채가 별도로 지어져 있다.

초간정의 정문 방향에는 초간정사草澗精舍라는 편액이 걸려 있다. 정사란 학문에 정진하는 집을 뜻하는 말로 초간정의 본래 이름이 초간정사였다. 정자를 지은 후 대사간을 지낸 박승임朴承任(1517~1586)이 정자의 이름을 '초간정사'라 지어 직접 글을 써서 보냈는데 지금 정자 전면에 걸려 있는 현판이 바로 그것이다. 초간정과 별채 사이는 담으로 가로막아 엄격하게 공간을 구분하고 있는데, 이것은 학문을 위한 공간인 초간정의 특징을 잘 나타내고 있다.

초간정 원림은 맑은 계곡과 푸른 소나무의 아름다운 경치를 배경으로 두른 대표적인 정자원림이다. 건너편 송림 사이에서 바라보면 바위 위에 자리한 정자 이외에는 소나무 숲, 계곡과 계류, 암반과 암벽 등 모두가 자연으로만 둘러싸여 있다는 사실을 알게 된다. 사람의 손에 의해 만들어진 정자조차 자연의 일부분인 듯한 느낌을 갖게 만든다.

초간정은 임진왜란 때 소실되었다가 광해군 4년(1612)에 재건되었으며, 인조 14년(1636) 병자호란 때 다시 불탄 것을 고종 7년(1870)에 중건하여 오늘에 이르고 있다. 두 차례의 전란을 겪으면서 정자가 불탔을 때 초간정사의 현판이 정자 앞 늪에 파묻혀 있다는 말이 전해졌는데, 늪에 오색무지개가 영롱하여 종손이 그곳을 파보았더니 현판이 나왔다고 한다.

▲ 초간정
기암 위에 절묘하게 지어진 초간정은 정자가 조망 대상으로서 아주 빼어난 위치를 점유하고 있다는 사실을 알게 해준다.

  학문과 집필의 공간이었던 초간정 원림은 묵향으로 가득 찬 곳이어서인지 초간이 56세 되던 해에 얻은 아들 권별權鼈(1589~1671) 또한 이곳에서 집필에 몰두하게 된다. 그리고 신라 이후 조선시대까지 1,000여 명에 달하는 인물을 대상으로 한 우리나라 최초의 인물사전인《해동잡록海東雜錄》을 저술한다. 초간정 원림은 가히 묵향이 묻어나는 학문의 공간이라 하지 않을 수 없다.

명승
제70호

참선의 원림, 청평사 고려선원

춘천의 소양댐에서 배를 타고 호수의 북쪽에 다다르면 깊은 골짜기를 에워싸고 있는 높은 산봉우리를 만날 수 있다. 이 산이 참선의 도량으로 유명한 청평사淸平寺를 품고 있는 오봉산이다. 고려시대 선종조에 이자현李資玄(1061~1125)이 입산하면서 청평산이라 불렸으나 오늘날 다섯 개의 봉우리가 발달되어 있다고 해서 오봉산이 되었다. 오봉산 줄기로 감싸인 아늑한 분지에 위치한 청평사 원림은 산수가 빼어난 경승지로 계곡, 영지, 소, 너럭바위, 기암괴석, 폭포 등이 어우러져 절경을 이룬다. 춘천부사를 지낸 조선 후기의 문신 박장원朴長遠은 시문집《구당집久堂集》에서 청평사를 유람하며 이렇게 읊고 있다.

> 나라 안의 많은 명산을 수없이 보아왔건만
> 두 손을 마주 잡고 사면을 에워싸듯 두르면서
> 비거나 부족함이 없이 온화하고 빼어나며
> 기이하기로 이 산에 비길 곳 없도다

청평사 원림은 선학禪學에 매진한 이자현에 의해 참선의 경역으로 승화된다. 그는 문종 때 문과에 급제한 후 대악서승大樂署丞에 올랐으나 벼슬을 사직하고 청평산에 입산하여 보현원을 문

보고 생각하고 느끼는 우리 명승기행 1

▼ 청평사
오봉산 줄기의 견성암 봉우리 아래에 나지막이 자리한 청평사의 모습이다.

수원이라 고치고 당幢과 암자를 지었다. 그리고 청평식암淸平息庵이라는 글자를 바위에 새겨 청평사 일대를 선원의 공간으로 다듬었다.

청평사 원림은 선동仙洞으로 진입하는 대문과도 같은 거북바위를 지나면서 시작된다. 가장 먼저 보이는 것은 아름다운 폭포다. 선계로 향하는 오르막에는 상폭과 하폭 두 개의 폭포로 이루어진 구송폭포가 하얀 물줄기를 푸른 담으로 떨어뜨리고 있다. 구송폭포 구역에는 구송대, 구송정터, 성향원터, 석굴, 삼층석탑이 남아 있다.

폭포를 지나 더 올라가면 사각형의 못인 영지影池가 있다. 영지는 연지와 달리 연꽃을 심지 않는다. 못의 수면을 고요하게 해 수면이 가지는 투영효과에 의해 그림자를 드리우게 하는 여러 사찰에 조성된 지당의 한 종류다. 매월당 김시습金時習은 청평

▶ **영지**
고려시대 못의 형태를 보여주는 지당인 영지는 사물을 물에 비치게 할 목적으로 사찰에 조성되었다.

사 영지를 보고 "네모난 못에 천 층의 봉우리가 거꾸로 들어 있다方塘倒插千層峀"고 표현했다. 이 영지는 북단에 자연석을 지하에 중첩되게 깔고 석축을 쌓았는데, 계곡물이 이 석축 아래로 스며들어 영지 수면 아래에서 물이 솟아오르게 하는 특이한 입수구조를 지니고 있다. 이곳에는 세향원터, 부도, 청평루 등도 함께 위치하고 있다.

영지를 지나 조금 더 오르면 선동교가 계곡을 가로질러 놓여 있고, 이곳을 건너면 오봉산 줄기의 견성암 봉우리 아래에 다소곳이 자리 잡은 청평사의 절집들이 그 모습을 드러낸다. 청평사의 가람은 여러 개의 단을 조성하여 그 위에 절집이나 마당을 두는 방식으로 구성되어 있다. 경사지를 이용해 입지할 수밖에 없는 산지사찰의 형태를 잘 보여준다. 청평사는 일주문이 없고

중문인 회전문(보물 제164호)을 통해 대웅전으로 진입한다. 경내는 1970년대 중반까지만 해도 회전문만 남은 채 빈 절터로 되어 있었다. 이후 1977년 극락전의 복원을 시작으로 현재는 경내 대부분의 절집들이 복원되었다.

청평사의 사찰 구역을 지나 서측 계곡을 따라가면 청평사 아래에서 갈라진 서천이 흐르고 있다. 절 바로 아래 계곡에서부터 선동 입구까지 이어지는 서천 구역은 계류와 수석, 암반이 어우러져 매우 아름다운 경승의 모습을 보여준다. 이곳에는 와룡담 폭포, 와룡담, 송대, 환적당 부도, 설화당 부도, 기우단뿐만 아니라 근래에 세운 해탈문도 자리하고 있다.

서천 구역을 거슬러 산길을 계속 오르면 계곡이 좁아지면서 경사가 급해지는 협곡 지형에 다다르게 된다. 이자현의 친필이라는 '청평선동淸平仙洞'이 암각된 암벽이 나타나는데 그 아래로 난 바위 경사로는 마치 신선의 세계로 진입하는 길이 험난하듯이 밧줄에 의지하지 않고는 올라가기 쉽지 않다. 이 바위 협곡을 통과하면 비로소 선동, 즉 신선이 사는 동천에 이르게 된다. 이곳은 속세와 완전히 격리되어 있어 선계와 같은 느낌을 주는 곳으로 이자현이 즐겨 찾던 참선 장소다.

선동 입구에서 300m 정도 오르면 가파른 수직암벽에 이르게 된다. 이 입암立巖 옆에 문수원 중건 당시 이자현이 세운 암자인 식암息庵이 있다. 이자현은 식암에서 몇 달 동안 나오지 않고 참선에 몰두했다고 한다. 지금은 이 자리에 새롭게 적멸보궁이라 이름 지은 건물이 세워져 있다. 적멸보궁 옆 암벽에는 '청평식암'이라는 각자가 새겨져 있다. 더불어 석대, 선동암터, 나한전

보고 생각하고 느끼는 우리 명승기행 1

◀ **각자와 거북바위**
이자현의 친필로 알려져 있는 청평식암 각자와 견성암 구역의 천단 주변에 위치하고 있는 기암인 거북바위다.

◀ **견성암 구역**
견성암 구역에서 아래로 부감되는 조망 경관이다. 근경으로는 촛대바위가 위치한 아름다운 기암괴석, 멀리는 소양호가 내려다보인다.
춘천시 제공.

터, 석암상폭, 석암하폭, 선동 부도, 진락공 세수터, 척번대 등 동천을 상징하는 요소들이 즐비하다.

이제 이곳에서 산길을 따라 능선을 오르면 오봉산에서 이어진 지맥에 위치한 견성암터가 나온다. 험준한 산세로 청평사 구역 내에서 가장 높은 지역이며 견성암터를 비롯하여 천단, 소요대가 위치하고 있다. 청평사 원림의 경치와 소양호 호반의 모습이 한눈에 조망되는 부감俯瞰 경관이 아름답다. 천단 부근에는 촛대바위, 송대바위, 거북바위 등 기암괴석이 위치하고 있어 자연 경관의 모습을 한층 돋보이게 한다.

오늘날 우리나라에 현존하고 있는 고려시대의 정원 유적은 매우 희소하다. 조선왕조 500여 년을 지나는 동안 많이 훼손되기도 했지만 남아 있는 유적조차 주로 북한 지역에 분포하고 있기 때문이다. 충남 아산에 있는 맹사성 고택이 있지만 정원 유구가 정확히 당시의 것이라고 할 수 없고, 이에 관한 내용도 거의 문헌에 의존하고 있어 그 실체를 짐작할 수밖에 없는 처지다. 이러한 상황에서 보면 청평사 고려선원은 고려시대 원림 유적을 대표하는 조경유산이라 할 수 있다. 특히 불교를 국교로 삼았던 고려의 참선을 위한 도량으로서 청평사의 의미는 매우 크며 고려시대 정원에 관한 면모를 찾아낼 수 있는 유일한 선원이라고 할 수 있다.

명승 제86호

화림동천의 계원, 거연정 일원

예로부터 '좌안동 우함양'이라 했다. 함양은 안동에 버금가는 선비의 고장이다. 일찍이 묵향의 꽃이 핀 함양에는 사대부들의 학문과 문화가 만발했고, 동천 중의 동천이라 할 수 있는 안의삼동安義三洞이 위치하고 있다. 그중에서도 정자가 즐비하게 들어서 있는 화림동은 함양 유림의 선비문화를 고스란히 간직한 동천이다.

화림동은 안의에서 장수 방향으로 난 육십령 고개를 거슬러 올라가는 계곡을 일컫는다. 화림동계곡은 골이 넓고 물의 흐름이 완만하다. 청량하고 풍부한 물줄기는 계곡의 만을 감아 돌면서 이곳저곳에 작은 못을 만든다. 더러는 너럭바위를 유연하게 타고 넘기도 하고, 하얀 포말을 일으키며 못으로 떨어지기도 한다. 화림동계곡은 정말 아름답다. 맑은 물과 너른 암반, 기암괴석과 늙은 소나무 숲이 어우러져 있고, 아름다운 승경이 절정을 이루는 곳마다 정자들이 연이어 자리하고 있다. 자연과 더불어 요산요수하며 음풍농월을 즐기던 함양의 선비들이 맑은 계곡과 수정 같은 옥수를 놓칠세라 건립한 정자다. 이러한 정자들은 주위의 자연과 조화를 이뤄 마치 수채화 같은 풍경의 연계 경관을 형성한다.

원래 화림동계곡의 풍광은 '팔정팔담八亭八潭'이라 일컫는다.

여덟 개의 정자와 여덟 개의 담이 있는 계곡이라는 의미다. 실제로 정확하게 여덟 개의 정자와 담이 있었는지, 아니면 정자와 담이 많은 계곡을 상징적으로 표현한 것인지는 정확히 알 수 없다. 여하튼 팔정팔담이라는 표현은 화림동계곡을 매우 적절하게 묘사한 말로 생각된다. 화림동을 비롯한 안의삼동에는 정자가 매우 많기 때문이다. 이곳에서 영남의 선비들은 사화와 당쟁으로 산수에 은둔하고 시서를 논하며 풍류를 즐겼다. 현재 화림동계곡에는 거연정居然亭, 군자정君子亭, 동호정東湖亭 등 세 개의 정자가 남아 있다. 이중 명승으로 지정된 정자는 거연정이 유일하다.

화림동계곡을 흐르는 남강천 암반 위에 건립된 거연정은 매우 특별한 형태를 보여준다. 거연정은 화림교를 건너야만 진입할 수 있다. 화림교는 무지개다리, 즉 홍교虹橋다. 홍교는 또 다른 말로 아치형 다리를 뜻하는 오교吳橋라 하기도 한다. 화림동계곡의 한가운데 위치한 거연정은 계곡의 기암과 주변의 노송이 함께 조화를 이루어 매우 아름답다. 중층으로 된 누각 형태의 정자로 정면 3칸, 측면 2칸의 규모이다. 내부는 판재로 벽체를 구성한 1칸의 판방을 갖추고 있는 유실형有室形 정자다. 굴곡이 심한 천연 암반의 형태를 그대로 활용하기 위해 정자의 아랫부분은 주추를 놓고 그 위에 기둥을 세웠다. 바위 표면이 높은 곳은 주추 없이 그대로 기둥을 올리기도 했다. 자연을 훼손하지 않고 순응하는 정신과 자연친화적인 건축술을 잘 보여준다.

거연정은 중추부사를 지낸 전시서全時敍가 지은 정자다. 1640년(인조 18)경 그는 서산서원을 짓고 거연정의 위치에 억새로 만든

▲ 거연정의 가을
단풍으로 곱게 단장한 화림동계곡은 동천의 아름다운 모습을 잘 보여준다. 함양군 제공.

▶ 거연정에서 본 경치
거연정 내부에서 바라본 화림동계곡의 수려한 자태. 정자는 외부에서 바라보는 모습뿐만 아니라 내부에서의 조망 경관도 중요한 요소다.

보고 생각하고 느끼는 우리 명승기행 1

초정을 처음 지었다. 화림교 앞에 세워져 있는 '화림재전공유허비'에는 "옛 안의현 서쪽 화림동에 새들마을이 있으니 임천이 그윽하고 깊으며 산수가 맑고 아름답다. 화림재 전공이 세상이 어지러워 이곳에 은거했다"라고 쓰여 있다. 1868년(고종 5) 흥선대원군의 서원철폐령에 따라 서산서원은 훼철되었다. 이후 1872년 전시서의 7대손인 전재학이 억새로 된 초정을 철거하고, 서산서원의 재목으로 거연정을 중수해 오늘에 이르렀다.

거연정은 우리나라 별서정원의 전통적 형식인 계원의 모습을 잘 보여준다. 창덕궁 후원의 옥류천, 담양의 소쇄원, 보길도의 부용동 정원처럼 계곡 주위에 정자와 더불어 약간의 정원 시설을 조성한 이러한 고정원이 계원의 전형적인 모습이다. 그러나 이러한 계원의 원형은 정자다. 별서는 본래 아름다운 산수 속에 자리한 소박한 정자로 거연정이 계원의 원형이라 할 수 있다. 또한 거연정을 비롯해 화림동계곡에 줄지어 있는 정자들은 각각의 작은 계원을 계속 연결하고 있어, 화림동천을 거대한 하나의 계원으로 만들고 있는 것이다.

계원은 중심건물인 정자와 더불어 주위에 있는 모든 자연 요소들을 정원의 일부로 활용한다. 따라서 계원 속의 정자는 그 위치와 조망이 매우 중요하다. 정자에 방이 있는 경우, 조망은 문을 통해 형성되는 프레임으로 사람이 방 안에서 바라보는 광경을 의미한다. 거연정을 포함한 계류 주변에 지어진 정자 안에서는 이러한 빼어난 자연을 조망할 수 있다.

아울러 계원의 중요한 또 하나의 조망은 밖에서 정자가 위치한 곳을 바라보는 것이다. 그러면 모든 계원이 대단히 아름다운 조망의 대상이 되고 있음을 알 수 있다. 우리가 여행을 할 때도 아름다운 자연풍광이 있는 곳에는 대부분 정자가 위치하고 있음을 발견하게 된다. 특히 계류를 끼고 있는 기암괴석의 절승에 정자가 있는 사례는 더욱 많다. 그러므로 당연히 정자가 자리한 계원을 주변에서 바라보는 모습 또한 아름다운 풍광이 아닐 수 없다.

화림동계곡의 초입에는 고요한 밤 냇물에 비친 달을 한잔의 술로 희롱한다는 의미를 가진 농월정 弄月亭이라는 정자가 있었다. 임진왜란 때 의병을 일으켰던 지족당 박명부가 즐겨 찾던 곳에 지었다는 이 정자는 본시 화림동계곡 경관의 백미라 할 만한 제일의 경승이었다. 그러나 2003년 불이 나면서 농월정은 완전히 소실되었다. 아직도 이 정자가 남아 있다면 당연히 화림동천의 가장 중심적인 경관 요소로 계속 자리하고 있을 것이며, 이미 명승으로 지정되었을 것으로 생각된다. 참으로 안타까운 일이다.

화림동계곡은 안의삼동 중에서도 가장 아름다운 계곡이었다.

▲ **화림동계곡**
기암괴석으로 이루어진 화림동계곡의 모습이다. 함양군 제공.

그러나 최근에는 자연과 문화의 소중함을 잃어버린 국토개발에 의해 심각하게 원형이 훼손되었다. 바로 대전에서 통영을 잇는 제35호선 고속도로 때문이다. 화림동계곡에서 보면 고속도로의 인공구조물과 도로를 따라 형성된 절개지 사면이 흉물스러운 모습을 하고 있다. 오로지 용이한 방법의 국토 이용에만 역점을 두어온 국가정책의 부끄러운 결과라고 할 수 있다. 이제 경제개발 못지않게 문화의 고양이 중요한 시점이다. 다소 불편함을 감수하더라도 소중한 문화유산을 지키는 일이 훨씬 더 중요하다는 사실을 곧 깨닫게 될 것이다.

고반원터에 지은 별서, 임대정 원림

> 동복현同福縣 사평촌沙坪村에 집을 지었는데
> 계산溪山의 수석水石이 매우 아름다웠다
> 그 원園을 고반이라 하고
> 자호自號를 '고반원 주인考槃園主人'이라 했다
>
> _남언기, 《고반유편考槃遺編》 중에서

16세기 후반 퇴계로부터 '동방의 도학을 전수할 사람'이라는 찬사를 받았던 남언기南彦紀(1534~?)는 전라도 동복현 사평촌에 정자를 짓고 은둔한다. 그는 이 정원을 고반원이라 하고, 자신의 호를 스스로 고반이라 짓는다. 고반이란 《시경詩經》의 〈위풍衛風 고반편〉에 "고는 이룬다는 뜻이고, 반은 머뭇거려 멀리 떠나지 않는 모양이니 은거할 집을 이룬다는 말이다 考成也 槃桓之意 言成其隱處之室也"라고 주석하고 있다. 다시 말해 고반은 은일자가 은거할 집을 마련했다는 뜻으로 세속을 떠나 산수를 즐기는 것을 의미한다.

화순의 임대정 원림은 남언기가 조성한 고반원에서 유래했다. 그는 고반원에 초막을 짓고 자연을 벗하며 일생을 보냈다. 남언기는 1568년(선조 1) 학문이 뛰어나 동몽교관에 임명되었으나 곧 사직하고 이곳에 내려와 오로지 학문을 닦고 은일생활을 즐겼다. 그 후 300여 년이 지난 19세기 후반 민주현閔胄顯(1808~1882)이 귀향하여 고반원의 옛터에 정자를 건립하고 임대정臨對亭이라 명명했다.

임대정은 송나라의 명유, 주돈이周敦頤가 지은 시에서 가져온 명칭이다. 주돈이는 자신의 향촌생활을 "새벽 물가에 임하여 여산을 바라보네終朝臨水對廬山"라고 묘사했는데, 염계 주돈이를 흠모하던 조선사회의 유림들은 그를 본받고자 많은 노력을 기울인다. 민주현 역시 주돈이의 시구에서 취한 자구를 합성해 그가 새로 지은 정자를 임대정이라 명명한 것이다. 이처럼 조선사회에 크나큰 영향을 준 주돈이는 특히 연꽃을 사랑했다. 그는 연꽃을 군자의 꽃이라 칭하며 〈애련설愛蓮說〉이라는 시를 남긴다.

> 진나라의 도연명은 국화를 가장 사랑했고
> 당나라 사람들은 대부분 모란을 사랑했다
> 하지만 나는 유독 연꽃을 사랑한다
> (중략)
> 향기는 멀리 있을수록 더욱 맑으며
> 우뚝하고 맑게 심어져 있어 멀리 바라봄이 좋고
> 가까이 감상하기에는 적당하지 않다
> 평하건대 국화는 은일을 상징하는 꽃이요
> 연꽃은 꽃 중의 군자일 것이다

전남 화순읍에서 동남쪽 보성 방향으로 10km 정도 가면 남면사무소 소재지인 사평리에 이른다. 이곳은 조선시대 행정구역으로는 동복현에 속했다. 현재 사평촌(지금의 사평리)을 돌아

► 임대정 근경
방이 있는 유실형 정자인 임대정은 호남 지방에 많이 지어진 정자 형태다.

흐르는 외남천가에 임대정 원림이 자리하고 있다. 외남천에 놓인 사평교를 건너자마자 우측 방향으로 난 사평길을 따라서 500m 정도 내려가면 임대정 원림에 다다른다.

임대정 원림은 상원과 하원으로 나누어진다. 정자가 있는 상원은 지대가 높은 언덕 위에 자리하고, 하천 방향의 낮은 지대에는 지당 중심의 하원이 조성되어 있다. 사평길에서 상사마을로 분지된 마을도로에 진입하면 곧바로 임대정의 상원으로 연결된다. 이곳에서 가장 처음에 만날 수 있는 정원 시설은 자연석으로 세워놓은 입석이다. 이 돌에는 '사애선생장구지소沙厓先生杖屨之所'라는 글이 새겨져 있다. 여기서 '장구'라 함은 지팡이杖와 신발屨을 의미하는데 '장구지소'는 즐겨 찾던 곳, 혹은 흔적이 묻어 있는 장소라는 뜻이다. 즉 임대정 원림은 '사애 민주현이 즐겨 찾던 곳'을 말한다.

임대정의 상원은 정자를 중심으로 정원이 형성되어 있다. 높은 지반에 위치하고 있지만 매우 평평하다. 상원의 남쪽 끝부분에는 임대정이 자리하고, 정자 앞으로는 작은 규모의 사각형 연못(방지)이 조성되어 있다. 이 방지에는 한가운데 둥근 섬(원도)이 있는데 이 지당은 우리 선인들이 가장 중요시했던 음양의 구조를 나타내고 있다. 방지 안의 섬 정면에는 조그마한 입석이 세워져 있고 '세심洗心'이라는 글씨가 쓰여 있다. 깨끗한 마음을 지니고자 한 선비의 정신이 깃든 글이다.

방지 앞에는 평평한 돌을 놓아두었는데 3면에 모두 음각이 되어 있다. 앞면에는 '걸터앉는 돌'을 의미하는 기임석跂臨石, 오른쪽 면에는 '연꽃의 향기가 멀리 흩어지는 것'을 뜻하는 피향지

披香池, 왼쪽 면에는 '연꽃의 맑은 향기를 붙잡아 당긴다'는 의미의 읍청당揖淸塘이 새겨져 있다. 피향지와 읍청당은 각기 '향'과 '청'이라는 글자가 중간자로 구성된 어휘인데 주돈이의 〈애련설〉의 "향기는 멀리 있을수록 더욱 맑다香遠益淸"는 구절에서 유래되었다. 이러한 각자들은 모두 조선의 유림으로서 민주현이 따르고자 했던 선비의 정신을 나타내고 있는 것이다.

상원의 방지는 산골짜기에서 끌어들인 물을 수원으로 하고 있는데 여기에서 넘친 물이 홈통飛溝을 통해 폭포처럼 하원의 지당으로 떨어진다. 하원은 낮은 지형으로 조성되어 있으며, 상지와 하지 두 개의 연못으로 이루어져 있다. 이 연못은 자연 형태

▲ 하원의 하지
못 안에 하나의 섬이 조성되어 연이 가득 심겨진 하원의 하지 모습이다.

를 지니고 있는데, 수구를 통해 연결된다. 상지는 남쪽에 위치하며 안에 두 개의 섬이 있고 하지는 북쪽에 자리하여 한 개의 섬을 못 안에 두고 있다. 섬 안에는 모두 남쪽 지방에서 잘 자라는 배롱나무가 식재되어 있다. 아울러 소나무, 느티나무, 벚나무, 은행나무, 향나무, 단풍나무, 대나무 숲이 어우러져 정원을 한층 더 아름답게 만들고 있다.

임대정 원림 외에도 호남 지방에는 이러한 고정원이 많다. 담양의 소쇄원, 명옥헌 원림을 비롯해 보길도의 부용동 원림에 이르기까지 다른 어느 지방보다도 많은 고정원이 보존되어 있다. 이러한 경향은 지금까지도 시서화詩書畵를 즐기고 풍류와 전통을 지키려고 하는 남도 사람들의 오랜 문화에서 유래된 것이라고 생각된다.

임대정 원림은 2012년에 비로소 명승으로 지정되었다. 그러나 전국에는 아직도 방치된 채 남아 있는 고정원이 많다. 하루빨리 아무런 손길 없이 훼손되어 가고 있는 다수의 고정원을 조속히 찾아내 국가유산으로 지정하고 보존하는 일이 중요한 과제로 남았다.

명승 제87호

염퇴의 강직한 기품이 흐르는, 월연대 일원

한원에 오래 머무름이 본래의 뜻이 아니니
久直鑾坡非宿志

신무문에 관을 걸고 언제나 돌아갈거나
掛冠神武幾時歸

임금님의 모자람을 바로잡지 못할 바에는
補闕拾遺嗟未得

고향에 돌아가 낚시하고 나무하는 것만 못하리
莫如歸去任魚樵

머리 돌려 바라보니 반산이 낙조를 머금었네
回首半山含落照

여윈 망아지 바삐 타서 갈기 잡고 채찍을 더하리라
促騎羸騣强加鞭

_〈한원직려회향 翰苑直廬懷鄕〉

한원翰苑이란 한림원과 예문관을 통칭하는 말이다. 여주이씨 가문 출신인 월연 이태李迨(1483~1536)는 중종 5년(1510)에 문과에 급제한 후 불과 3년 만에 예문관 봉교(정7품)로 고속 승진했다. 예문관 봉교는 당시에 세칭 '8한림'으로 불렸던 엘리트 관료가 맡았던 요직이었다. 월연은 경화京華의 명문거족 출신이자 영남의 사림이었던 인물로 문벌과 학식을 겸전한 사람이었다. 양녕

대군의 외손인 이증석 李曾碩이 그의 할아버지였고 세종대왕은 작은 외할아버지, 그리고 7대 임금 세조가 외 5촌 숙부였다. 이처럼 월연은 한양의 화려한 명문 집안에서 태어났다. 더불어 밀양 박씨 박거겸의 딸인 할머니, 밀양에서 활동했던 진사 류자공의 딸이었던 어머니까지 진외가와 외가가 모두 밀양에 근거지를 두고 있었다. 월연도 그곳에서 어린 시절을 보냈기 때문에 자연스럽게 영남사림에 속하게 되었다.

월연이 벼슬에 있었던 중종대는 훈구세력과 신진세력이 대립하던 혼돈의 시기였다. 훈구세력의 엘리트 그룹에 속했던 월연은 매우 강직한 성품을 지닌 선비였다. 기묘사화 이후 권력을 농단한 권신 김안로가 보병 寶甁에 글씨를 청하자 "내 팔이 어찌 권세 있는 사람 집의 병풍으로 인해 더럽혀질 수 있겠는가!" 하고 거절한 올곧은 성품의 소유자였다.

중종 14년(1519) 당시 함경도도사였던 월연은 기묘사화가 일어나자 미련 없이 관직을 버리고 밀양으로 귀향했다. 미래에 재앙이 닥쳐올 것을 예감한 그는 과감하게 귀거래하여 학문에 전념하다가 여생을 마쳤다. 이를 두고 세간에서는 그를 '기묘완인 己卯完人'이라 칭하게 된다. 월연이 기묘완인이라 불리게 된 것은 기묘사화로 인해 많은 벼슬아치들이 화를 입었는데 그는 신체나 명예, 그 어느 것도 다치지 않고 전혀 흠이 없는 사람으로 살았기 때문이다. 이에 월연과 함께 과거에 급제한 벗인 신숙주의 손자 신광한은 "삼공의 지위를 주어도 바꾸지 않을 월연 不換三公有月淵"이라고 칭송하기도 했다.

월연은 밀양 지방의 학문과 문화에 큰 영향을 주었다. 이런 그가 밀양에 돌아와 학문에 전념한 곳이 바로 월연대였다. 월연은 본래 서울에서 출생한 후 부모를 따라 외가가 있는 밀양(당시 응천)으로 이거하여 자랐다. 따라서 밀양은 그의 고향이라 할 수 있다. 기묘사화의 조짐을 예견하고 돌아온 그는 고향의 아름다운 강변에 노후를 보낼 거처를 마련한다. 1520년(중종 15) 월연은 쌍경당 雙鏡堂과 월연대 月淵臺를 짓고, 자신을 '월연주인 月淵主人'이라 칭한다. 그는 이곳을 지극히 사랑했다. 날마다 이곳 쌍경당과 월연대에서 시를 짓고 노래를 부르며 여생을 즐겼다.

밀양부의 공루였던 영남루에서 밀양강을 따라 상류로 3km 정도 거슬러 오르면 단장천과 밀양강이 합류하는 곳이 있는데, 이 지점 바로 아래 강변에 월연대가 위치한다. 밀양의 배후를 점하고 있는 추화산(243m)의 동쪽 기슭에 자리하여 그 앞으로 흐르는 밀양강을 향해 시야가 확 트여 있는 전망 좋은 누대다.

월연대는 본래 월영사 月影寺라는 절이 있던 곳에 지어진 건물이다. 고려에서 조선으로 왕조가 바뀌면서 사찰 자리가 서원이나 별서 등 유교문화를 나타내는 시설지로 바뀐 사례가 많았다. 사찰이 위치했던 자리는 대부분 경관이 뛰어난 명당이었기 때문에 이러한 자리에 유교를 상징하는 건물이 많이 지어지게 된 것이다. 월연대의 경우도 마찬가지다. 그러나 흥미로운 사실은 과거에 위치했던 사찰의 이름과 나중에 지어진 누대의 명칭이 모두 달과 관련되어 있다는 것이다. 사찰의 이름인 '달의 그림자 月影'와 누대의 명칭인 '달이 비치는 못 月淵'은 모두 월연대 앞을 흐르는 강물로부터 유래되었다.

밀양의 아름다운 경승지 12곳을 일컫는 '밀양십이경 密陽十二景'

▲ **월연대 전경**

월연대는 일원의 가장
북쪽에 자리하여 중앙에
구들방을 1칸 배치하고
주변에 마루를 두른
형태의 정자다.
특히 가파른 경사지의
언덕 위에 세워져 있어
밀양강을 조망하기 좋다.

▶ **월연대 편액**
고향에 돌아온 이태가 지은 월연대의 편액이다.

중 하나인 '연대제월淵臺霽月'은 월연대의 풍광을 가리킨다. 비 개인 맑은 밤하늘에서 교교한 달빛이 쏟아지는 월연대의 모습을 상상하게 한다. 매월 보름이 되면 밀양강에 비친 둥근 달의 모습이 길게 달빛기둥을 이룬다 해서 이때의 모습을 월주경月柱景이라고 하는데, 이렇게 월주가 서는 날인 기망일旣望日에 월연대에서는 시회를 열었다고 한다. 또한 월연대의 빼어난 승경 12곳을 일컫는 '월연대십이경'에도 '징담제월澄潭霽月'을 제일로 들고 있는데, 이것은 거울 같은 못에 맑은 달이 비치고 있는 월연대의 풍광을 묘사한 것이다.

월연대 별서 일원의 풍경은 정말 수려하다. 이 별서는 쌍경당과 제헌霽軒, 월연대 등의 건물을 중심으로 구성되어 있고 그 사이로는 작은 물줄기가 흘러내린다. 이 물줄기는 '영월간迎月澗'이라 하여 '달을 맞이하는 실개천'이라는 뜻이다. 본래 영월간은 과거에 있었던 개울을 뜻한다. 현재의 개울은 20세기 초 철도가 부설되면서 지형이 변화되어 문중에서 인위적으로 만든 것이다. 이 밖에도 월연대 일원에는 다양한 경관 요소들이 있다. 쌍청교雙淸橋, 수조대垂釣臺, 탁족암濯足巖, 행단杏壇, 죽오竹塢, 한림이공대翰林李公臺 등이 별서정원을 구성하고 있다.

쌍청교는 월연대와 쌍경당 사이를 흐르는 실개천 위에 놓인 다리를 말한다. 본래 목교로 만든 것이었는데 지금은 콘크리트 다리가 되었다. 또한 수조대는 월영연月盈淵의 가장자리에 놓여 있는 여러 개의 반석으로 낚시를 즐기던 자리다. 탁족암은《맹자》에 나오는 "물이 맑으면 갓끈을 씻고 탁하면 발을 씻는다淸斯濯纓 濁斯濯足"는 구절에서 유래된 이름이다. 이외에 행단은 월연이 심었다는 500년 된 은행나무이며, 죽오는 쌍경당 서쪽의 언덕 위에 자라는 죽림으로 현재는 오죽이 심겨져 있다. 한림이공대는 월연대 동쪽 벼랑 끝에 있는 반석으로 월연이 시를 읊던 장소인데 후세 사람들이 이름 지은 곳이라 한다. 이처럼 월연대 주변에는 별서정원 요소가 매우 풍부하다.

월연이 살았던 시대는 '중종반정'과 '기묘사화'라는 두 가지 커다란 정치적 사건이 있었다. 그는 선비사회에 커다란 충격을 주었던 이러한 사건들을 생생하게 목격했다. 특히 출사 이후에 겪은 기묘사화로 많은 동료와 스승을 잃었다. 사화 이후에도 다시 한 번 복직하여 경세經世의 뜻을 품기도 했으나, 김안로의 방해로 지방관으로 좌천되자 완전히 벼슬에 미련을 버리고 고향으로 돌아왔다. 이처럼 월연은 과감하게 귀거래함으로써 염퇴恬退사상의 명철名哲로 평가받는 인물이 되었다. 염퇴란 관직에

▲ 밀양강
월연대 일원에 세워진 월연정에서 바라본 밀양강의 풍경이다.

있다가 명예나 이권에 뜻이 없어 벼슬을 내놓고 물러남을 뜻하는 말로 청렴결백하고 고절高節한 사대부가 도를 함양하는 것을 의미한다. 월연은 염퇴하여 도를 지킴으로써 온전히 품은 뜻과 몸을 보전하여 기묘완인이 될 수 있었다.

달빛이 교교히 비치는 밀양강의 월연대에서 자신의 뜻을 강직하게 지키며 소요했던 월연 이태는 대나무를 특히 좋아했던 것 같다. 그는 고절한 대나무의 기상을 흠모하며 지은 〈속세를 떠난 삶幽居〉이라는 시 2수를 남긴다.

터를 잡아 가꾼 정원 열 장만 한데	地卜芳園十丈寬
꽃과 나무를 심고 사계절 바라보네	只栽花木四時看
나그네 오거든 생활이 비천하다고 웃지 말게나	客來莫笑生涯薄
창밖에는 새로이 몇 그루의 대나무를 심었다네	窓外新添竹數竿

새해에 물가에서 친구를 만나보니	湖上新正逢故人
정이 깊어 내 가난을 비웃질 않네	情深應不笑家貧
내일 아침 이별하고 다시 문을 닫으면	明朝別後門還掩
긴 대나무 천 그루와 병든 나뿐이리	脩竹千竿一病身

명승 제88호

신선과 반려하는 유토피아, 용암정 일원

태곳적 반석 위를 마당으로 삼아	太古盤巖闢址庭
삼대가 경영하여 이 정자를 지었도다	經營三世築斯亭
명승의 물과 돌은 하늘의 작품으로	名區水石由天作
별천지 안개 속에 감춰진 지형이로다	別界煙霞秘地形

_임석형, 〈용암정龍巖亭〉

안의삼동은 옛날부터 명승지로 유명한 곳이다. 본래 안의현에 속한 세 곳의 동천으로 화림동, 심진동, 원학동을 이르는 말이다. 오늘날에는 행정구역이 바뀌어 화림동과 심진동은 함양군, 원학동은 거창군에 포함되어 서로 다른 군으로 분리되었다. 덕유산에서 남덕유산으로 이어지는 백두대간의 능선 아래에 자리한 안의삼동은 그야말로 신선이 살 듯한 동천이다.

거창의 용암정은 삼동천의 하나인 원학동 골짜기에 계곡을 따라 흐르는 위천渭川가에 세워진 경승이다. 이미 원학동의 명승으로 잘 알려진 수승대로부터 북쪽 방향으로 1km 정도 올라간 상류에 위치하고 있다. 덕유산에서 발원한 소정천과 남덕유산에서 시작되는 월성천이 북상면 소재지에서 합류되어 위천을 이루는데, 이 위천이 시작되어 수승대로 향하는 작은 계곡을 '요수원계곡'이라 한다. 요수원계곡은 말 그대로 산자수명한 골짜기인데 용암정이 바로 이 계곡의 남쪽 언덕 위에 지어져 있다.

용암정은 갈계마을에 터를 잡고 여러 대에 걸쳐 살아온 임석형林碩馨(1751~1816)이 지은 정자다. 일찍이 그의 조부와 부친을 따라 노닐던 물가에 놓여 있는 평평한 바위인 용암 위에 1801년(순조 1) 건립한 누정이다. 임석형의 선대는 항상 용암에서 소요하기를 즐겨했지만 끝내 정자를 건립하지 못해 아쉬워했다. 이를 애석하게 여긴 임석형이 가까운 친척들과 뜻을 합해 용암정을 짓게 된 것이다. 그의 가문에서는 대대로 벼슬에 뜻을 두지 않는 풍조가 있었다. 이러한 가풍의 영향으로 임석형 또한 출사를 생각하지 않고 요수원계곡의 동천에서 평생 안빈낙도를 즐기며 선유仙遊했다.

이휘준李彙濬(1806~1867)이 쓴 용암정의 중수기를 보면 임석형을 묘사한 부분이 있다. 그에 따르면 임석형은 학문이 깊고 행실이 발라 당대의 유명한 인사들과 교류가 많았지만 벼슬에는 전혀 관심을 두지 않고 임천林泉에서 소요하기를 즐겼다고 한다. 그러다 50세가 지난 후 만년에 들어서면서 선대의 뜻을 소중하게 느끼고 이를 이어가고자 용암정을 짓게 된다. 정자가 지어진 이후에도 이곳에서 그의 자손들은 독서를 하며 학문을 연마했지만 과거에 응시하는 것에는 연연해하지 않았다.

정자는 방이 있는 정자와 방이 없는 정자 두 가지로 나뉜다. 방이 없는 무실형無室形 정자는 대부분 서울을 중심으로 하는 기호 지방에 많이 지어졌다. 일반적으로 기호 지방의 정자는 환로宦路에 있는 인사들이 주로 이용하는 시설이었기 때문에 유상遊賞

▲ **용암정 근경**
아름다운 풍경과 함께 고결한 선비의 모습을 하고 있는 팔작지붕의 용암정은 중앙에 방을 만들어 마루 아래에서 불을 땔 수 있게 하였고, 둘레에 난간을 설치했다.

의 목적을 가진 경우가 많았다. 이와 비교하여 방이 있는 유실형 정자는 호남과 영남 지방에 많이 지어졌다. 영호남의 정자는 대부분 그 안에서 기거할 수 있고 학문을 닦는 장소로 이용되었다. 용암정 또한 정면 3칸, 측면 2칸, 모두 6칸으로 구성되어 후면의 중앙에 1칸의 방을 들여 학문의 장소로 사용되었다.

정자는 보통 산수가 좋은 곳에 위치한다. 산이나 언덕, 강이나 호수 또는 바닷가에 자리를 잡아 주변의 아름다운 자연풍경을 조망할 수 있도록 세워진다. 용암정에서도 요수원계곡의 아름다운 풍경이 펼쳐져 보인다. 일반적으로 정자에서 보는 전망 중에 가장 으뜸인 것은 물과 관련된 수경관이다. 본래 정자를 두르고 있는 자연은 산수라 하여 첫째가 산이고, 그다음이 물이다. 그러나 실제 정자의 대부분은 계곡, 호수, 강가, 바닷가 등에 위치하고 있는데, 이를 통해 볼 때 산보다는 물과 더 친밀한 관계임을 알 수 있다.

정자에는 대부분 편액이 걸려 있다. 정자의 편액은 크게 세 가지로 구분된다. 하나는 정자의 명칭이 새겨진 현판이며, 또 하나는 창건기創建記나 중수기重修記 등 정자에 관한 기록을 담은 편액이다. 셋째로는 정자에서 읊은 시를 새긴 액자다. 그 외에도 특별히 정자의 주인이 지향하는 삶의 의미나 이상理想, 후손을 가르치기 위한 교육목표 등을 담은 경구를 새긴 편액이 걸리기도 한다. 용암정에는 정자의 주인이 지향하는 이상을 나타내는 경구인 환학란喚鶴欄, 반선헌伴仙軒, 청원문聽猿門이라는 글을 3자 횡서로 새긴 편액이 걸려 있다. 이를 보면 용암정은 '환학, 반선, 청원의 정자'라고 할 수 있다. 이 글들은 모두 신선이 살고 있는 곳, 즉 동천을 나타낸다.

용암정이 자리한 원학동猿鶴洞은 이름 그대로 원숭이와 청학을 상징하는 신선의 세계다. 용암정의 남쪽에는 학담鶴潭이 위치하고 있는데 이는 천상의 새, 청학이 깃든 못을 의미한다. 환학란은 '청학을 부르는 난간'이란 의미로 용암정의 난간을 뜻한다. 정자의 서쪽으로는 십이지의 하나인 원숭이를 상징하는 금원산金猿山이 우뚝 솟아 있다. 또한 용암정으로 들어오는 입구는 그 의미의 상징을 금원산으로부터 가져오고 있다. 선계의 동물인 원숭이를 불러와 '원숭이의 소리를 듣는 문'이라는 뜻의 청원문이라 이름하고 있다. 그리고 선계에 든 사람을 '반려하는 신선'으로 비유하여 이곳 용암정을 신선과 반려하는 집, 즉 반선헌이

▼ **용암정 전경**
위천의 상류인 요수계곡의 아름다운 물가에 자리한 용암정의 모습이다.

▼ **요수원계곡**
하얀 포말을 일으키며 흐르는 위천의 풍광이다.

▼ **계담**
용암정 앞의 계곡은 여름철 피서객이 즐겨 찾는 곳이다.

라 명명하고 있다.

 이렇듯 용암정은 신선이 살고 있는 터전, 곧 신선의 자리라고 할 수 있다. 그러나 이러한 선계를 나타내는 요소는 용암정 내부에만 존재하는 것이 아니다. 용암정에서 2km 정도 떨어진 위천가에는 신선의 강림 장소라는 강선대降仙臺가 있고, 그밖에도 환선대喚仙臺, 수승대搜勝臺, 척수대滌愁臺와 같이 신선과 관련된 장소들이 가까운 거리에 위치하고 있다. 이는 원학동 전체가 신선이 살고 있는 하나의 동천임을 나타낸다.

 이외에도 용암정 주변에는 문화 경관적 의미를 지닌 다양한 경물이 산재해 있다. 거북이 머리龜頭, 자라鼈, 병풍屛, 우산傘, 도장印, 사자獅, 새끼용螭, 토끼兎 등을 상징하는 바위뿐만 아니라 반신암蟠申巖, 지암支巖, 석문石門 등이 자리하고 있다. 이처럼 수려하고 독특한 거석 경관들은 용암정이 거대한 외원을 지닌 별서

정원의 중심 시설로 입지할 수 있도록 돕고 있다. 이토록 아름다운 용암정 주변의 경승들은 '용암팔경'으로 제영되어 읊어지기도 한다. 신비스러운 신선의 땅에서 누정의 주인 임석형은 반선이 되어 이렇게 노래한다.

강선대 너머에 용암헌이 있어	仙臺一隔龍巖軒
신선이 타고 우화등선한 수레를 생각하노라	尙憶當年羽化輈
이곳에 만약 학을 탄 손님이 온다면	此必倘來承鶴客
시를 짓고 술을 마시며 원림에서 늙어가리라	論詩把酒老林園

_임석형, 〈반선헌〉

제 2 장

누원과 대

누_樓는 중옥_{重屋}이라 한다. 여기서 '중'은 무겁다는 의미가 아니라 겹쳐져 있음을 뜻한다. 따라서 중옥이란 2층집을 말한다. 본래 누는 높은 집이기 때문에 광한루와 같은 관아원림이나 대_臺에 지어지기도 했다. 이렇듯 누와 대는 모두 일정한 높이를 지니고 있어 주변 경관을 감상하기 좋은 원림 시설이다.

명승
제53호

심산유곡의 산수를 즐기다, 수승대

원학동은 영남 제일의 동천으로 알려진 '안의삼동' 중의 하나다. 안의安義는 오늘날 함양군과 거창군의 일부 지역에 해당한다. 덕유산에서 지리산으로 향하는 소백산맥 줄기의 동쪽에 자리한 조선시대 행정구역으로 산세가 웅장하고 계곡이 깊은 매우 험준한 지세를 형성하고 있다.

원학동은 위천을 따라 월성계곡의 아래 지역에 위치한 동천이다. 조선시대에 동은 오늘날과 같은 행정지명이 아니라 동천을 의미하는 글자로 맑은 계류가 흐르고 산수가 아름다우며 경치가 좋은 계곡을 뜻하는 용어로 쓰였다. 이러한 원학동천의 중심에 바로 수승대가 자리하고 있다. 수승대의 계곡은 덕유산에서 발원한 갈천이 위천으로 모여 구연龜淵을 이루면서 흐르는 물길이 조형해놓은 비경이다.

수승대는 암반 위를 흐르는 계류의 가운데 위치한 거북바위 龜淵岩가 중심이다. 계곡의 건너편에는 요수정, 계곡의 진입부에는 구연서원龜淵書院, 서원의 문루격인 관수루觀水樓는 요수정의 반대쪽에 마주하고 있다. 요수와 관수는 모두 계곡의 아름다움을 바라보고 즐기는 풍류의 멋을 음유하는 말이다. 요수정과 관수루에서는 거북바위가 위치한 수승대의 아름다운 풍광이 한눈에 들어온다.

보고 생각하고 느끼는 우리 명승기행 1

▼ **수승대 전경**
상류 방향에서 수승대의 하류를 바라본 모습으로 거북바위와 계류가 담을 이루고 있다.

　거북바위는 수승대에서 가장 중요한 경관 요소다. 구연대, 또는 암구대(岩龜臺)라고 하는데, 높이는 약 10m, 넓이는 50㎡에 이른다. 구연대라는 명칭은 마치 바위가 계류에 떠 있는 거북의 모습과 유사하다고 해서 붙여진 것이다. 비록 키는 작지만 오랜 세월의 풍상을 겪은 노송들이 곳곳에 자라고 있는 거북바위에는 수승대의 문화적 의미를 알 수 있는 많은 글들이 새겨져 있다. 퇴계 이황이 이곳을 수승대라고 이름 지을 것을 권한 〈퇴계명명지대(退溪命名之臺)〉라는 시와 이에 대한 갈천 임훈(林薰)의 화답시 〈갈천장구지대(葛川杖屨之臺)〉, 더불어 옛 풍류가들의 시들로 가득 차 있다.

　계곡의 건너편에는 벼슬보다는 학문에 뜻을 둔 학자로 향리

▲ **거북바위 각자**
이곳에는 수승대의 문화적 의미를 알게 해주는 많은 글씨가 새겨져 있다.

▼ 요수정
요수 신권이 제자들에게 강학을 하던 장소다.

에 은거하며 소요자족했던 요수 신권愼權(1501~1573)이 제자들에게 강학을 하던 요수정樂水亭이 서 있다. 이 정자는 구연대와 그 앞으로 흐르는 물, 뒤편의 울창한 소나무 숲이 어우러져 수승대의 경관을 동천으로 승화시키고 있다. 요수는 아름다운 원학동계곡에 살던 신권의 성성을 짐작하게 하는 정자의 명칭이다. 요수는 《논어》의 〈옹야雍也편〉에 나온 "지혜로운 사람은 물을 좋아하고 어진 사람은 산을 좋아한다知者樂水 仁者樂山"는 글로 옛 선비들이 심산유곡의 산수를 즐기며 늘 마음에 두었던 문구다. 요수정은 1542년 구연재와 남쪽의 척수대 사이에 처음 건립되었으나 임진왜란 때 소실되었고 중건한 뒤 다시 수해를 입어 1805년 현 위치로 이건했다.

수승대의 동쪽에는 구연서원이 자리하고 있다. 요수 선생이 1540년(중종 35)에 서당을 세워 제자들을 가르친 곳으로 1694년(숙종 20) 구연서원으로 명명되었는데 요수 신권, 석곡 성팽년, 황

▶ **구연서원**
신권이 학생들을 가르쳤던 교육기관으로 숙종 때 구연서원으로 명명되었다.

고 신수 등이 배향되어 있다. 구연서원의 문루인 관수루는 1740년(영조 16)에 세워졌다. 관수觀水는《맹자》의〈진심장盡心章〉에 등장하는 문구다. "물이 흐르다 구덩이를 만나면 이를 다 채운 다음에야 비로소 앞으로 흘러간다流水之爲物也 不盈科不行"며 물의 속성을 강조한 글이다. 군자의 학문은 웅덩이를 채우는 물과 같아서 한 웅덩이를 가득 채운 후 비로소 그다음을 향해 나아가야 한다는 학문의 방법을 담고 있다. 또한 아름다운 동천의 계곡에서 지혜를 가진 사람이 어떻게 물을 관조할 것인가에 대한 철학적 의미를 제시하고 있는 심오한 명칭이라 할 수 있다.

수승대 앞 너럭바위에는 연반석硯磐石과 세필짐洗筆㴲이라는 글자가 새겨져 있다. 연반석이란 거북이가 입을 벌린 모양의 장주암藏酒岩에 앉은 스승 앞에서 제자들이 벼루를 갈던 바위란 뜻이고, 세필짐은 수업을 마친 제자들이 졸졸 흐르는 물에 붓을 씻던 자리라는 의미를 담고 있다. 장주암 위에는 오목한 부분이 있는데 이를 장주갑藏酒岬이라고 한다. 이곳에는 막걸리 한 말이 들어가는데 일정한 때에 시험을 보아 합격한 제자들만이 장주갑에 부어놓은 막걸리를 마실 수 있었다고 한다.

수승대는 옛날에 수송대愁送臺라 불렸다. 수승대가 위치한 이 지역은 원래 신라와 백제의 국경으로 백제 말, 신라가 백제 사신들을 환송할 때 그들을 슬프게 돌려보냈다고 해서 수송대라고 했다. 그러다가 퇴계 이황이 이곳의 경치가 너무 아름다워 '수송'이라는 이름을 '수승'으로 바꾸어 명명한 후로 오늘날까지 수승대로 불리고 있다. 퇴계는 이름을 바꾸면서 수승대에 대한 〈명명시命名詩〉를 남긴다.

수송을 수승이라 새롭게 이름하노니	搜勝名新換
봄을 만난 경치 더욱 아름답구나	逢春景益佳
먼 산의 꽃들은 방긋거리고	遠林花欲動
응달진 골짜기에 잔설이 보이누나	陰壑雪猶埋
나의 눈 수승대로 자꾸만 쏠려	未寓搜尋眼
수승을 그리는 마음 더욱 간절하다	惟增想像懷
언젠가 한 동이 술을 가지고	他年一樽酒
수승의 절경을 만끽하리라	巨筆寫雲崖

관아원림의 상징, 광한루원

> 동문 밖 나가면 금수청풍錦水淸風의
> 백구白鷗난 유랑遊浪이요
> (중략)
> 남문 밖을 나가면
> 광한루廣寒樓, 오작교烏鵲橋, 영주각瀛洲閣이 있사온디
> 삼남 제일승지니 처분하여서 가옵소서
>
> 늬 말을 듣더라도 광한루가 제일 좋구나
> 광한루 구경가게 나귀 안장 속히 지어
> 사또님 모르시게 삼문 밖에 대령하라
>
> _〈춘향가〉 중에서

남원은 《춘향전》의 배경이 된 고장이다. 남원시로 들어가는 입구에 위치한 '춘향이 눈물방죽'을 시작으로 광한루에 이르기까지 모두가 춘향을 상징한다. 이 지방에 전해지는 판소리와 국악의 중심에도 춘향이 자리하고 있다. 그래서 대부분의 사람들은 광한루원이 단지 춘향과 관련된 무대 정도로만 알고 있다. 하지만 이는 글과 이야기와 노래로 전해지는 허구일 뿐이다. 광한루원은 《춘향전》의 무대이기보다는 조선시대 지방관아에서 조영한 관아원림이라는 것이 더욱 중요한 역사적 사실이다.

▲ 광한루원
광한루원의 중심을 이루는 광한루와 연못에 세워진 다리 중에서는 우리나라에서 가장 규모가 큰 오작교의 풍경.

 호남 지방의 내륙으로부터 지리산에 닿아 있는 남원시에는 섬진강의 지류인 요천이 흐르고 그 가장자리에 너무나 잘 알려져 있는 광한루원이 위치하고 있다. 지금은 광한루원과 요천 사이로 제방이 높게 축조되었고 바로 옆에는 도로가 넓게 개설되어 있어 광한루원과 요천의 관계가 단절된 것처럼 보인다. 하지만 예전에는 요천변을 따라 천변 숲이 무성하게 조성되어 있었으며 광한루원이 이 숲과 연결되어 아름답고 광활한 풍광을 연출했을 것으로 생각된다.

 광한루원은 1983년 '사적 제303호'로 지정되었다가 2008년에 명승 제33호로 재분류된 국가유산이다. 2007년에 명승지정 기준이 개정되었을 때 고정원, 원림, 옛길 등과 같은 역사·문화

▶ 오작교
하늘에 놓여진 다리를 뜻하는 오작교는 월궁의 광한청허부를 상징하는 광한루원의 중요한 시설 중 하나다.

▶ 완월정
달을 즐기는 정자라는 뜻을 가진 누원 건물로 남원성 남문의 문루 이름인 완월루에서 따온 명칭이다.

경관적 가치가 뛰어난 경승지를 명승으로 지정하는 발판이 마련되어 광한루원 또한 명승이 된 것이다.

광한루원은 관아원림을 대표하는 고정원으로 우리나라 조경사에서 매우 큰 의미를 지니고 있다. 조선시대 지방관아에서는 누각을 지어 경영한 예가 많았다. 남원의 광한루를 비롯해 진주의 촉석루, 밀양의 영남루, 삼척의 죽서루, 평양의 부벽루, 무주의 한풍루 등이 모두 지방관아에서 지은 공루다. 이러한 누각들이 서 있는 위치는 대부분 경관이 수려한 곳으로 주변의 경치를 감상하기 좋은 장소를 선택해 누각을 지은 것임을 알 수 있다. 그중에서도 특히 광한루는 누각과 더불어 고정원이 매우 아름답게 조성된 특별한 관아원림이다.

광한루원은 2층 누각인 광한루를 중심으로 완월정, 영주각, 방장정, 삼신산과 연못, 오작교 등을 비롯해 《춘향전》과 관련된 춘향사, 월매집 등이 설치되어 있다. 본래 이곳은 1419년 황희가 '광통루'라는 작은 누각을 지어 산수를 즐기던 곳이었다. 그런데 세종조에 정인지가 누원의 경치를 보고 감탄하여 마치 달나라의 미인 항아가 살고 있는 월궁의 '광한청허부'와 같다고 하여 광한루로 이름을 고친 것이라 한다. 그 후 남원부사로 부임한 장의국은 광한루를 중수하고 요천의 맑은 물을 끌어들여 은하수를 상징하는 못을 만들었다. 이곳에 견우와 직녀가 만나는 사랑의 다리 오작교도 함께 설치했다.

선조조에 관찰사로 부임한 정철은 연못 속에 신선이 살고 불로초가 있다는 봉래, 방장, 영주의 삼선도를 조성했다. 그리고 봉래섬에는 백일홍, 방장섬에는 대나무를 심고 영주섬에는 영

제2장 누원과 대

▲ 춘향관과 춘향사
광한루원에는 춘향과 관련된 시설이 다수 자리하고 있다. 이 시설들은 관아원림이라는 광한루원의 중요한 정체성을 관람객들에게 올바로 알리는 데 걸림돌이 되기도 한다.

주각이라는 정자를 세웠으며 또한 연못에 연꽃을 심어 광한루원을 신선의 땅으로 승화시켰다. 조선시대 정원은 유교문화, 풍수지리, 음양오행설, 신선사상 등에 그 기초를 두고 조성되었다. 그중에서도 신선사상이 가장 큰 영향을 주었는데 광한루원 역시 이를 바탕으로 조성된 대표적인 고정원으로서의 모습을 잘 보여주고 있다.

광한루원은 정유재란 때 누각이 소실 및 황폐화된 후 1639년 남원부사 신감에 의해 다시 복원되었다. 이후 구한말과 일제강점기를 지나면서 수차례의 중수가 이루어졌으며, 공간의 구성이 바뀌고 시설이 추가되어 현재의 광한루원을 형성했다. 그러나 광한루원의 가장 큰 변화는 《춘향전》에 의한 장소의 상징성이라고 할 수 있다. 광한루원은 1419년에 설립되어 약 600여 년의 역사를 가지고 있는데, 《춘향전》과 관련된 춘향사는 1931년에 지어졌다. 현재 이곳에는 '만고열녀춘향사'라는 현판이 걸리고 김은호가 그린 춘향의 영정이 봉안되어 있다.

요즈음 광한루원을 찾는 이들의 상당수가 이곳이 조선시대 지방의 관아원림을 대표하는 고정원이라는 중요한 역사적 사실은 모른 채《춘향전》의 무대로만 기억하고 있다. 사실《춘향전》이라는 이야기가 광한루원의 장소성을 변화시킨 것은 춘향사가 건립된 이후 불과 80여 년밖에 되지 않았다. 광한루원에 대해 일반대중이 이처럼 잘못된 인식을 가지게 된 상황을 고려해보면 명승으로 지정된 국가유산의 정체성에 관한 올바른 인식의 필요성을 절감하게 된다.

광한루원의 가장 중요한 가치는 조선시대의 관아원림이라는 사실이다. 광한루원은 앞으로《춘향전》과 관련된 이질적인 요소를 누원 경역 내의 특정한 장소로 이전해야 한다. 또한 관아원림의 특성이 잘 나타날 수 있도록 오작교, 봉래도, 방장도, 영주도 등이 위치한 구역 내에는 전통원림 시설만이 자리할 수 있도록 관아정원을 완전히 복원해야 한다. 이러한 정비를 통해서 광한루원을 찾는 사람들에게 올바른 정체성을 전달해야 할 것이다.

금닭이 알을 품고 있는 명당,
청암정과 석천계곡

내성천의 상류, 봉화의 석천계곡은 비경이다. 울창한 숲 사이로 난 협곡은 아주 좁게 파여 S자형으로 큰 굽이를 이루고 있다. 마치 태극의 문양처럼 휘돌아 흐르는 사행천이다. 아름다운 석천계곡을 따라 난 옛길을 거슬러 오르다가 한 굽이 왼쪽으로 돌면, 곧바로 고졸하고 청량하기 그지없는 풍광을 만나게 된다. 여울 건너로 길게 자리한 석축 위의 정자가 창송으로 감싸여 있는 모습은 한 폭의 풍경화나 다름없다. 정자 앞의 계곡은 커다란 너럭바위, 깨끗한 강자갈과 모래, 그리고 수정같이 맑은 계류가 옛날의 순수한 경치를 그대로 간직하며 흐르고 있다.

이 계곡을 지나야만 천상의 새라는 금닭이 알을 품고 있는 천하의 명당을 만날 수 있다. 석천계곡은 바로 이러한 이상향의 세계, 신선이 사는 선계로 들어가기 위해 반드시 통과해야 하는 장소. 이 계곡은 통과의례가 이루어지는 마을의 문으로 닭실마을의 대문과도 같은 곳이다. 정자 앞의 개울을 건너 다시 한 번 오른쪽으로 굽이진 협곡을 돌아서면 닫혔던 시야가 눈앞에 펼쳐지면서 금닭이 알을 품고 있는 형국인 '금계포란지국金鷄抱卵之局'의 명당을 만나게 된다.

닭실마을은 오늘날 유곡리酉谷里에 해당한다. 유곡이란 '닭실'을 한자로 그대로 옮긴 말로 '금계포란'의 풍수형국에서 유래한

보고 생각하고 느끼는 우리 명승기행 1

▲ 닭실마을
전통 기와집으로 구성된 닭실마을의 전경으로 왼쪽 끝이 청암정이고, 바로 그 옆이 종가다.
문화재연구소 제공.

마을 이름이다. 닭실마을의 동쪽에 있는 옥적봉은 수탉, 서쪽의 백운령은 암탉을 닮았다고 한다. 현재 닭실마을은 봉화읍에서 울진 방향으로 난 신작로인 36번 국도에서 마을로 들어가지만, 예전에는 석천계곡을 지나는 길이 주된 진입로였다. 내성천의 지류를 따라 올라가는 길로 지금은 거의 사용하지 않는다. 봉화읍에서 영동선 철길 아래로 흐르는 내성천을 따라 북쪽으로 200m 정도 거슬러 올라가면, 물길이 두 갈래로 갈라진다. 여기서 우측의 개울 옆으로 난 길을 따라 더 가야 석천계곡으로 향할 수 있다.

닭실마을은 전통한옥으로 구성되어 있어 영남 지방의 기품 있는 반촌의 전형을 잘 보여준다. 이곳은 조선 중기 지리학자 이중환李重煥(1690~1752)이 《택리지擇里志》에서 4대 길지 중 하나라고 칭송한 명당이다. 또한 닭실마을은 안동권씨 세거지로 가문에서도 닭실권씨라는 독립적인 세력을 이루었고 종가인 충재 권벌權橃(1478~1548)의 고택을 중심으로 다수의 한옥이 마을 전체를 구성하고 있다. 중종조의 문신으로 강직한 성품을 지녔던 권벌은 기묘사화로 파직을 당하자 이곳에 집을 지어 닭실마을의 터를 닦았다.

봉화 닭실마을의 청암정青巖亭과 석천계곡은 함께 명승으로 지

▼ 석천계곡
S자형으로 굽이진 석천계곡에 있는 석천정사와 그 위로 아늑하게 자리한 닭실마을의 모습이다.

정되었다. 석천계곡은 문수산을 분수령으로 남서류하는 창평천과 닭실마을 뒤에서 흘러내리는 동막천이 합류하는 곳에 위치한다. 기암괴석으로 이루어진 석천계곡에는 석천정사가 있는데, 이 주변은 닭실에서도 가장 아름다운 경치를 자랑한다. 이처럼 청암동천이라 불리는 수려한 석천계곡의 경치는 길지로 평가되는 닭실마을과 함께 신선의 세계로도 승화된다.

청암정은 권벌이 닭실마을에 종가를 지으면서 조성한 정자로 1526년(중종 21) 거북 모양의 너럭바위 위에 세워졌다. 그리고 주변에 못을 판 후 냇물을 끌어들여 물을 채워놓고, 장대석으로 좁고 긴 돌다리를 축조해 청암정에 다다를 수 있도록 만들었다. 청암정은 바위를 평평하게 다듬지 않고 자연 그대로의 모습을 살리면서 주춧돌과 기둥 길이를 조정하여 지은 집으로 주추의 높이가 각각 다른 구조를 가지고 있다. 자연을 활용하여 정자를 세운 옛사람들의 지혜와 자연암반을 이용하여 청암정을 짓고

▲ **청암정**
거북바위 위에 지어진 청암정은 연못과 장대석 다리 등이 어우러진 매우 아름다운 고정원이다. 문화재연구소 제공.

주위에 연못을 만든 매우 탁월한 조경기법을 볼 수 있다.

청암정이 놓여 있는 너럭바위는 물속에 든 거북으로 비유된다. 물속에 거북이가 자리하고 있고, 그 위에 정자가 놓인 형상이라는 것이다. 정자 한쪽에 마련된 방에는 마루가 깔려 있다. 처음에는 온돌방으로 꾸며졌고, 바위 둘레에 연못도 없었다고 한다. 그러나 집을 짓고 난 후 온돌방에 불을 지폈는데, 바위가 소리 내어 울기 시작했다는 것이다. 이러한 현상을 괴이하게 여기던 차에 한 스님이 이곳을 지나다가 이 바위를 가리켜 거북바위라고 말했다. 정자의 방에 불을 지피는 것은 거북이 등에다 불을 놓는 것과 마찬가지라고 하여 아궁이를 막은 다음 주변의 흙을 파내고 물을 담았다고 한다. 이렇게 물을 줌으로써 청암정

▲ 석천정사
암반, 계류, 창송으로 우거진 능선이 정자의 건물과 함께 빼어난 풍광을 연출하고 있다. 문화재연구소 제공.

을 등에 지고 있는 거북이가 살기 좋은 지세를 만들 수 있었다. 거북바위에 지어진 청암정은 날아갈 듯 날렵한 모습으로 바위 위에 가볍게 올라앉아 있으며, 정자 내에는 '청암정'이라는 당호와 함께 미수 허목이 전서체로 쓴 '청암수석靑巖水石' 편액이 걸려 있다.

석천계곡은 닭실마을의 동쪽과 서쪽을 흐르는 창평천과 동막천이 마을 앞에서 합류하여 하나가 된 후에 물이 빠지는 수구를 감추듯이 돌아 나가는 곳에 위치해 있다. 이처럼 수구가 닫혀 있기 때문에 닭실마을의 상서로운 지기가 유실되지 않고 응축되어 명당지세의 터전을 이루는 것이라고 한다.

석천계곡에는 권벌의 맏아들인 권동보權東輔(1517~1591)가 지었다는 석천정사石泉精舍도 자리하고 있다. 그는 양재역벽서 사건으로 아버지 권벌이 삭주로 귀양을 가 1년 만에 사망하자 관직을 버리고 20년간 두문불출한 올곧은 선비였다. 선조 때 아버지의 무죄가 밝혀지자 복관되어 군수에 임명되었으나 벼슬을 사양하고 진원으로 돌아가 이 계곡 위에 석천정사를 지었다. 그는 이곳에서 산수를 즐기며 여생을 보냈다.

　석천정사는 계곡의 암반 위에 석축을 쌓은 뒤 지어진 팔작지붕의 한옥이다. 정자 아래로는 맑은 계류가 흐르고 뒤로는 창송으로 우거진 능선이 배경이 되어 인공의 정자와 원생의 자연이 서로 조화를 이루는 아름다운 풍경을 보여준다. 석천정사의 난간에 기대면 계곡을 한눈에 볼 수 있다. 이곳에서 바라보는 석천계곡의 모습 또한 빼어난 절경이 아닐 수 없다.

　청암정과 석천계곡은 본래 사적이었으나 고정원이 명승으로 편입되면서 2009년 명승이 되었다. 현재 우리나라에서는 고정원을 발굴해 명승으로 지정하려는 노력이 활발하게 진행되고 있지만 아직은 매우 미흡한 상태다. 경주의 포석정을 비롯해 서출지, 안압지, 부여의 궁남지 등은 아직도 사적으로 분류되어 있다. 이러한 고정원을 명승으로 다시 재분류하는 작업과 함께 다수의 고정원을 발굴하여 명승으로 지정하는 일이 향후 지속적으로 진행되어야 할 것이다.

진경산수화의 비경, 죽서루와 오십천

관동에서 제일가는 죽서루	關東第一竹西樓
누각 아래 푸른 물 도도히 흐른다	樓下溶溶碧玉流
오랜 세월 돌과 물이 어우러진 경치	百年泉石如相待
천고의 문장으로도 다 표현할 수 없도다	千古文章不盡遊

〈차죽서루판상운次竹西樓板上韻〉

오십천이 감돌아가는 물돌이의 절벽, 그 벼랑 위에 날아갈 듯 죽서루竹西樓가 아름답게 서 있다. 1875년(고종 12) 삼척부사로 부임했던 심영경沈英慶은 죽서루의 빼어난 모습에 감탄하여 이렇게 노래하고 있다. 이외에도 죽서루의 선경을 찬양한 글은 수없이 많다. 1662년(현종 3) 도호부사였던 미수 허목은 〈죽서루기竹西樓記〉에서 죽서루의 비경을 다음과 같이 기록하고 있다. "조선의 동쪽 경계에는 경치가 좋은 곳이 많지만 그중에서도 여덟 곳(관동팔경)은 가장 뛰어나다."

오십천은 동쪽으로 흐르면서 오십 굽이 여울을 이루고 그 사이사이에 무성한 숲과 마을이 자리하고 있다. 죽서루에 이르면 푸른 층암절벽이 높게 솟아 있는데, 맑고 깊은 소의 물이 여울을 이루어 그 절벽 아래로 감돌아 흐른다. 석양 무렵 돌에 부딪혀 빛나는 푸른 물결과 수직으로 선 암벽의 빼어난 경치는 큰

▶ 〈죽서루도〉
1788년 단원 김홍도가 그린 죽서루의 모습으로 오십천이 S자형으로 크게 감돌아가는 석벽이 눈에 띈다. 죽서루 아래에서 반대 방향으로 돌아가는 하천은 오늘날 직강으로 바뀐 상태다.

바다를 보는 것과는 매우 다른 절경을 선사한다. 유람자들은 이런 경치를 좋아해서 죽서루가 관동에서 제일이라 한 것이 아닐까. 〈죽서루기〉에는 이처럼 죽서루와 오십천이 이루는 경치를 관동팔경 중에서도 가장 뛰어난 경승으로 찬양하고 있다.

오십천은 삼척시를 가로질러 동해로 흐른다. 동해안에서 가장 긴 하천으로 '오십천'이란 이름은 발원지에서부터 동해까지 50여 번 돌아 흐른다고 하여 붙여진 것이다. 오십천은 감입곡류, 즉 물돌이가 많은 하천이다. 오십천 협곡의 암벽들은 장기간에 걸친 침식과 퇴적작용으로 현재와 같은 다양한 지형을 형성했다. 죽서루가 위치한 곳은 오십천 협곡이 끝나는 곳으로 하천과 주변 협곡, 죽서루 절벽, 배후의 석회암 지형과 길게 늘어진 송림 등이 급경사의 산지와 어우러져 절경을 자아낸다.

죽서루와 오십천은 양양 낙산사의 의상대와 함께 송강 정철의 〈관동별곡〉에 소개된 관동팔경 가운데 하나다. 죽서루는 지방관아에서 지은 공루로 창건연대와 처음으로 지은이는 정확히 알 수 없다. 다만 고려시대였던 1266년(원종 7) 《동안거사집動安居士集》이라는 문헌에 서루西樓로 표기되었는데, 이 누각이 지금의 죽서루 위치에 지어졌던 것으로 보고 있다. 그러므로 1266년 이전에 이미 지어졌던 것으로 추정되어 죽서루는 매우 역사가 깊은 누각임을 알 수 있다. 현재의 죽서루는 1403년(태종 3) 삼척부사 김효손이 옛터에 중창한 후 수차례의 중건을 거쳐 오늘에 이르고 있다. 죽서루는 정면 7칸, 북쪽 측면 2칸, 남쪽 측면 3칸으로 지어진 특이한 형태의 누각으로 현재 보물 제213호로 지정되어 있다.

죽서루는 관아에 바로 붙어 있는 누각이다. 남원의 광한루는 주변에 고정원을 크게 조성했지만 죽서루는 지금까지의 발굴조사에서 고정원과 관련된 유구가 발견되지 않았다. 이것은 죽서루가 있는 오십천 주변의 경관이 너무 아름답기 때문에 별도의 정원 시설을 조성하지 않은 것으로 보인다. 죽서루의 동쪽에는 대나무 숲이 있는데 그 옛날 죽림 속에는 죽장사竹藏寺라는 절이 있었다고 한다. 죽서루라는 이름은 여기에서 유래한 것으로 죽장사의 서쪽에 위치한 누각을 의미한다. 죽서루에는 많은 편액이 걸려 있다. 누각의 명칭과 의미를 나타내는 현판, 죽서루의 역사를 기록한 편액, 죽서루와 오십천의 풍광에 관한 경관시를 수록해놓은 편액 등 수없이 많은 액자가 누각을 장식하고 있다.

그중에서도 누각의 전면에 걸려 있는 '죽서루'와 '관동제일루關東第一樓'라는 현판은 1715년(숙종 41) 삼척부사 이성조가 쓴 글씨로 죽서루를 관동에서 제일가는 누각으로 표현하고 있다. 또한 현판 중에는 '제일계정第一溪亭'이라 하여 허목의 글씨가 있는데, 이것은 오십천의 계류와 기묘한 조화를 이루고 있는 죽서루의 아름다운 모습을 나타낸 것이다.

죽서루와 오십천의 비경은 옛날부터 많은 묵객들의 화폭에 담겨져 왔다. 조선 후기 화가들 사이에 실제 자연을 화폭에 그대로 옮기는 화풍이 유행했는데 이것이 바로 진경산수화다. 당시 화원들은 전국의 유명한 경승지를 찾아가 그림을 그리기 시작했고 단양팔경, 금강산, 관동팔경 등의 아름다운 절경이 화제가 되었다. 특히 죽서루와 오십천은 그 모습이 빼어나 겸재 정선, 단원 김홍도, 강세황, 엄치욱 등 진경산수를 대표하는 많은 화가들이 그 아름다운 풍광을 그려 오늘날까지 전하고 있다.

삼척시에서는 오십천변에서 정월대보름에 민속놀이로 '삼척

▼ 오십천
오십천의 푸른 물과 깎아지른 석벽, 그 위에 올라앉은 죽서루가 절경을 이루고 있다. 삼척시 제공.

기줄다리기'라는 행사를 하고 있다. '기줄'이란 게줄을 뜻하는 말로 기둥이 되는 큰 줄에 작은 줄을 매달아 마치 줄의 모습이 게의 발처럼 보인다고 해서 붙여진 이름이다. 그래서 게줄싸움이라고도 부른다. 허목이 오십천에 제방과 저수지를 만들면서 가래질에 필요한 새끼줄을 마을 전체가 합심하여 보다 쉽게 제작하기 위한 수단으로 시작했다는 놀이다. 풍광이 아름다운 죽서루를 배경으로 짙푸른 강물이 흘러가는 오십천의 백사장에서 많은 인파가 모여 기줄다리기를 하는 모습은 정말로 흥미로운 광경이었을 것이다. 전통놀이는 제각기 놀이가 행해지는 장소와 깊은 관련이 있다. 아름다운 장소에 걸맞은 전통놀이는 그 장소의 문화적 의미를 더해주는 역할을 한다.

오늘날 삼척시를 흐르는 오십천의 물길은 도시개발로 다소 변형되었다. S자형으로 크게 휘돌아 나가던 오십천은 죽서루를 지나고 난 후 곧은 물줄기로 바뀌었다. 비록 예전만은 못하지만 죽서루를 중심으로 한 오십천변의 풍광은 여전히 아름답다. 죽서루에서 바라보는 오십천의 모습도 아름답지만, 오십천 건너에서 바라보는 죽서루와 오십천 절벽의 모습도 가히 절경이다. 조금은 귀찮고 어려울지라도 이러한 조망 지점을 찾아 감상하는 것은 명승의 진가를 느낄 수 있는 가장 좋은 방법이다.

▲ 죽서루

눈으로 뒤덮인 설경과 나무의 이파리가 돋아나지 않은 초봄에 만개한 벚꽃, 녹음으로 우거진 죽서루의 다양한 모습이다. 자연의 지반을 주초로 삼아 이에 거스르지 않고 누각을 지은 옛사람들의 지혜가 엿보인다. 삼척시 제공.

명승
제80호

남종화의 산실, 운림산방

▶ **운림산방**
나무에 연녹색 이파리가 돋아나는 초봄의 운림산방이다. 뒤로는 주산인 첨찰산이 우뚝 솟아 있다. 진도군 제공.

진도에 가면 세 가지를 자랑하지 말라고 한다. 바로 글씨와 그림, 노래가 그것이다. 이중 글씨와 그림은 모두 운림산방雲林山房에서 비롯되었는데 이른바 남종화의 산실로 일컬어지는 운림산방이 진도에 있기 때문이다. 운림산방은 진도군 의신면 사천리에 자리하고 있다. 이곳에는 섬에 있는 산치고는 비교적 높은 485m의 첨찰산이 있는데 이 아래 안온한 위치에 운림산방이 있다. 운림산방은 그 이름처럼 자연경개가 아름다우며 운무가 깃드는 유현하고 그윽한 곳이다.

운림산방은 조선시대 후기 남종화의 대가였던 소치小痴 허련許鍊(1808~1893)이 기거한 곳이다. 허련은 진도읍 쌍정리에서 허임의 5남매 중 장남으로 태어났다. 어려서부터 그림에 재주가 많았던 그는 20대 후반에 해남의 두륜산방에서 초의선사의 지도 아래 공재 윤두서의 화첩을 보고 그림을 공부했다. 1840년 33세 때 초의선사의 소개로 평생 가장 소중히 모신 스승 추사 김정희를 만나게 되어 본격적인 서화수업을 받았다. 비록 남도의 섬에서 출생하기는 했지만 천부적으로 타고난 재질과 끊임없는 노력을 통해 시詩, 서書, 화畵에 모두 능한 삼절을 이루게 되었다.

소치는 허유許維라는 이름을 쓰기도 했다. 중국 당나라 남종화의 효시로 알려진 왕유(王維)의 이름을 따서 허유라고 명명한 것이다. 당대의 명사였던 석파 이하응(흥선대원군), 민영익, 신관호, 권돈인, 정학연 등 권문세가의 고위 관리들과 교유한 그는 장안에 명성이 높았다. 소치를 일컬어 민영익은 묵신(墨神)이라 하고, 성문조는 여기에 더해 삼절이라고 평했다.

1856년(철종 7) 허련은 그의 스승 추사 김정희가 죽은 후 49세가 되던 다음 해에 고향인 진도로 내려와 초가를 짓고 거처하기

▼ 소치허공기적비
운림산방을 남종화의 산실로 만든 소치 허련의 기록을 새긴 비석이다.

시작했다. 그는 이곳의 이름을 처음에는 운림각雲林閣이라 하고 마당에 연못을 파서 주변에 여러 가지 꽃과 나무를 심어 정원을 만들었다. 소치는 이곳에서 만년을 보내면서 그림을 그렸다. 남종화의 터전으로서 운림각이 의미를 지니게 된 것이다. 허련은 이곳에서 1893년 85세를 일기로 생을 마감할 때까지 불후의 명작들을 많이 남겼다. 그러나 허련이 사망한 후 그의 아들 허형이 진도를 떠나면서 운림산방은 다른 사람에게 넘어가 예전의 모습을 거의 잃게 된다. 그 후 오랫동안 관리하지 않아 피폐된 이곳을 허형의 아들 허윤대가 다시 사들였고 또 다른 아들 허건이 1992년부터 2년에 걸쳐 옛 모습으로 복원하여 오늘에 이르고 있다.

운림산방은 경사지를 다듬어 세웠는데 맨 위쪽에는 허련의 화상을 모신 운림사雲林祠가 있고 오른쪽 후면에는 사천사斜川祠가 자리하고 있다. 사천사는 소치의 문중 제각으로 매년 한식날 소치 선생의 6대조 가문이 춘향대제를 봉행하는 건물이다. 그 아래에는 돌담으로 둘러진 터에 살림집인 안채가 지어져 있으며, 안채의 앞으로는 허련이 머물던 사랑채가 자리하고 있다.

운림산방의 앞마당에는 커다란 연못이 조성되어 있다. 이 연못은 방지원도의 형태로 외곽은 네모나고 그 안에 동그라미가 있기 때문에 외방내원外方內圓의 형상이라고도 한다. 연못의 한가운데 위치한 섬에는 허련이 심었다는 배롱나무가 자라고 있다.

운림산방은 남종화의 산실이었다. 남종화는 북종화와 구분되는 화법이다. 당나라의 문인화가이자 시인이었던 왕유를 비조로 하여 송나라를 거쳐 원나라의 사대가四大家(뛰어난 산수화가였던

▲ 운림사
맞배지붕으로 된 한옥 건물로서 소치의 영정을 모신 사당이다.
운림산방의 건축물 중 맨 위쪽에 위치하고 있다.

오진, 황공망, 예찬, 왕몽을 이름), 명나라의 심주沈周, 문징명文徵明 같은 오파吳派의 문인화가들에 의해 전해 내려온 화법이다. 남종화는 북종화보다 존숭되었는데 중국 명청시대에는 남종화가 전성기를 이루었다. 두 분파의 큰 차이점은 주로 대상을 어떻게 표현하는가에 있다. 북종화는 외형을 위주로 한 사실적인 묘사를 주로하고 남종화는 작가의 내적 심경, 즉 사의표출寫意表出에 중점을 둔다.

소치 허련은 이러한 남종화에 심취했다. '소치'라는 아호는 스승인 김정희가 내려주었는데 원나라 때 사대가의 한 사람이었

▲ **운림산방의 여름**
연못 앞에서 바라본 운림산방. 소치가 심었다는 배롱나무 꽃이 활짝 펴 한여름의 운치를 더하고 있다.

던 대치 황공망을 본떠 지은 것이다. 추사는 소치의 화재를 두고 "압록강 동쪽에서는 소치를 따를 자가 없다"고 극찬했다고 한다. 옛날 선비들은 학문을 이르는 문사철文史哲과 문예를 통칭한 시서화를 소양으로 모두 갖추어야만 지식인으로 인정받았다. 소치는 시서화로 당대를 휘어잡은 대가였는데 특히 묵죽을 잘 그렸다. 김정희의 글씨를 따라 흔히 추사체를 썼다고 한다. 〈하경산수도夏景山水圖〉, 〈추강만교도秋江晚橋圖〉, 〈노송도병풍老松圖屛風〉 등 다수의 작품이 전해진다.

진도의 운림산방을 근거로 허련에 의해 풍미되기 시작한 남종화는 그의 가계에 의해 이어진다. 미산米山 허형許瀅(1862~1938)은 소치가 늦은 나이에 얻은 아들로 그의 화풍을 이어받아 산수, 노송, 모란, 사군자 등을 잘 그렸는데 아버지의 화격에는 이르지 못했다고 평가받는다. 미산은 남농南農 허건許楗(1907~1987)을 낳았다. 남농은 조선미술전람회에서 특선을 한 후 20세기 근대 화단에 한국화의 중심에 자리한 화가가 되었으며, 운림산방을 지금의 모습으로 복원했다. 남종화는 소치, 미산, 남농 3대에 걸쳐 이어져 왔고 이러한 가풍에 영향을 받아 지금도 화가로 활동하는 후손들이 많다.

첨찰산 주위의 여러 봉우리가 어우러진 깊은 산골에 아침 안개가 구름처럼 피어오르는 모습은 소치가 그린 한 폭의 산수화를 떠올리게 한다. 운림산방이란 옥호가 바로 그러한 산수화를 연상케 하는 이름이다.

명승
제42호

악성 우륵의 자리, 탄금대

신라 진흥왕 때인 552년 악성樂聖으로 불린 우륵于勒은 가야국의 멸망을 예견하고 신라에 귀화했다. 진흥왕은 우륵을 반기며 국원(충주)에 거주하게 했다. 그리고 신라의 청년인 법지, 계곡, 만덕을 선발해 악樂을 배우게 하고 우륵을 보좌하도록 했다. 이런 연유로 우륵은 만년에 멸망한 가야국을 떠나 충주에 우거했다.

　남한강과 달천이 합류하는 지점에 자리한 나지막한 산은 풍광이 매우 아름답다. 우륵은 이곳의 풍치를 탐미하여 산 정상에 있는 너럭바위에 앉아 가야금을 탔다. 이곳이 바로 우륵이 금琴을 탄 곳이라고 해서 붙여진 '탄금대彈琴臺'다. 우륵이 연주하는 가야금의 미묘한 소리는 사람들을 불러모으기 시작했고 곧 마을이 형성되었다고 한다. 탄금대 주변에는 지금도 가야금과 관련된 지명이 남아 있다. 칠곡리(칠금동), 금뇌리(금능리), 청금리(청금정) 등의 마을 명칭은 모두 가야금과 관련된 것이다.

　탄금대는 충주시 근처에 있는 대문산(108m)의 정상을 지칭한다. 산 아래로 남한강이 흐르는데 강변에 기암절벽이 형성되어 있고 울창한 숲으로 덮여 있어 경치가 매우 아름답다. 절벽을 따라 강물이 휘감아도는 탄금대는 남한강과 너른 들이 한눈에 보이는 곳에 자리하고 있다. 강줄기의 모습은 강물이 내려다보이는 벼랑에 위치한 열두대에서 가장 잘 보인다. 정상부에는 사방을 조망할 수 있는 탄금정이 있고, 동쪽으로는 계명산과 남산이 솟아 있으며 아래로는 충주 시가지와 넓은 평야지대가 펼쳐져 있다.

탄금대는 옛날부터 유명한 지명으로 지리지와 고지도 등 각종 문헌에 자주 등장한다. 《신증동국여지승람 新增東國輿地勝覽》에는 탄금대에 대해 이렇게 기록하고 있다. "탄금대는 견문산에 있다. 푸른 절벽은 낭떠러지로 높이가 20여 길이요, 절벽 위에는 소나무와 참나무가 울창하여 양진명소 楊津溟所를 굽어 임하고 있는데 우륵이 거문고를 타던 곳이다. 후세 사람이 이곳을 탄금대라 이름하였다." 또한 《동국여지지 東國輿地誌》에는 "충주 서쪽으로 8리에 위치하며, 강 아래에 큰 내가 있는데 금휴포 琴休浦라 한다"라고 하여 가야금을 타며 쉬던 곳이란 의미로 쓰였다. 이밖에도 《해동지도 海東地圖》, 《구한말지형도》, 《조선지형도》 등 다수의 고지도에 탄금대 지명이 나타난다.

우륵은 가야국 가실왕 嘉悉王 때의 사람으로 490년경 대가야의 직할 현인 성열현에서 태어났다. 우륵의 고향인 성열현은 현재 어느 곳인지 정확히 알 수 없으나 정치적·문화적으로 발달된 지역이었던 곳으로 보인다. 《삼국사기 三國史記》에는 "가야금은 가야국의 가실왕이 중국의 쟁 箏을 본받아 만들었고, 우륵이 12곡을 지었다"고 기록되어 있다. 이처럼 가야금은 중국의 악기를 바탕으로 하고 있지만 그것을 그대로 모방하지 않고 가야국의 혼이 담긴 새로운 악기로 만든 것이다.

가야금은 우리의 고유한 악기다. 본래 대가야연맹을 상징하며 가야인의 천문의식을 담고 있다. 가야금은 위가 둥글고 아래

보고 생각하고 느끼는 우리 명승기행 1

▲ 열두대

열두대 주변의 모습이다. 충주 탄금대는 상당 부분이 공원으로 조성되어 있으며 이곳이 명승적 가치를 갖는 중점 지역이라 할 수 있다. 충주시 제공.

가 평평한데 이것은 천원지방의 천문관을 나타내며, 12개의 줄은 1년 12달을 상징한다. 가야금은 가야국이 예악禮樂을 중시한 문화국가임을 증명하는 것으로 악으로써 백성을 통치하고자 했던 가야의 높은 문화수준을 짐작할 수 있다. 그러나 가야에서 만들어진 가야금은 고국을 떠나 충주에서 탄금대라는 장소와 결합하여 장소적 의미를 취하게 된다. 가야국보다는 오히려 충주가 가야금의 고을이 된 것이다.

탄금대는 임진왜란의 참혹한 역사를 보여주는 의미 있는 장소이기도 하다. 당시 도순변사였던 신립申砬은 8,000여 명의 군사와 함께 왜장 가토 기요마사加藤清正와 고니시 유키나가小西行長가 이끄는 왜군에 맞서 탄금대에서 격전을 치렀다. 그는 배수진을 치고 물밀듯이 밀려오는 왜군에 대항해 싸웠으나 전세가 불리하여 결국 패하고 말았다. 신립은 이곳 탄금대에서 남한강에 투신하여 장렬하게 최후를 마쳤다.

탄금대 북쪽 절벽에는 열두대가 위치하고 있다. 열두대의 지명에 관한 유래는 확실하지 않다. 바위의 층계가 12개이기 때문에 열두대라 하기도 하고, 절벽 아래 물이 12번 돌기 때문이라는 설도 있다. 또한 임진왜란 당시 교전 중 달구어진 화살을 식히느라 12번을 오르내렸다는 데서 유래했다는 설도 있다. 열두대 아래는 깊은 소가 있는데 이를 양진명소라 한다. 이곳에 뱃길을 관장하는 수신水神이 살고 있다고 믿었다. 그래서 어업에 종사하는 사람이나 선주, 선박 상인들은 양진명소에서 안전과 번영을 빌었다고 한다.

탄금대에는 전쟁과 관련된 또 다른 유적이 있다. 정상 주위에

▶ **신립 장군의 영정**
조선시대 무신으로 무과에 급제하여 도총부도사와 진주판관 등을 지냈다. 임진왜란 당시 충주 탄금대에서 일본군과 싸우다 전사했다. 사후 영의정에 추증되었다.

▶ **신립 장군 순절비각**
배수진을 치고 최후까지 전투에 임했던 신립의 전공을 기리는 비각이다.

남아 있는 오래된 토성이 바로 그것이다. 이 토성은 4세기 중후반에 탄금대를 중심으로 분포하고 있던 철을 생산하는 세력에 의해 축조된 것으로 추정된다. 특히 백제와 관련된 유물만이 출토되어 고구려나 신라가 이 지역으로 진출하기 전에 백제에 의해 만들어진 것으로 보고 있다.

탄금대는 충주의 시내 가까운 곳에 위치하고 있는 명소로서 이미 오래전부터 일반인들의 탐방은 물론 도시공원으로도 이용되어 왔다. 그래서 탄금대에는 공원 시설이 다양하게 조성되어 있다. 또한 전쟁의 역사성과 관련된 궁도장을 비롯해 우륵의 가야금과 관련된 공원 시설, 충혼탑, 야외음악당, 특히 공원의 효과적인 활용을 위한 공원도로도 많이 개설되어 있다. 오랫동안 도시공원으로 이용되었던 탄금대는 뒤늦게 국가지정 명승으로 그 장소적 가치가 인정되었다. 명승으로서의 가치를 높이고 시민들의 공원으로서도 잘 활용될 수 있도록 더욱 노력해야 할 것이다.

충주시의 명소인 탄금대는 나라를 잃고 정복국의 신민이 되어 변방으로 올 수밖에 없었던 악성 우륵의 가야금 소리가 한의 울림으로 퍼지고 있는 듯한 느낌을 주는 곳이다. 또한 문경새재

를 넘어온 왜군에 맞서 배수진을 치고 최후의 결전을 벌였던 장수 신립의 함성이 메아리쳐 우렁차게 들려오는 듯하다. 지난날 커다란 역사의 소용돌이 속에 자리했던 명승 탄금대는 국가의 소중함을 다시 한 번 생각하게 하는 역사적인 경승지다.

제 3 장

팔경구곡과 옛길

팔경八景과 구곡九曲은 우리나라 산천의 아름다운 경승지를 대표하는 용어다. 비경을 지니고 있는 팔경과 구곡에는 다양한 이야기와 전설이 상징과 의미로 깊게 스며 있다. 또한 고즈넉한 정취를 그대로 간직하고 있는 옛길은 선인들의 숨결과 발자취가 살아 있는 장소다. 이러한 팔경구곡과 옛길은 우리를 과거로 돌아가게 하는 고유의 문화 경관이다.

명승 제46호

퇴계와 두향의 애절한 전설이 담긴, 구담봉

"두향아, 왜 그리 낯이 어두운 게냐?"
"아닙니다."
"내가 떠날 날이 얼마 남지 않아서 그런 것이냐?"

두향杜香은 아무 말도 못하고 고개를 떨구었다. 퇴계退溪 이황李滉이 단양군수로 부임한 이후로 줄곧 그를 모셔온 두향은 퇴계가 풍기군수로 임지를 옮겨간다는 말을 듣고 하염없이 눈물을 흘렸다. 아무리 애써 참으려 해도 솟아오르는 눈물을 어찌할 수가 없었다. 마음속으로 눈물을 삭이기에는 너무나 큰 슬픔이었다. 퇴계는 울고 있는 두향을 외면하려고 애를 썼다. 단양관아에 속해 있는 관기를 아무렇게나 임지로 데리고 갈 수는 없었다. 퇴계는 어떤 것으로도 두향의 마음을 달래줄 수 없음을 잘 알고 있었다. 다만 두향의 신분을 관기에서 벗어나게 해주는 것이 그가 할 수 있는 최선이었다. 퇴계는 두향을 두고 가는 상심한 마음을 낮은 목소리로 이렇게 읊고 있다.

죽어 이별은 소리조차 나오지 않고   死別已吞聲
살아 이별은 슬프기 그지없네   生別常惻測

보고 생각하고 느끼는 우리 명승기행

구담봉 바로 위에 위치한 장회나루 건너편의 말목산 자락에는 이황의 연인 두향의 무덤이 있다. 이황이 빼어난 경치에 그토록 감탄했던 구담봉에서 보이는 양지바른 곳이다. 구담봉을 중심으로 장회나루 부근은 퇴계와 두향의 애틋한 사랑의 향기가 서려 있다. 조선 중기의 문인이었던 월암月巖 이광려李匡呂는 퇴계 사후 150년 뒤 두향의 묘를 참배하고 "외로운 무덤이 관도 변에 있어 거친 모래에 꽃도 붉게 피었네. 두향의 이름이 사라질 때에 강선대 바윗돌도 없어지리라"는 시를 한 수 헌사했다. 퇴계를 향한 마음을 평생 변치 않았던 두향을 기리고자 퇴계의 후손들은 지금도 두향의 무덤에 참배하며 관리하고 있다.

단양 구담봉은 단양군 단성면과 제천시 수산면에 걸쳐 있는 바위로 된 암봉이다. 석벽 위에 바위가 있는데 물속에 비친 모습이 거북의 형태를 하고 있어 붙여진 이름이다. 남한강 물길을 따라 충주에서 단양을 향해 가면 거북 한 마리가 뭍으로 올라가는 듯한 형상의 산이 보인다. 제비봉과 금수산, 멀리는 월악산이 감싸고 있어 충주호 수운관광의 백미로 손꼽히고 있다.

구담봉은 정말 아름답다. 그리 높지는 않지만 아담한 규모의 봉우리로 부챗살처럼 펼쳐진 바위 능선이 마치 설악산을 닮은 듯하고, 능선 좌우의 기암절벽이 금강산에서 옮겨놓은 것 같은 형상을 하고 있다. 구담봉의 석벽을 감상하려면 수로를 통해 접근할 수밖에 없다. 충주호의 장회나루나 신단양나루에서 배를 타고 이동하면 충주호 수면 위에서 조망할 수 있다. 계란재에서 등산을 하면 구담봉의 정상에 오를 수 있는데 아름다운 전경이 한눈에 펼쳐져 충주호를 부감하는 조망 지점으로도 매우 좋은

▶ 〈구담도龜潭圖〉
진경산수의 화법으로 유명한 정선이 구담봉의 모습을 그렸다. 깎아지른 절벽과 구담의 강물, 나룻배가 실경처럼 느껴진다.

장소다.

조선시대에 육로는 도보로 여행하거나 기껏해야 우마를 이용하는 정도였다. 이에 비해 수로는 고속주행이 가능한 매우 빠른 운송로였다. 한양에서 단양으로 오는 길은 육로와 수로가 있었지만 남한강을 거슬러 오는 뱃길이 훨씬 더 용이했다. 이 길의 청풍과 단양의 경계에 구담봉이 자리하고 있다. 곧 구담봉이 있는 곳이 단양의 입구인 것이다. 옛날부터 남한강을 거슬러 오르다 옥순봉을 지나 구담을 돌아가는 이곳을 단구동문丹丘洞門이라 했다. 단구란 단양의 옛 지명으로 산천경개가 아름다운 신선의 땅인 단양으로 들어가는 문이라는 뜻이다.

구담봉은 조선시대 지리에 관련된 문헌에 자주 나타난다. 《신증동국여지승람》 단양군 산천조에 "구담은 군 서쪽 20리에 있다" 했다. 또한 《택리지》 복거총론 산수편 사군산수에는 "구담은 청풍에 있는데 양쪽 언덕에 석벽이 하늘 높이 솟아 해를 가렸고 그 사이로 강물이 쏟아져 내린다. 석벽이 겹겹이 서로 막혀 문같이 되었는데 좌우로 강선대, 채운봉, 옥순봉이 있다"고 기록되어 있다.

구담봉에는 아름다운 풍광과 함께 흥미로운 이야기들도 전해지고 있다. 조선 인종 때 백의재상이라 불리던 이지번이 벼슬을 버리고 이곳에 은거했다. 토정 이지함의 형이었던 그는 푸른 소를 타고 강산을 청유하며 칡덩굴을 구담봉의 양쪽 봉우리에 매고 비학飛鶴을 타고 왕래하였다고 한다. 사람들이 이를 보고 그를 신선이라 불렀다는 등 구담봉에는 얽힌 전설이 많다.

깎아지른 듯한 장엄한 기암절벽이 특히 아름다운 구담봉의

 모습은 많은 시인묵객들의 시제, 화제의 대상이 되었다. 단양의 풍광에 매료되었던 퇴계 이황은 구담봉의 장관을 보고 "중국의 소상팔경이 이보다 나을 수는 없을 것"이라고 극찬했다. 이외에도 이이, 김만중, 김정희 등이 아름다움을 찬양한 시가 전해지고 있으며 진경산수로 유명한 정선, 이방운 등이 그린 구담봉의 모습이 산수화로 남아 있다.

 구담봉은 남한강의 풍수설에서 '거북'의 이미지가 강조된 경승이다. 퇴계는 구담의 물이 너무 맑아 "봉우리들이 그림과도 같은데 협문이 마주 보고 열려 있고, 물은 그곳에 쌓였는데 깊고 넓은 것이 몹시 푸르러 마치 새로 산 거울이 하늘에서 비추는 것과 같다"고 묘사하기도 했다. 퇴계가 살던 당시에도 이이

◀ **구담봉**
장회나루 방향에서 바라본 구담봉의 모습이다.
단양군 제공.

성 李師盛이라는 은자가 암자를 짓고 살았다고 한다.

근래에는 구담봉과 관련하여 옥소 玉所 권섭 權燮이 주목받고 있다. 그는 구담봉을 몹시 사랑하여 유언을 남겼고 자신은 물론 두 아내, 손자와 함께 이곳에 묻혔다. 권섭은 20세기 말에 이르러 비로소 《옥소 권섭의 시가연구》로 명성이 점차 높아져 단양을 찾은 많은 시인 가운데 최고의 문인으로 평가받고 있다. 현재 단양공원에는 그의 동상과 시가 새겨져 있다. 권섭은 구담봉의 아름다움에 관해 지은 〈황강구곡가 黃江九曲歌〉에서 이렇게 노래하고 있다.

구곡 九曲은 어드메요 일각 一閣이 귀 뉘러니
조대단필 釣臺丹筆이 고금 古今의 풍치 風致로다
저기 저 별유동천 別有洞天이 천만세 千萬世인가 하노라

명승 제32호

조선 선비들의 벼슬길, 문경새재

▶ **주흘관**
문경새재가 시작하는 곳에 위치한 제1관문인 주흘관 주변의 전경이다. 성벽과 관문이 잘 정비되어 있으며 배경의 산림이 아름답다. 문경시 제공.

문경새재는 웬 고갠고
구부야 구부야 눈물이 난다

문경새재는 잘 알려진 고갯길이다. 새재에서 먼 한반도의 서남쪽 끝에 위치한 진도에서 부르는 〈진도아리랑〉에도 사설의 첫 대목으로 등장할 뿐만 아니라 임진왜란과도 관련이 깊은 곳이다. 새재는 경상북도 문경읍과 충청북도 괴산군 연풍면의 경계에 위치한 고개로 조선시대 영남과 한양을 잇는 제1대로였던 영남대로에 위치하고 있다.

'새재'라는 이름의 유래는 매우 다양하다. 고갯길이 워낙 높아 '새도 날아서 넘기 힘든 고개'라는 데서 유래했다고도 하고, 고갯길 주변에 새(억새)가 많아 '억새풀이 우거진 고개'라는 뜻이라고도 한다. 또한 하늘재麻骨嶺와 이우리재伊火峴 사이의 고갯길을 의미하는 '새(사이)재'에서 연유했다는 주장이 있고, 하늘재를 버리고 새로 만든 고개라는 뜻에서 온 이름이라고도 한다. 이처럼 새재의 어원에는 많은 유래가 있지만 가장 설득력 있는 주장은 지리학자들이 말하는 '새로 낸 고갯길'이다.

문경새재는 영남과 기호 지방을 연결하는 대표적인 옛길이었다. 선비들이 장원급제를 꿈꾸며 과거를 보러 한양으로 넘나들

던 길로, 문경聞慶이라는 이름과 옛 지명인 문희聞喜에서 드러나듯 '경사로운 소식, 기쁜 소식을 듣게 된다'는 의미도 과거길과 관련이 있다. 이러한 연유로 문경새재는 급제를 바라는 많은 선비들이 좋아했던 고갯길이었다. 그래서 영남은 물론 호남의 선비들까지 굳이 먼 길을 돌아 이 길을 택하기도 했다. 《택리지》에도 "조선 선비의 반이 영남에서 배출되었다"라는 구절이 있음을 볼 때 참으로 수많은 선비와 길손들이 이곳을 왕래하였음을 헤아릴 수 있다.

문경새재는 태종 13년(1413)에 개통되었다. 새재가 열리기 전까지는 삼국시대에 만들어진 계립령의 하늘재가 주요 교통로였다. 백두대간의 조령산 마루를 넘는 새재는 한강과 낙동강 유역을 잇는 영남대로 중 가장 높고 험한 고개로 사회, 문화, 경제의 유통과 국방상의 요충지였다. 새재는 세 개의 관문을 따라 옛날 선비들이 다니던 길의 옛 모습을 그대로 간직하고 있으며 약 10km에 이르는 구간이 명승으로 지정되어 있다.

새재는 《세종실록지리지 世宗實錄地理志》에 초점 草岾, 《동국여지승람 東國輿地勝覽》에는 조령 鳥嶺으로 기록된 길로 조선시대 충청도의 한강 유역과 경상도의 낙동강 유역을 가르는 주된 도로였다. 새재는 임진왜란과도 깊은 관련이 있다. 당시 영남내륙을 지나 올라오는 왜군과 맞선 신립 장군은 새재를 버리고 충주 달천에서 배수진을 쳤지만 크게 패하고 탄금대에서 투신했다. 전후 조정에서는 새재를 막지 못한 것을 크게 후회하고 이곳에 전쟁 대비 시설이 없음을 한탄했다. 이러한 논의를 바탕으로 서애 유성룡은 관문의 설치를 주장하였다. 그 후 선조 30년(1597) 신충원이 파수관으로 임명되자 일자형의 성을 쌓고 가운데 문을 세워 고개 아래를 내려다보는 조령산성이 축조되었다.

새재길은 자연 경관이 빼어나고 유서 깊은 유적이 많이 남아 있을 뿐만 아니라 고갯길에 얽힌 설화와 민요가 매우 다양하다. 이곳에는 임진왜란 이후 설치된 세 개의 관문이 사적 제147호로 지정되어 있다. 첫째 관문은 주흘관 主屹關이다. 숙종 34년(1708)에 설치되었으며 세 개의 관문 중 옛 모습이 가장 잘 보존되어 있다. 두 번째 관문은 조곡관 鳥谷關으로 선조 27년(1594)에 신충원이 축성하였으며 중성 中城이라고도 한다. 마지막 관문은 조령관 鳥嶺關으로 새재 정상에 위치하고 있다.

20세기 초 차량이 다닐 수 있는 이화령 고갯길이 만들어지면

▶ **과거길**
새재는 과거를 보기 위해 선비들이 즐겨 넘던 길로 옛 모습이 잘 남아 있다.

서 문경새재는 폐도가 되었다. 그러나 새재에 설치된 관문과 더불어 새재 고갯길은 옛 모습이 대체로 잘 보존되어 있다. 새재 길에는 나그네의 숙소인 원터와 임지를 떠나 새로 부임하는 신구 경상도 관찰사가 만나 관인을 주고받았다는 교귀정터가 남아 있다. 관문을 지나 오르는 옛길에는 아름다운 주변의 경치와 함께 산불을 막기 위해 세워진 한글 표석 '산불됴심비(지방문화재자료 제226호)'가 서 있고 정자와 주막터, 성황당 등이 있어 다양한 역사와 문화의 흔적을 음미할 수 있다.

오늘날 새재에는 다양한 볼거리가 조성 및 재현되어 있다. 제2관문에서 조곡계곡을 따라 4km 정도 올라가면 산허리에 돌무더기를 세로로 쌓은 뒤 그 위에 작고 넓적한 돌을 얹어 마치 장승처럼 만든 곳이 있는데 이를 꽃밭너덜이라고 한다. 또한 새재 길 옆에는 용추라는 폭포가 위치하고 있다. 용이 오른 곳이라고 전해지는 용추폭포는 사면과 바닥이 모두 돌로 되어 있고 그 깊

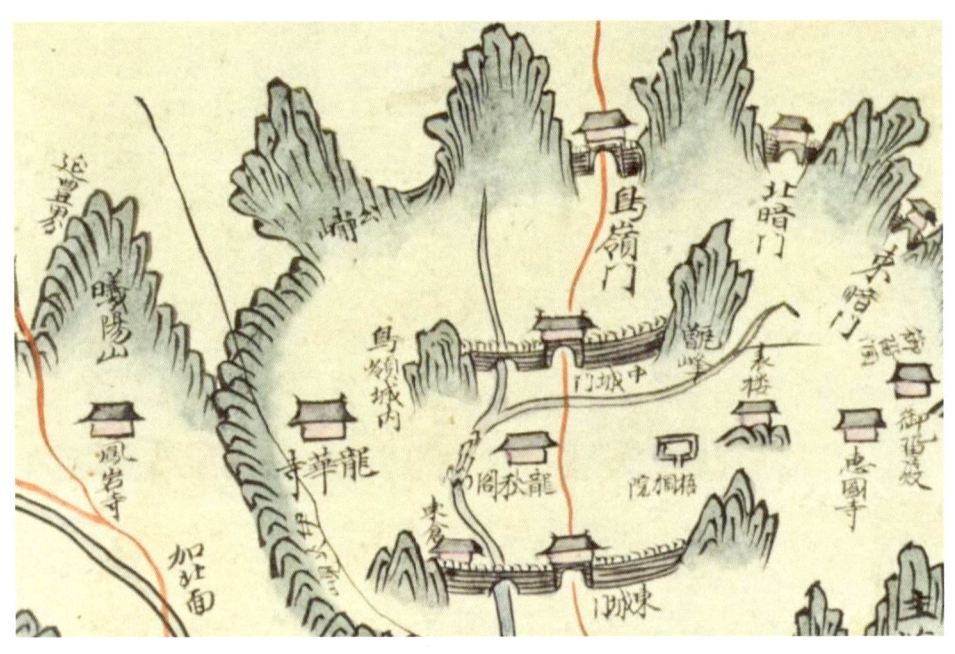

▲ 〈해동지도〉
18세기에 만든 조선의 각 도별 군현 지도로 문경새재 옛길이 세 개 관문을 연결하고 있음을 알 수 있다.

이를 헤아릴 수가 없다. 바위에는 용추龍湫라는 큰 글씨가 새겨져 있는데 "구지정이 숙종 25년(1699)에 쓰다己卯具志禎書"라고 각자되어 있다. 이 밖에도 옛날 7명의 선녀가 구름을 타고 와 목욕을 했다는 여궁폭포, 한양으로 향하던 선비와 상인들이 한잔의 술로 여독을 풀고 정분을 나누었다던 주막도 위치하고 있다.

새재길에서는 주흘산과 조령산의 다양한 식생과 옛길 주변의 계곡과 폭포, 수림터널 등 매우 아름다운 자연 경관을 접할 수 있다. 그래서 문경시에서는 '옛길 걷기체험', '과거길 재현' 등의 다양한 행사를 매년 개최하여 현대인들이 조선시대 옛길 및 선비문화를 향유할 수 있도록 하고 있다. 또한 제1관문 안쪽의 하천 건너에는 문경새재 오픈세트장이 설치되어 있다. 사극을 촬

영하기 위한 시설로 수십여 채의 전통한옥이 있고 관문의 풍경과 조화가 빼어나 많은 탐방객들이 즐겨 찾는 명소가 되고 있다.

 문경새재는 옛길의 모습을 잘 간직한 고갯길로서 옛날의 분위기를 느끼며 한번쯤 걸어볼 만하다. 그 옛날 이 길을 넘던 수많은 선조들의 감흥과 애환을 떠올리며 새재를 걷는 것은 매우 깊은 감동과 울림을 줄 것이다. 조선 후기 실학의 대가였던 다산茶山 정약용丁若鏞은 새재를 넘으며 이렇게 읊고 있다.

새재의 험한 산길 끝이 없는 길	嶺路崎山虛苦不窮
벼랑길 오솔길로 겨우겨우 지나가네	危橋側棧細相通
차가운 바람은 솔숲을 흔드는데	長風馬立松聲裏
길손들 종일토록 돌길을 오가네	盡日行人石氣中
시내도 언덕도 하얗게 얼었는데	幽澗結氷厓共白
눈 덮인 칡덩굴엔 마른 잎 붙어 있네	老藤經雪葉猶紅
마침내 똑바로 새재를 벗어나니	到頭正出林界
서울 쪽 하늘엔 초승달이 걸렸네	西望京華月似弓

 _〈겨울날 서울 가는 길에 새재를 넘으며 冬日領內赴京 踰鳥嶺作〉

명승 제44호

도담의 아름다운 세 봉우리, 도담삼봉

산은 단풍잎 붉고 물은 옥같이 맑은데	山明楓葉水明沙
석양의 도담삼봉에는 저녁노을 드리웠네	三島斜陽帶晚霞
신선의 뗏목은 푸른 절벽에 기대어 자고	爲泊仙蹉橫翠壁
별빛 달빛 아래 금빛 파도 너울진다	待看星月湧金波

저녁노을로 아름답게 물든 도담삼봉을 보고 퇴계 이황은 〈도담삼봉嶋潭三峰〉에서 이렇게 노래하고 있다. 도담에 떠 있는 세 봉우리, 아름다운 도담삼봉의 수려한 자태에 취하지 않을 사람은 없을 것이다. 고금을 막론하고 도담삼봉의 절경에 심취해 이곳의 빼어난 모습을 글과 그림으로 남긴 이는 수없이 많다.

 도담삼봉은 단양팔경 중에서 가장 많이 알려진 곳이다. 단양 시내에서 제천 방향으로 3km 정도 남한강을 따라가면 맑은 물이 굽이치는 강 한가운데에 세 개의 봉우리가 우뚝 솟아 있다. 바로 도담삼봉이다. 푸른 강물 위에 기암괴석이 모두 남쪽으로 비스듬히 기울어져 있는데 가운데 봉우리(중봉)가 가장 높고 각각 남과 북에 낮은 봉우리가 하나씩 자리하고 있다. 중봉은 주봉으로서 장군같이 늠름한 형상을 하고 있고, 남봉은 교태 어린 여인에 비유되어 첩봉 또는 딸봉이라 하며, 북봉은 이를 외면하는 듯한 모양을 하고 있어 처봉 혹은 아들봉이라고 한다.

중봉에는 현재 삼도정三嶋亭이라는 육각정자가 서 있다. 삼도정은 세 봉우리와 어울려 한층 더 경관미를 돋보이게 한다. 1766년(영조 42) 단양군수로 부임했던 조정세趙靖世가 처음으로 이곳에 정자를 짓고 능영정凌瀛亭이라 이름 지었다. 이후 1900년대에 김도성金道成에 의해 사각정자가 목조건물로 지어진 후 빼어난 모습을 간직해왔는데 안타깝게도 1972년 대홍수로 유실되었다. 이후 1976년 콘크리트로 다시 지은 정자가 삼도정이다.

퇴계 이황은 단양을 무척 사랑했다. 단양의 빼어난 경치 때문에 스스로 청해서 단양군수로 부임하기도 했다. 단양군 내에는 명승지가 많았는데 이황은 그중에서도 도담삼봉을 가장 으뜸이라 했으며 아름다운 경승지를 보고 많은 시를 남겼다. 도담삼봉은 황준량, 홍이상, 김정희, 김홍도, 이방운 등의 시인묵객들이 시와 그림을 많이 남긴 곳이다. 그림에 나타나는 도담삼봉은 실경과 거의 비슷하게 묘사되어 있다.

도담삼봉은 조선시대에 이미 잘 알려진 명소였기 때문에 옛 문헌에도 기록이 많이 남아 있다. 《신증동국여지승람》 단양군 산천조에는 "도담은 군 북쪽 24리에 있다. 세 바위가 뾰족하게 못 한가운데에 있다"라고 기록되어 있다. 또한 《택리지》 복거총론 산수편에는 한강 상류에 위치한 영춘, 단양, 청풍, 제천 등 4군의 산수를 말하면서 빼어난 산과 시내, 기암과 골짜기의 경치로 이담삼석二潭三石을 설명하고 있다. 이담삼석이란 도담과 구담, 그리고 상선암과 중선암, 하선암을 의미한다.

도담삼봉은 고지도에도 자주 등장한다. 《해동지도》에는 상진나루, 즉 남한강 가운데 도담이 표시되어 있다. 《1872년 지방지

▶ 삼도정
중봉에 위치한 삼도정은 배를 이용해야 접근할 수 있기 때문에 찾는 사람이 드물다. 단양군 제공.

▶ 도담삼봉
주차장 방향에서 본 도담삼봉의 모습이다.

도》에는 도담리의 맞은편에 뚜렷하게 세 개의 봉우리가 나타나 있다. 또한 〈대동여지도〉에는 상진나루가 가운데, 은주암과 도담이 그 양측에 그려져 있다.

조선왕조의 이념적 기반을 구축한 개국공신 정도전은 도담삼봉을 즐겨 찾았다. 태조 이성계의 장자방 역할을 했던 정도전은 도담의 경치를 좋아하여 젊은 시절 이곳에서 오랫동안 청유했고 자신의 호를 삼봉이라 한 것도 도담삼봉에서 연유한 것이라 한다. 정도전은 삼봉에 얽힌 전설의 인물로도 전해진다. 전설의 내용은 이러하다. 강원도 정선군의 삼봉산이 홍수 때 떠내려와 지금의 도담삼봉이 되었다는 것이다. 그래서 단양에서는 정선군에 매년 세금을 내고 있었는데 어린 정도전이 "우리가 삼봉을 정선에서 가져온 것도 아니요, 오히려 물길을 막아 피해를 보고 있어 아무 쓸데없는 봉우리에 세금을 낼 이유가 없으니 필요하면 도로 가져가라"고 했다고 한다. 그래서 이후에는 세금을 내지 않았다고 전해진다.

과거 남한강의 수운이 번창하던 시기에 도담삼봉의 나루에는 소금배와 뗏목들이 몰려들어 물산이 넘쳐났고, 경강상인과 봇짐장수들이 흥청거렸다. 지금도 당시에 불리던 〈삼봉용왕제소리〉와 〈띠뱃노래〉, 〈짐배노래〉 등 여러 민요뿐만 아니라 삼봉주막의 주모가 부르던 한탄 섞인 노랫가락도 전해지고 있다. 특히 〈짐배노래〉는 도담삼봉으로부터 시작된다.

영월 영춘에 내리는 물은 도담삼봉 안고 돌고
도담삼봉 흐르는 물은 만학천봉 안고 도네

제3장 팔경구곡과 옛길

▲ **도담삼봉 일출**
새벽 안개 속에 붉은 해가
솟아오르는 일출의 모습이
장관을 이루고 있다.
단양군 제공.

보고 생각하고 느끼는 우리 명승기행

영월로부터 흐르는 남한강 물속에 솟아오른 도담삼봉은 석회암 카르스트 지형이 만들어낸 원추 모양의 기암이다. 도담삼봉 주차장에서 올려다보면 산 위에 이향정이라는 정자가 있는데 이곳에 오르면 도담삼봉과 주변 경치를 한눈에 볼 수 있다. 석문으로 오르는 등산로에서 바라보는 모습 또한 매우 아름답다. 현재 도담삼봉의 수위는 충주댐의 조성으로 예전보다 많이 높아졌다. 만수위는 댐 조성 이전보다 2m 정도 상승해 약 3분의 1이 물에 잠기게 된 상황이다.

도담삼봉은 이황이 단양군수로 부임해서 명명한 것으로 알려진 단양팔경 중의 하나다. 도담삼봉을 비롯해 상선암, 중선암, 하선암, 사인암, 석문, 구담봉, 옥순봉 등 여덟 곳의 경승지로 구성되어 있다. 그중에서 지형의 훼손이 많은 곳을 제외한 도담삼봉, 사인암, 석문, 구담봉, 옥순봉 등 다섯 곳이 현재 국가문화재인 명승으로 지정되었다.

우리나라에는 단양팔경 이외에도 관동팔경, 관서팔경, 양산팔경 등 팔경으로 명명된 아름다운 경승지가 아주 많다. 팔경은 구곡과 함께 아름다운 경승지에 붙여지는데 전국의 어느 지방을 막론하고 팔경으로 대표되는 명소를 지니지 않은 곳이 없다. 도담삼봉은 아름다운 산수를 지극히 사랑한 우리 선조들의 인문학적 사유를 바탕으로 승화된 팔경문화를 나타내고 있는 대표적 절승이라고 할 수 있다.

아흔아홉 굽이 큰 고개, 대관령 옛길

대관령 고갯마루에서 내려다보는 풍광은 그야말로 파노라마 같다. 발 아래로 급히 낮아지는 지형을 따라 산줄기와 계곡은 넓게 펼쳐지고 저 멀리 자리한 강릉시내와 경포호, 그리고 끝없이 이어지는 동해의 푸른 물은 청량하기 그지없다. 보는 이의 가슴을 시원하게 뚫어주는 광활한 풍경이다. 대관령 고개에서 해오름의 방향, 즉 동쪽 산하를 바라보는 모습은 이렇게 아름답다. 아득히 먼 옛날 대관령을 넘던 신사임당은 이 고갯마루에 올라 산 아래로 멀리 펼쳐진 고향마을의 아름다운 풍광을 바라보았다. 그녀는 고향집의 노모를 떠올리고는 애틋한 마음에 젖는다. 고향인 강릉을 떠나 서울로 가는 신사임당이 대관령을 넘으며 지은 〈유대관령망친정踰大關嶺望親庭〉이다.

늙으신 어머님을 고향에 두고	慈親鶴髮在臨瀛
외로이 서울로 가는 이 마음	身向長安獨去情
돌아보니 북촌은 아득도 한데	回首北村時一望
흰 구름 떠 있는 곳 저녁 산만 푸르네	白雲飛下暮山青

대관령은 큰 고개다. 한계령, 미시령, 진부령과 함께 백두대간을 넘는 4대령 중의 하나로 오늘날 강원도의 영동과 영서 지

방을 연결하는 길 중에서 가장 이용량이 많다. 아흔아홉 굽이라는 대관령 고갯길은 굽이진 골짜기를 돌고 돌아 오른다. 그래서 재미있는 이야기가 전해지는데 강릉의 한 선비가 곶감 한 접(100개)을 지고 과거를 보러가다가 대관령 굽이 하나를 돌 때마다 곶감 하나를 빼먹었다고 한다. 정상에 도달하고 보니 곶감이 달랑 한 개만 남아 있어 대관령이 아흔아홉 굽이라는 것을 알게 되었다는 것이다. 대관령 고갯길이 굽이가 하도 많아 생긴 전설로 생각된다.

오늘날 대관령을 넘는 길은 세 가지나 된다. 첫째는 골짜기를 따라 단거리로 개설되어 있는 가장 오래된 대관령 옛길이며, 둘째는 차량을 위해 개설된 신작로가 1975년 영동고속도로의 개통과 함께 확장된 도로다. 셋째는 대관령을 관통하는 일곱 개의

▶ 〈대관령大關嶺〉
대관령 고개에서 강릉 방향을 보고 그린 김홍도의 산수화. 옛길이 저 멀리 이어지고 경포호가 보인다.

▶ **대관령 옛길**
녹음이 우거진 가파른 고갯길은 흙바닥으로 되어 있어 옛길의 정취를 한껏 느낄 수 있다.

터널 구간을 통해 영동과 영서를 단번에 연결한 고속도로다. 대관령을 넘는 방법이 차량으로 바뀌면서 대관령 옛길은 일찍이 폐쇄되었다. 그러나 차도가 별도의 노선으로 개설되면서 도보로 올라야만 하는 옛길은 다행히 옛 모습 그대로 남게 되었다.

대관령은 삼국시대부터 문헌에 지명이 기록된 곳으로 영동 사람들에게는 내륙으로 통하는 관문이었다. '고개가 하도 높고 하늘이 낮아서 고개 위가 겨우 석자'라는 말이 전해지는 대관령은 고려시대 이래 주요 교통로로 수많은 민중의 애환이 서린 곳이기도 하다. 대관령의 명칭에는 재미있는 설화가 전해진다. 이곳 주민들은 예로부터 대관령의 고개가 워낙 험해서 오르내릴 때 '대굴대굴 크게 구르는 고개'라는 뜻의 대굴령에서 음을 빌려 대관령이 되었다고 말한다. 또 다른 유래로는 영동 지방을 통과하는 '큰 관문에 있는 고개'라는 의미에서 대관령이라는 명칭이 만들어졌다는 것이다. 오늘날에는 차량을 이용하기 때문에 별일 아니지만 옛날에는 매우 힘든 고행길이어서 그야말로 울고 넘는 고개로 이름이 자자했다.

대관령은 신라시대에는 대령大嶺, 고려시대에는 대현大峴, 또는 굴령崛嶺이라 했으며 조선시대 《태종실록太宗實錄》에서는 대령산大嶺山이라 불렀다. 1530년에 편찬된 《신증동국여지승람》에 처음 대관령이라는 명칭이 나온다. "대관령은 강릉부 서쪽 45리에 있으며 이 주州의 진산이다. 여진女眞 지역인 장백산에서 산맥이 구불구불 비틀비틀 남쪽으로 뻗어 내리면서 동해의 가장자리를 차지한 것이 몇 곳인지 모르나 이 영嶺이 가장 높다. 산허리에 옆으로 뻗은 길이 아흔아홉 굽이인데 서쪽으로 서울

▶ **주막**
옛날 주막터에 초가로 복원되었다. 대관령 옛길을 넘나드는 많은 길손들이 지치고 허기진 몸으로 이곳에 머물렀을 것이다.

과 통하는 큰 길이 있다. 부의 치소에서 50리 거리이며 '대령'이라 부르기도 한다"라고 기록되어 있다. 이밖에도 대관령 옛길은 《해동지도》, 《조선지도》, 《1872년 지방지도》, 《청구도》, 〈대동여지도〉 등 여러 고지도에 표기되어 있다.

대관령은 강릉의 진산이기도 하다. 강릉 지역의 정신적 지주 역할을 해왔던 국사성황당이 위치한 곳으로 세계무형유산으로 등재된 '강릉단오제'와도 깊은 관련이 있다. 대관령은 영산靈山, 신산神山으로 많은 전설과 민속이 전해진다. 신령스러운 장소인 이곳에서는 해마다 음력 4월 15일에 '대관령산신제'와 '국사성황제'가 열린다. 삼국을 통일한 김유신을 산신, 강릉 출신으로 신라 말에서 고려 초의 고승인 범일을 국사성황신으로 모시고 있다.

대관령 옛길은 겨우 한두 명이 지나다닐 정도로 좁은 길이었다. 조선 중종 때 강원도 관찰사였던 고형산高莉山이 비좁고 험한 길을 넓게 닦았고 이 때문에 한양으로 가는 길은 매우 편해졌다. 하지만 병자호란 당시 청나라 군대가 주문진에 상륙하여 한양으로 진군했는데, 조정에서는 대관령 길이 넓혀지는 바람에 한양이 조기에 함락되었다며 논란이 일었다. 인조는 대로하였고 죽은 고형산은 묘가 파헤쳐져 부관참시 되었다고 한다. 역사의 모순이 아닐 수 없다.

대관령 옛길은 강원도 강릉시 성산면과 평창군 대관령면 사이에 위치한 고갯길이다. 정상은 해발고도 832m이며 동쪽사면으로는 남대천이 발원하고 있다. 도보로 고개를 넘던 시절에 이용됐던 대관령 옛길은 성산면 어흘리로 들어가면 계곡으로 형

성된 하천을 따라 이어진다. 이 길은 원울이재를 지나 계속된다. 원울이재는 아래제맹이(하제민원)와 웃제맹이(상제민원) 사이에 있는데 강릉에 부임한 원님이 두 번 울었다는 고개다. 첫 번째는 한양에서부터 험한 고갯길을 지나온 원님이 자신의 신세를 한탄하며 울고, 두 번째는 임기를 마치고 한양으로 돌아가는 원님이 강릉의 후한 인정에 감동해서 울었다는 것이다.

대관령 옛길은 과거 가마골로 불리던 어흘리 마을의 주택들이 위치한 지역을 지나면서 시작된다. 상류로 이어지는 계곡을 따라 나란히 우측으로 난 옛길을 30분 정도 걸어 올라가면 통나무로 벽체를 하고 볏짚으로 지붕을 이은 주막집에 다다른다. 예전에 주막이 있던 터에 재현된 주막집은 흙 마당이 친근한 느낌을 준다. 마당 한옆으로 놓인 물레방아와 자연석으로 만든 수조는 매우 정겹다. 그 옛날 허기진 길손들이 주린 배를 따뜻한 국밥 한 그릇으로 채우던 모습을 상상해본다.

주막을 지나 맑은 물이 흐르는 계곡을 건너 굽은 산길을 따라 계속 오르면 반정半程에 다다르게 된다. 강릉 사람들은 이 반정을 '반쟁'이라고 한다. 고갯길의 절반 정도에 위치한 곳이라는 의미를 지닌 지명이다. 반정은 터널이 개통되기 전에 이용되었던 영동고속도로와 만나는 지점에 위치하고 있다. 옛길은 고속도로를 가로질러 계속된다. 이곳에서부터는 더욱 지형이 가파르기 때문에 갈지자 형태로 크게 굽이져 올라야 한다. 쉼터를 지나 계속 오르면 국사성황당까지 연결된다. 현재 백두대간에는 여러 옛길이 남아 있지만 명승으로 지정된 곳은 여섯 군데에 불과하다. 대관령 옛길은 이런 옛길을 대표할 만한 가장 큰 가치를 지니고 있는 곳이라 할 수 있다.

옛길은 현대의 문명세계를 잠시 잊게 하는 장소다. 옛길을 걷는 것은 지나간 역사 속 느림의 세계로 회귀하는 것을 의미한다. 옛길은 점점 빨라져만 가는 속도에 함몰된 오늘날 현대인의 삶에서 우리가 누구인지, 어떠한 정체성을 지닌 존재인지를 되돌아보게 하는 여유의 공간이다. 옛길을 걸을 때는 잠시 동안이

▶ 계류
대관령 옛길 옆으로 이어지는 계곡은 매우 깊어 맑은 물이 힘차게 흐른다. 수량이 많아 옛길의 풍광을 한층 시원하게 해준다.

라도 수도승이나 구도자가 되어보는 것도 좋다. 그 옛날 보부상들이 봇짐을 지고 힘겹게 걸어가던 흙길, 과거를 보기 위해 떠난 선비가 청운의 꿈을 안고 오르던 돌부리 가득한 옛길을 느림의 미학을 음미하며 천천히 걷는 것은 문명의 수레바퀴에 얽히고설켜 있는 현대인들에게 매우 소중한 경험이 될 것이다.

명승 제47호

시인묵객이 시화로 예찬한, 사인암

▶ 사인암
운계천가에 수직으로 우뚝 솟은 사인암은 석벽에 가로세로 바둑판 무늬가 선명하고 그 위에는 푸른 창송이 하늘을 향해 뻗어 있다. 단양군 제공.

역易이 동東으로 왔다. '역'이란 동양의 우주론적 철학이다. 역은 변역變易, 즉 '바뀐다'는 뜻으로 천지만물이 끊임없이 변화하는 자연의 원리를 설명하고 풀이한 것이다. 변역의 원리를 통달하면 미래의 변화를 예측하는 혜안을 갖게 되어 길흉을 미리 알 수 있다고 한다. 우리에게는 주나라 때 정립된 주역周易으로 널리 알려져 있다. 이러한 역이 탄생한 본고장 중국에서 해동국인 고려로 그 중심이 넘어왔다는 것이다. 그 주인공이 바로 고려의 우탁으로 역에 능통했기 때문에 사람들은 그를 역동易東 선생이라 불렀다.

단양팔경 중의 하나인 사인암은 역동 우탁에 의해 명명된 경승이다. 고려 말 정주학의 대가였던 우탁은 단양군 현곡면 적성리에서 태어났다. 충렬왕 4년에 향공진사가 되어 관직에 나간 후 여러 직에 보임되었다. 충선왕이 부왕의 후궁인 숙창원비와 통간하자 당시 감찰규정이었던 역동은 흰 옷을 입고 도끼를 든 채 궁궐에 들어가 자신의 말이 잘못되었을 때는 목을 쳐도 좋다는 이른바 지부상소持斧上疏를 올렸다. 자신의 목숨을 초개와 같이 생각하고 군주의 비행을 직간한 역동의 기개와 충의를 본 충선왕은 부끄러운 빛을 감추지 못했다고 한다. 이렇듯 우탁은 강직한 성품을 지닌 선비였다.

보고 생각하고 느끼는 우리 명승기행

◀ **사인암의 가을**
단풍으로 붉게 물든 사인암의 아름다운 비경이다. 단양군 제공.

《고려사 高麗史》 열전에는 우탁이 영해사록 寧海司錄으로 부임했을 때 민간신앙이었던 팔령신 八鈴神 때문에 백성의 폐해가 심하자 신사를 철폐하는 혁신적인 자세를 보였다고 기록되어 있다. 또한 그는 벼슬을 버린 후에는 후학양성에만 전념했다고 한다. 우탁이 '사인 舍人'이라는 관직에 있을 때 사인암 근처에 초막을 짓고 기거했다. 그래서 조선 성종 때 단양군수로 부임한 임재광이 우탁을 기리기 위해 이 바위를 사인암이라 이름 지었다고 한다.

사인암은 마치 해금강을 연상케 하는 아름다운 석벽이다. 깎아지른 듯 하늘을 향해 뻗은 수직의 바위가 거대한 단애를 이루고 암벽의 정수리에는 늘 푸른 창송이 꼿꼿이 자라고 있다. 사인암은 기품이 넘치는 장엄하고 우뚝한 자태를 자랑한다. 바둑판 모양이 선연한 암벽의 격자무늬와 푸른 노송의 어우러짐은 기묘한 조화를 형성하고 있다. 특히 운계천의 맑은 물이 푸르고 영롱한 옥색 여울이 되어 기암절벽을 안고 도는 수려한 풍광으로 이름난 운선구곡의 하나다. 소백산의 정기가 모인 물줄기가 서쪽으로 흐르다 급히 돌아 북으로 굽이치고 다시 돌아 동남으로 흘러가는 운계천은 물이 옥같이 맑고 산수의 풍광이 아름답다. 이러한 운계천의 절정을 이루는 사인암은 마치 속세를 떠난 듯하며 암벽에는 역동 우탁의 글이 새겨져 있다.

뛰어난 것은 무리에 비할 바가 아니나　　卓爾弗群
확실하게 빼어나지도 못했도다　確乎不拔
홀로 서도 두려울 것 없고　　　　獨立不懼
세상에 은둔하여 근심도 없노라　遯世無憫

사인암의 신비로운 선경은 예로부터 많은 시인묵객을 불러들였다. 추사 김정희는 "속된 정과 평범한 느낌이라고는 터럭만큼도 없다俗情凡韻一毫無"며 하늘이 내린 그림이라고 경탄했다. 추사 외에도 사인암의 선경을 묘사한 시문은 매우 많다. 신광수의 〈단산별곡丹山別曲〉, 한진호의 《도담행정기島潭行程記》, 오대익의 〈운선구곡가雲仙九曲歌〉 등이 사인암의 비경을 담고 있으며, 김홍도와 이방운 등 조선의 이름난 화가들도 아름다운 절경을 화폭에 진경산수의 필법으로 묘사하고 있다.

> 단양에는 다섯 바위가 있다. 상선암, 중선암, 하선암, 운암, 그리고 사인암이다. 정조임금은 김홍도를 연풍현감에 제수하여 영풍, 단양, 제천, 청풍의 산수를 그려 오라 했다. 김홍도가 사인암에 이르러 그리려 했지만 10여 일을 머물면서 노심초사했다.
> _한진호, 《도담행정기》 중에서

산수화, 인물화, 불화, 풍속화에 모두 능했던 단원 김홍도조차 선경에 압도될 만큼 사인암의 풍광은 신비로움 그 자체였다. 김홍도가 그린 〈사인암도舍人巖圖〉는 《병진년화첩丙辰年畵帖》으로 알려진 《단원절세보檀園折世寶》에 들어 있다. '절세보'는 세상에서 가장 뛰어난 보물이라는 뜻으로 김홍도가 이 화첩의 그림을 얼마나 높게 평가하고 있는지를 알 수 있다. 〈사인암도〉를 비롯해 도담삼봉, 옥순봉 등 단양의 절경을 그린 단원의 그림을 실경산수라 한다. 중국의 관념산수와 비교하면 당시 조선 화단에서 이룩한 실경산수화법은 자연풍경의 묘사가 실제의 모습과 매우

▶ 〈사인암도〉
《병진년화첩》에 수록된 진경산수화다. 사인암을 찾은 김홍도가 그림을 미처 그리지 못해 이곳에서 10여 일을 머물며 노심초사했다고 한다.

비슷했음을 보여준다.

이렇듯 수많은 산수화의 대상이 된 사인암은 장대한 기암절벽, 늘 푸른 소나무, 벽옥 같은 맑은 물이 어우러져 사계절 내내 신록과 단풍, 설경으로 변화무쌍한 경관을 보여주는 경승이다. 사인암은 지리적 표지로 강하게 인지되는 대상이어서《대동지지 大東地志》와《해동지도》를 비롯해 조선시대 각종 지리지와 고지도에도 표기되어 있다.《여지도서 輿地圖書》에 의하면 "사인암은 군의 남쪽 15리에 있다. 운계의 북쪽 들판 상류와 선암 사이를 산 하나와 흐르는 물이 가로막아 동서로 깊고 큰 골짜기를 이룬다. 계곡을 굽어보며 겹겹이 쌓인 절벽의 높이가 48~49길이고 둘레는 15~16아름이다"라고 되어 있다. 또한 사인암에 있는 사선대 四仙臺와 서벽정 棲碧亭의 기록도 남아 있다.

보고 생각하고 느끼는 우리 명승기행

◀ **사인암 전경**
기암절벽을 바라보고 있으면 옛날 선비들이 이곳에서 시를 읊고 그림을 그리던 모습을 떠올리게 된다.

지질사적 관점으로 보면 사인암은 석회암 지대에 관입한 화강암이 하천의 반석 위에 세워진 병풍 모양의 수직절리면이다. 다양한 색깔로 드러난 수직 수평의 절리면이 마치 수많은 책을 쌓아놓은 듯한 모습을 하고 있다. 이처럼 신비로운 비경을 지닌 사인암은 옛사람들은 물론 오늘날 이곳을 찾는 탐방객까지도 매료시키고 있다.

현재 사인암에는 우탁의 글이 남아 있고 개울가 바위에는 수많은 시인묵객의 이름, 언제 만들어졌는지 알 수 없는 순장바둑(우리 고유의 재래식 바둑)판도 새겨져 있다. 또한 "청산의 눈 녹인 바람을 빌어다가 귀 밑의 해묵은 서리를 녹여볼까 하노라"라는 우탁의 〈탄로가 嘆老歌〉 2수를 적은 시비와 기적비가 세워져 있다.

남한강 줄기에 위치하고 있는 조선시대 지방 행정 단위였던 청풍, 단양, 제천, 영춘의 경치는 산수풍경으로는 첫손에 꼽힐 만큼 아름답다고 많은 시인묵객들이 평하고 있다. 그중에서도 단양팔경의 사인암은 시화의 주제로 가장 많은 대상이 된 곳이자 옛 선인들이 아끼고 사랑한 명승이라 할 수 있다.

명승 제29호

선조의 삶이 배어 있는 바꾸미 고개, 구룡령 옛길

▶ **구룡령 옛길**
백두대간의 깊은 골짜기로 이루어진 구룡령 옛길은 맑은 계류와 폭포를 지나야 한다. 오색단풍이 짙게 물든 가을의 아름다운 경관을 보여준다. 양양군 제공.

길은 서로 다른 곳을 연결하는 통로다. 인류는 문명의 발전 과정에서 끝없이 길을 만들고 넓혀 왔다. 길의 연장과 확장은 곧 인류의 진화를 나타내는 척도이자 문명의 발전과 궤적을 함께한 기반이었다고 할 수 있다. 길은 이동수단의 발달과 함께 계속 진화했다. 산업사회 이전에는 사람과 우마가 다닐 수 있는 수준에 불과했지만, 이후 자동차나 기차와 같은 차량이 발명되면서 이러한 이동수단을 위한 길이 조성되기 시작했다.

우리나라에서도 구한말 자동차가 들어오면서 신작로가 개설되었다. 도로의 주된 이용수단이 인축人畜에서 자동차로 바뀐 것이다. 따라서 신작로는 차량이 통행할 수 있는 일정한 너비와 완만한 경사, 굴곡이 심하지 않은 선형의 형태로 조성되었다.

옛길은 차량이 발명되기 전부터 선조들이 사용하던 길이다. 주로 사람과 우마가 다니던 길이었기 때문에 굴곡이 심하고 자연의 조건에 맞추어 조성되었다. 이러한 옛길은 대부분 기존의 노선을 바탕으로 신작로가 개설되면서 거의 사라졌다. 그러나 지형이 험준한 산악을 지나는 길은 경사가 급하고 굴곡이 심해 신작로를 개설할 수 없는 경우가 많았다. 그래서 오늘날 산간오지에는 다수의 옛길이 남아 있다.

구룡령 옛길은 양양군 서면 갈천리에서 홍천군 내면 명개리

를 잇는 고갯길이다. 고갯마루가 해발 1,013m로 양양군과 고성군 지방의 옛사람들이 서울에 갈 때 주로 이용했다. 현재 차량이 다니는 구룡령 길이 56번 국도로 개설되면서 옛길은 보행자들이 다녔던 그대로 남아 있다. 구룡령 옛길은 설악산, 점봉산, 오대산 등 백두대간이라는 장벽으로 인해 왕래하기 힘들었던 양양 지역의 영동 사람들과 홍천 방향의 영서 사람들에게 두 지역을 연결해준 유일한 통로였다.

구룡령의 백두대간은 진고개에서 구룡령을 거쳐 조침령으로 연결되는데, 그 중간에 위치한 구룡령 옛길은 굴곡이 심하지만 사람과 노새가 쉽게 오를 수 있도록 완만한 경사를 이루고 있다. 이곳은 백두대간에서 가장 산림이 울창한 지역으로 고개 정상에서 양양 방향을 보면 서북쪽으로 방태산이 있고, 홍천 방향으로는 남동쪽으로 오대산이 자리하고 있다. 구룡령 옛길은 산세가 험한 진부령, 미시령, 한계령보다 평탄한 지형에 조성되어 현재까지 그 형태가 비교적 잘 보존되어 있다. 주변에는 곧게 뻗은 노송이 아름답게 자라고 있고 깊은 계곡과 천연림은 옛길의 정취를 더해준다.

강원도는 백두대간의 줄기가 남북을 강하게 가르고 있어 동서의 교류가 어려운 지역이다. 그래서 강원도의 영동과 영서 지방에서 나는 중요한 물산의 교역로 역할을 구룡령 옛길이 담당했다. 이 길을 통해 양양 사람들은 소금, 간수, 고등어, 명태 등을 가지고 영서 지방으로 가서 콩, 팥, 수수, 녹두, 깨, 좁쌀 등으로 바꾸었다고 한다. 그래서 옛 어른들은 구룡령 옛길을 바꾸미 고개, 또는 바꾸미 길이라고 부르기도 했다.

양양에서 올라가는 구룡령 옛길은 매우 굴곡이 심하다. 마치 용이 구불구불 긴 몸통을 휘저으며 고개를 넘어가는 듯한 모양이라고 해서 구룡령이라 이름 붙였다고 한다. 이름에 관한 다른 전설로는 '아홉 마리 용이 고개를 넘어가다 지쳐 갈천리 마을 약수터에서 목을 축이고 다시 넘어갔다'고 전해지기도 한다. 이와 같은 용에 관한 전설과 고개 이름 때문에 이 지방 사람들은 구룡령을 넘으면 등용문을 통과할 수 있다고 믿었다. 그래서 한양으로 과거를 보러가던 양양, 고성 지방의 선비들이 과거의 합격을 기원하며 즐겨 넘었다고 한다.

구룡령의 입구에는 맑은 물이 굽이쳐 흐르는 계곡이 있는데 이곳을 건너자마자 옛길이 시작된다. 솔잎이 소복하게 깔려 있는 옛길은 고요하고 소슬한 정취를 간직하고 있다. 길을 오르면 도중에 횟돌반쟁이, 묘반쟁이, 솔반쟁이 등과 같은 재미있는 지명이 나타난다. 반쟁이는 반정에서 유래한 말로 '아흔아홉 굽이의 반'이라는 뜻을 담고 있다. 길을 오르다 힘들면 사람들은 주로 반쟁이에서 쉬었다 가곤 했다.

묘반쟁이에는 지명과 관련하여 전설이 하나 전해진다. 조선시대 양양과 홍천의 수령이 각각 자기 고을을 출발하여 서로 만나는 지점을 군의 경계로 하자는 제안이었다. 이 말을 들은 양양의 한 청년이 수령을 업고 빠르게 달렸다. 결국 홍천군 내면 명개리에서 두 수령이 만나게 되었고 그곳이 경계로 정해졌다. 그러나 청년은 너무 힘이 빠져 돌아오는 길에 죽고 말았다. 양양에서는 그의 공직을 기리기 위해 묘를 만들었는데 그 이름이 바로 '묘반쟁이'라고 전해진다. 지금도 옛길에는 묘가 하나 남아

▶ **횟돌반쟁이**
석회가루를 만드는 원료인 횟돌이 나는 곳이라 해서 붙여진 지명이다.

▶ **철광**
구룡령 옛길 주변의 철광에서 철을 생산하던 예전의 모습을 짐작하게 한다.

있는데 이것이 그의 묘라고 한다. 또한 '솔반쟁이'는 경복궁 복원에 많이 사용된 곧고 우수한 금강소나무가 주변에 많이 있는 곳이라 해서 붙여졌고, '횟돌반쟁이'는 석회가루의 원료인 횟돌(석회암)이 많이 나는 지역이라는 것에서 연유한 지명이다.

구룡령 옛길에서는 과거에 사용했던 삭도 시설도 볼 수 있다. 지금도 콘크리트 구조물과 와이어로프가 그대로 남아 있는데 본래 옛날부터 이곳은 철광이 있었다고 한다. 지금의 삭도는 일제시대 일본인에 의해 개발된 철광에서 사용하던 것으로 이 일대 주민들이 강제로 동원되어 노역을 하던 애환의 역사가 서려 있다.

옛길은 우리의 선조들이 오랜 세월 동안 수없이 넘나들며 많은 역사를 아로새긴 소중한 문화 경관이다. 신작로가 만들어진 후 장기간 그대로 두어 옛길의 모습이 잘 보존된 곳도 있지만,

계속 방치되어 그 모습이 훼손된 경우도 많다. 이제 국가에서는 이러한 옛길의 역사·문화 경관적 가치를 높게 평가하여 명승으로 지정하기 시작했다. 이로써 구룡령 옛길도 2007년 12월에 명승으로 지정되었다. 옛길은 사람의 통행을 위주로 조성된 길이므로 사람들이 걸어야만 가치를 유지할 수 있다.

마고할미의 성지, 석문

옛날 하늘나라에서 물을 길러 내려왔다가 비녀를 잃어버린 마고할미가 단양의 석문 안에 살고 있었다. 마고할미는 높은 산인 이곳에서 비녀를 찾기 위해 손으로 땅을 팠는데 이것이 아흔아홉 마지기의 논이 되었다. 마고할미는 똑바로 논두렁을 만들어 마치 바둑판처럼 정연하고는 선인들을 위한 농사를 지어 하늘나라의 양식으로 썼다고 한다.

그런데 봄철 산 밑에 있는 사람들이 논에 물을 대어 못자리를 하고 모를 심을 때면 마고할미의 논에도 물이 차고, 벼가 익어 논에서 물을 뺄 때면 마고할미의 논에도 저절로 물이 빠졌다. 긴 담뱃대를 물고 술을 마시고 있어도 농사일이 저절로 되었기 때문에 마고할미는 아름다운 경치를 즐기며 오랫동안 살다가 죽은 뒤 바위가 되었다고 한다. 석문에는 긴 담뱃대를 물고 술병을 들고 있는 형상의 마고할미 바위가 있다.

단양 석문에 얽힌 마고할미 전설이다. 마치 새의 발톱처럼 긴 손톱을 가진 무속신앙에 많이 등장하는 신선 할머니다. 그 이름은 지방에 따라 노고할미, 서고할미, 선문대할망 등으로 불리고 있다. 우리나라에는 마고할미에 얽힌 설화가 많다. 육지를 비롯해 제주에 이르기까지 세상을 창조한 여신 마고의 이야기는 곳곳에 전해지고 있다. 산과 강, 바다, 섬들이 마고가 움직이는 대

▲ 석문
녹음으로 우거진 한여름의 풍광이다. 석문을 통해 보이는 남한강과 농가의 전경이 매우 아름답다.

로 만들어졌다는 전설이다. 박제상은 마고를 '한민족의 세상을 창조한 신'으로 설명하고 있다. 마고는 단군과 달리 창세신화의 주인공으로 받들어지는 우리의 신이다.

　석문은 커다란 문과 같이 생긴 바위다. 도담삼봉에서 남한강 상류 방향으로 200m 정도 올라가면 강변에 우뚝 서 있는 석문을 볼 수 있다. 강변 언덕 아래로 커다랗게 구멍이 뚫려 있는 돌문은 매우 기이한 형상을 하고 있다. 이 석문은 마치 무지개와 같은 모양의 석주로 높이가 수십여 척에 달하는 구름다리다. 석

▶ 석문 전경
강 위에서 바라본 석문의 전경이다. 흰 눈으로 덮인 모습이 마치 신선의 세계로 들어가는 동천의 입구를 상징하는 듯하다. 단양군 제공.

문의 좌측 하단에는 작은 굴이 있다. 이 굴속 바닥에 깔린 암석은 수십 개의 구획을 이루고 물이 담겨 있어서 마치 수전水田(논)과 같은 모양을 하고 있다. 그래서 이를 두고 선인의 옥전玉田이라 칭한 것이다.

석문은 《신증동국여지승람》에 마치 신선이 살고 있는 동천과 같다고 기록되어 있다. 마고할미의 전설이 서린 곳이니 신선의 땅을 의미하는 것이 당연하지만 석문의 형태가 신비감을 더욱 높여주기 때문이라고도 할 수 있다. 무지개 형상을 하고 있는 단양 석문은 석회암 카르스트 지형이 만들어낸 자연유산이다. 석회동굴이 붕괴되고 남은 동굴 천장의 일부가 구름다리처럼 형성된 것으로 추정된다. 단양 지역의 지질은 석회암이 주종을 이루고 있다. 석회암은 다른 광물에 비해 물에 잘 녹는 성질을 가지고 있어서 신비로운 비경을 만들어낸다. 단양 지역의 아름다운 경승지도 대부분이 석회암을 기반으로 하고 있다.

석회암 지대의 가장 큰 특징은 동굴이 많다는 것이다. 땅속을 흐르는 지하수가 오랫동안 석회암 성분을 녹여 물길을 따라 흐름으로써 동굴을 형성한 것이다. 조사에 따르면 전국에 1,000여 개의 동굴이 있다고 추정되는데 단양 지역에는 고수동굴, 온달동굴, 노동동굴, 천동동굴, 금굴, 구낭굴 등을 포함해 180여 개가 분포하고 있다. 단양에 석회암 지질로 구성된 지대가 넓은 면적을 차지하고 있기 때문이다. 이러한 석회암 동굴은 지표에 가까운 곳에서 동굴 형성 과정이 계속 진행되면 표층이 무너져 마치 웅덩이와 같은 지형을 만들기도 한다. 마치 동굴의 천장이 무너진 모습이라 할 수 있는데 석문이 바로 이러한 형태다. 천장이

무너질 때 동굴의 앞부분은 그대로 남고 뒷부분만 무너지면서 마치 돌로 만든 문과 같은 독특한 경관을 형성하게 된 것이다.

석문 자체의 모양도 특이하고 빼어나지만 석문을 통해 바라보는 남한강과 건너편 농가의 전경 또한 한 폭의 풍경화를 보는 듯이 아름답다. 도담삼봉의 상류에 위치한 석문을 보려면 도담삼봉 분수대에서 북쪽 언덕 위에 있는 이향정을 넘어가거나, 도담삼봉 선착장에서 유람선을 타야 한다. 이향정까지는 걸어서 대략 30분 정도가 소요된다. 석문은 매우 기이한 형상을 하고 있어《신증동국여지승람》단양조에도 "도담에서 흐름을 거슬러 수백 보쯤 가면 푸른 바위蒼壁가 만 길이나 된다. 황양목黃楊木과 측백側柏이 돌 틈에서 거꾸로 났고 바위 구멍이 문과 같아서巖穴如門 따로 한 동천이 있는 것 같다"고 기록되어 있다.

석문은 단양팔경 중 하나다. '8八'은 동양에서 오래전부터 즐겨 사용한 숫자다. 우리는 팔괘八卦, 팔정도八正道, 팔등신八等身, 팔도八道, 팔선녀八仙女, 팔자八字, 팔음八音, 팔학사八學士 등의 단어를 대단히 많이 사용하고 있다. 팔은 많음을 의미한다. 그래서 팔경은 여덟 곳의 경승을 뜻하기도 하지만 지역별로 선택된 아름다운 자연 경관 전부를 지칭하는 용어이기도 하다.

본래 팔경은 중국 산수화의 제목이었던 '소상팔경'에서 그 유래를 찾는다.《소상팔경도瀟湘八景圖》는 중국 호남성 동정호 남쪽 양자강 중류의 소수瀟水와 상강湘江이 합류되는 곳의 아름다운 경승지 여덟 곳을 그린 그림으로 여기에서 팔경이 처음 시작되었다고 한다.《소상팔경도》는 모두 여덟 첩으로 〈산시청람山市晴嵐〉, 〈어촌석조漁村夕照〉, 〈원포귀범遠浦歸帆〉, 〈소상야우瀟湘夜雨〉, 〈연사만

종煙寺晚鍾〉, 〈동정추월洞庭秋月〉, 〈평사낙안平沙落雁〉, 〈강천모설江天暮雪〉 등으로 구성되어 있다. 북송 말기의 문인화가였던 송적宋迪이 최초로 그렸다고 하며 지금 전해지는 것 중에서는 남송시대 초기 왕홍의 작품이 가장 오래되었다.

우리나라에는 고려시대 초에 《소상팔경도》가 전해지면서 이를 예찬하는 시화가 많이 등장했지만 점차 우리 국토의 자연을 대상으로 팔경을 노래하기 시작했다. 자연 경승지를 팔경으로 명명하는 것은 우리 국토와 문화에 대한 자긍심을 표현하는 것이다. 그러므로 팔경문화는 우리 국민의 문화적 자부심의 소산이며, 자연 경관에 문화적 의미가 부가될 때 자연 경승의 가치가 얼마나 높아지는지를 보여주는 대표적 사례라 할 수 있다.

석벽을 깎아 만든 벼랑길, 토끼비리

고려를 세운 왕건이 후백제의 견훤과 전투를 벌이다가 남하하는 도중에 길을 잃고 말았다. 수직의 낭떠러지로 이루어진 절벽 앞에 이르러 군사들이 길을 찾아 헤매고 있을 때 마침 토끼 한 마리가 벼랑을 따라 달아났다. 그 토끼를 쫓아가니 험하기는 했지만 길을 낼 만한 곳이 나타났다. 토끼가 지나간 벼랑을 잘라 길을 내고 왕건은 힘겹게 진군할 수 있었다.

부산 동래에서 서울에 이르는 영남대로 중 가장 험하다는 토끼비리. 여기서 '비리'란 '벼루'의 사투리로 강이나 바닷가의 낭떠러지를 의미한다. 길을 찾던 왕건에게 토끼가 벼랑을 따라 달아나면서 길을 열어주었다고 하여 이 길을 '토천兎遷'이라 부른 데서 유래되었다. 토끼비리는 문경 가은에서 내려오는 영강과 문경새재에서 흘러오는 조령천이 합류하는 곳에서부터 S자형으로 산간 협곡을 파고돌면서 동쪽 산지에 형성된 벼랑에 가까스로 깎아 만든 길이다. 토끼비리는 영강의 하천변 절벽을 따라 아슬아슬하게 조성되어 있는데 이러한 벼랑길을 잔도라 한다. 길이는 약 2km에 달한다.

문경시 마성면에 위치한 석현성의 진남문 아래에는 성벽이 축조되어 있다. 이 성벽을 따라가면 오정산과 영강으로 이어지는 산의 경사면에 다다르게 된다. 이 경사지는 거의 수직절벽으로 형성되어 있는데 이곳에 겨우 한 사람 정도가 지나갈 수 있는 좁고 험한 토끼비리가 개설되어 있다. '관갑천잔도串岬遷棧道(관갑의 사다리길)'라고도 하는 이 길은 조선시대 주요 도로였던 영남대로의 한 구간을 이루고 있는 특별한 옛길이다.

잔도棧道는 험한 길을 의미하는 어휘다. 절벽을 파내고 건설한 벼랑길과 사다리길을 뜻한다. 중국에서는 고대부터 경사가 급한 곳에 험한 길을 많이 만들었다. 사천성에서 지구의 지붕이라 일컬어지는 티베트로 가는 길에도 험로가 많다. 중국의 차와 티베트의 말을 교역하던 '차마고도' 역시 매우 험난하다. 이 험로는 대부분 잔도라 할 수 있다. 중국의 고대국가였던 초나라와 한나라의 전쟁에도 잔도가 등장한다. 《초한지楚漢志》의 한고조 유방이 초패왕 항우를 피해 잔도가 유일한 통로인 파촉巴蜀으로 이동하는 장면에서는 잔도의 모습을 이렇게 표현하고 있다.

> 포중에서 남정까지의 길은 촉도난蜀道難의 시작이었다. 깎아지른 듯한 절벽 중턱에 굴을 파듯 길을 내어 한두 사람이 겨우 어깨를 나란히 해 걸을 만큼의 길을 열어둔 곳이 있는가 하면, 아예 홈을 파고 통나무를 박아 사다리를 산중에 뉘어놓은 것 같은 구름다리를 만든 곳도 있었다.

중국에서는 천 길 높이 수직절벽의 벼랑에 붙여 만든 사다리길과도 같은 잔도를 오늘날에도 많이 설치하고 있다. 우리나라의 잔도는 충주 남쪽의 달천변, 문경새재의 제2관문인 조곡관 아래 용추 부근, 양산의 황산천, 밀양의 작천 등에 조성되어 있

▶ 토끼비리
영남대로 중에서 가장 좁고 험하다. 오랫동안 많은 사람들이 지나다녀 길바닥이 반질반질하게 닳았다.

다. 지리학자 최영준은 영남대로에 여러 곳의 잔도가 있는데 그중 가장 험한 길이 관갑천과 작천의 잔도라 말하고 있다.

영남대로는 과거 한양과 동래를 이어주던 도로 중 가장 넓고 짧은 길이었다. 지금의 경부고속도로보다 무려 100여 리 이상 짧았다고 한다. 지금은 흔적이 남아 있는 곳이 거의 없으나 문경에 그 원형을 찾아볼 수 있는 토끼비리가 있다. 그러나 이곳도 20세기 초 차량이 통행할 수 있는 신작로가 개설되면서 폐도가 되어버렸다. 토끼비리의 벼랑길 노면 위에는 우리 선조들이 드나들던 흔적이 그대로 남아 있다. 오랜 세월에 걸쳐 수많은 사람들이 오가는 동안 바위의 표면이 닳고 닳아 돌길이 반질반질한 모양을 고스란히 드러내고 있다. 그 옛날 이곳을 왕래했던 헤아릴 수 없이 많은 선조들의 발걸음을 오롯이 느낄 수 있다.

토끼비리는 영강의 수면에서 10~20m 위의 석회암 절벽을 깎아서 만들었는데 세 가지 공법을 이용했다고 한다. 첫째 구간은 경사가 매우 심한 암벽 지역으로 석벽을 깎아낸 후 토석을 다져 노면을 평탄하게 만들었다. 토석의 유실을 방지하기 위해 축대를 쌓아 길의 형태를 유지하고 있다. 중간 구간은 벼랑이 가장 가파른 지역으로 바위를 절단하여 길을 낸 흔적이 뚜렷한 곳이다. 잔도의 폭이 갑자기 좁아지는 위치에는 축대를 쌓아 길의 폭을 넓히기도 했다. 길 가장자리에 말뚝을 박고 그 위에 나무로 만든 난간을 설치하여 길을 억지로 넓힌 흔적이 많이 발견되고 있다. 그다음 구간은 산줄기가 뻗어 내려와 고갯마루를 형성하는 곳으로 암맥이 돌출한 부위는 인공으로 암석을 깎아 말의 안장과도 같은 암석안부巖石鞍部를 만들었다. 이곳은 영남대로

▶ **하천 전경**
토끼비리에서 바라본 하천의 전경이다. 토끼비리는 이처럼 경사가 심한 하천변의 벼랑을 깎아 만들었다.

▶ **잔도**
석벽을 깎아 만든 잔도 구간에 새롭게 사다리길을 개설하여 탐방객의 통로로 활용하고 있다.

보고 생각하고 느끼는 우리 명승기행

에서 가장 규모가 크고 보존 상태가 양호하다.

　토끼비리는 고모산성에서 날개처럼 뻗은 석현성벽이 끝나는 지점에서부터 시작된다. 고모산성은 4세기 말 신라가 영토확장에 열중하던 시기에 축조되었다. 이곳은 경북팔경 중에서도 제일의 풍광으로 손꼽히는 진남교반鎭南橋畔을 조망하는 장소다. 진남교반이란 주변 산야의 숲이 울창하고 푸른 강물이 흐르는 영강 위로 기암괴석과 깎아지른 듯한 층암절벽, 철교, 옛 다리, 새로 놓은 다리가 나란히 하고 있어 자연과 인공 요소가 잘 조화된 풍광을 가리킨다. 진달래와 철쭉이 흐드러진 진남교반은 문경의 소금강이라 불린다.

　문경은 영남에서 중원으로 통하는 길목에 위치한 고을로 하늘재, 새재를 비롯하여 근세에 차도로 개설된 이화령까지 여러 개의 고갯길이 자리한다. 또한 고모산성 아래에 이르면 길이는 그다지 길지 않지만 토끼비리와 같은 험로도 위치하고 있다. 길은 물과 산과 계곡을 건너 계속되는 하나의 긴 노선이다. 평지를 지나고 높은 산을 넘고 시원한 들을 만나고 아름다운 계곡으로 이어지기도 한다. 그러나 모든 길에서 가장 필수적인 요소는 반드시 끊기지 않고 연결되어야 한다는 것이다. 토끼비리와 같은 잔도는 길의 연결이라는 의미에서 매우 중요한 역할을 담당했다고 할 수 있다.

명승 제55호

선비의 기개와 절의를 품은, 일사대 일원

무주는 진안, 장수와 함께 '무진장'으로 불리는 전라북도의 산간 오지다. 그런 무주에서도 구천동은 우리나라 산골의 진수를 보여준다. 북한의 삼수갑산과 함께 무주구천동은 깊은 산골의 대명사다. 옛날에는 구천동을 구천둔 九千屯이라 했는데 '둔'은 험한 곳을 의미하는 글자다. 구천동계곡은 정말 '구천둔'이라는 표현이 꼭 맞을 정도로 깊은 산골짜기에 자리하고 있다.

구천동에 관한 지명은 연산군 때 영남사림을 대표하는 유림의 한 사람이었던 갈천 葛川 임훈 林薰(1500~1584)의 기록에 처음 나타난다. 덕유산을 오른 후 지은 《등덕유산향적봉기 登德裕山香積峰記》에 구천둔이란 지명이 기록되어 있다. 그 후 허목은 〈덕유산기 德裕山記〉에서 돌무더기가 수없이 많은 곳이라는 뜻의 구천뢰 九千磊로 표기했다. 윤명제 尹明齊(1629~1724)는 《유광로산행기 遊匡盧山行記》에서 구천동이라 기록하고 있는데, 이때 이후로 이 계곡을 구천동으로 명명한 것으로 보인다. 이러한 명칭들은 모두 구천동이 깊은 산골이라는 의미를 나타낸다.

산골짜기에 위치한 구천동계곡은 그야말로 심산유곡이다. 깊은 산속의 물줄기를 따라 구절양장으로 굽이굽이를 이루고 있다. 계곡을 따라 흐르는 물줄기는 원당천인데 무주와 무풍 사이를 지나 금강의 지류인 남대천으로 흘러간다. 구천동계곡은 그 옛날 신라와 백제의 경계였던 나제통문이 위치한 설천면 소천리에서부터 삼공리를 지나 덕유산까지 거슬러 올라가는 계곡을 말하며 그 길이는 무려 30km에 이른다.

　이처럼 길게 형성된 구천동계곡은 굽이치는 물과 깎아지른 석벽, 울창한 송림 등 곳곳에 많은 비경을 간직하고 있다. 그래서 아름다운 경승을 의미하는 여러 가지 명칭과 수식어도 많다. 구천동계곡에는 주자가 경영했다는 무이구곡武夷九曲을 모방하여 '무계구곡武溪九曲'이라 부르는 곳도 있고, 계곡 내에 있는 아름다운 절승지 33곳을 선정해 '구천동 33경'이라 명명하기도 했다. 구천동 33경은 9,000굽이를 돌아간다는 계곡의 굽이굽이에 학소대, 일사대, 추월담, 수심대, 수경대, 인월담, 청류동, 구월담, 금포탄, 청류계, 구천폭포 등의 경승이 늘어서 있는 것을 일컫는다.

　구천동 33경 중의 하나인 일사대는 구천동계곡 3대 경승의 하나로도 손꼽히는 명소다. 다른 이름으로는 수성대라고도 하며 나제통문에서부터 약 5km, 학소대에서는 300m 정도 물길을 거슬러 오르는 곳에 위치하고 있다. 암반 위로 흐르는 하천을 건너면 서벽정이 자리하고 있는데 그 맞은편에 하늘을 찌를 듯한 기암절벽이 우뚝 솟아 있다. 마치 배의 돛대와 같은 형상의 거대한 이 기암이 바로 일사대다. 구천동 33경 중에서 제6경에 해당한다. 수십 길 낭떠러지의 석벽과 그 꼭대기 머리 위에 푸른 창송을 이고 있는 일사대는 원당천의 침식작용으로 만들어진 단애로 이루어져 있다.

　일사대는 거유巨儒로 칭송받는 연재淵齋 송병선宋秉璿과 관련이

▶ 일사대
오색으로 단장한 일사대 주변의 가을풍경은 대단히 아름답다. 바위와 계곡, 단풍으로 뒤덮인 가을 산과 푸른 하늘이 명승을 더욱 돋보이게 한다.
문화재연구소 제공.

깊은 경승이다. 그는 송시열의 후손으로 1836년 대전에서 태어났으며 학행이 뛰어나고 덕망이 높아 일찍이 서연관, 경연관의 벼슬을 받았으나 벼슬에 나가지 않았다. 송병선은 오로지 고향에서 학문에만 전념하고 구한말 쇠퇴하는 국운을 주시하며 지냈다. 그는 고종의 스승을 지내기도 한 학자였다. 현실정치에 참여하기를 바라는 고종으로부터 18번이나 대사헌의 벼슬을 받았으나 끝내 거절했다고 한다.

성리학을 바탕으로 춘추대의의 선비정신을 지녔던 송병선은 1876년 병자수호조약이 체결되자 통탄했으며, 1905년 일제에 의한 강압적인 을사조약으로 식음을 전폐했다. 그는 수많은 상소를 올려 나라를 팔아먹은 적신들의 죄를 엄히 다스리고 조약을 철폐할 것을 주장했다. 또한 임금 앞에 나아가 "폐하의 앞자리가 곧 제가 죽을 자리이니 주청을 받아들이지 아니하면 물러가지 않겠습니다" 하고 자신의 뜻을 피력하기도 했다. 그러나 그는 결국 1905년 유소遺疏를 쓰고 자제, 문생, 전국 유림에게 고하는 유서를 만든 다음 약을 마시고 자결하였다. 이처럼 송병선은 일제의 침략으로 나라를 잃게 된 위기에도 굳건히 절의를 지키다 순절한 우국지사였다.

일사대는 송병선이 아름다운 경치에 반해 은거하며 서벽정이라는 정자를 짓고 후진을 양성하던 곳이다. 무주를 중심으로 한 이 고장 선비들은 대나무와 같은 기개로 절의를 지키고 순국한 송병선을 동방에 하나밖에 없는 선비, 즉 '동방일사東方一士'라고 일컬었다. 일사대라는 명칭은 '동방일사'에서 유래된 것으로 푸른 바위의 깨끗하고 의연한 모습이 마치 송병선의 기품과 같다

◀ 계담
일사대 부근의 암반을 넘어온 계류가 소를 만들고 그 아래로는 커다란 계담을 형성하고 있다. 물은 연녹색에서 파랑색까지 다양한 색채를 띠고 있다. 문화재연구소 제공.

◀ 서벽정
구천동 무계구곡의 중심인 일사대 부근에 위치하고 있다. 연재 송병선이 학문을 가르치던 강학의 장소였다.

고 하여 붙여진 이름이다.

송병선은 구천동의 아름다움에 취해 계곡의 명소 아홉 곳을 선정해 무계구곡이라 불렀다. 무계구곡은 구천동 33경 중 계곡의 아랫부분에 위치하고 있는 경승에 설정한 연계 경관으로 일사대는 제4곡에 해당한다. 일사대로 진입하는 곳에 위치한 바위에는 '무이동武夷洞'이라는 글자가 새겨져 있다. 신선이 사는 무이의 동천이란 의미로 성리학을 중시한 송병선이 주자를 흠모하여 주자가 귀거래한 후 은일생활을 했던 곳의 지명을 그대로 가져온 것이다.

무계구곡의 중심에 위치한 서벽정은 주자가 경영한 제5곡 무이정사에 해당한다. 송병선은 이곳에서 후진 양성뿐만 아니라 일제의 침략과 이에 동조하는 무리, 당시의 어지러운 세태를 비판하고 분개했으며 영호남의 선비들과 시국을 논하기도 했다. 맑은 물이 흐르는 계류 가장자리에 위치한 바위에는 "인간사를 영원히 버리고 나의 도를 창주에 붙인다 永棄人間事 吾道付滄洲"는 송병선의 선대 할아버지 우암 송시열의 글이 각자되어 있다.

명승 제56호

구천동 물돌이 명소, 파회와 수심대

▶ 파회
오색의 가을 단풍으로 곱게 물든 파회의 모습이다. 문화재연구소 제공.

하천 지형 중에 물돌이가 있다. 전문용어로는 감입곡류嵌入曲流, 또는 감입사행嵌入蛇行이라고 한다. 마치 긴 뱀이 몸을 한껏 똬리를 틀어 커다랗게 S자형을 그리며 나아가듯 하천이 산자락을 감고 휘돌아 흘러가는 지형을 의미한다. 우리나라에는 물돌이가 많다. 예천의 회룡포, 안동의 하회마을, 영주의 무섬마을, 상주의 경천대, 영월의 어라연과 같은 하천이 모두 물돌이다. 이러한 지형은 하천이 곡류하면서 부드러운 곡선을 그리는데 주변의 지세가 침식으로 절벽과 같은 수직적 요소를 강하게 형성하기 때문에 대부분 매우 빼어난 경관을 형성한다.

무주구천동의 파회巴洄 역시 물돌이다. 덕유산에서 발원하여 흘러가는 원당천은 굴곡이 매우 심해 사행하는 곳이 많다. 특히 파회와 수심대가 위치한 지역은 물길이 둥글게 원을 이루며 산지형을 급하게 감돌아 나가는 곳이기 때문에 아름다운 경승지를 이루고 있다. 파회는 나제통문에서 상류로 11km 정도 올라간 지점에 위치하고 있는 구천동 3대 명소 중 하나다. 물이 돌아 나가는 곳이라 하여 수회水回라 부르기도 한다. 고요한 소沼에 잠겼던 맑은 물이 급류를 타고 쏟아지며 물보라를 일으키고, 기암에 부딪혀 제자리를 맴돌다 기암 사이로 흘러가는 모습은 계류 경관의 백미라 할 수 있다.

파회 가장자리에 있는 바위틈에는 흙이 거의 없음에도 불구하고 소나무가 분재처럼 자라고 있다. 천년송이라 불리는 이 소나무는 신라시대 일지대사가 바위틈에 꽂아놓은 가지가 자라 천년을 이어왔다는 전설이 깃들어 있다. 높이가 1m 남짓하고 줄기도 그렇게 굵지 않아 오랜 세월을 살아왔다는 것이 믿기지 않지만 전국의 많은 노거수들의 수령도 사실 명확하지 않고 실제보다 부풀려진 경우가 많다. 특히 천연기념물로 지정된 고목나무들의 경우 믿기 어려울 정도로 수령이 많은데 나무를 잘라 보기 전까지는 나이를 정확히 알 수 없다. 그래서 수목 전문가들은 고목나무의 생물학적 나이와 전설에 의한 나이 두 가지를 모두 가지고 있다고 한다. 어찌 되었든 간에 천년송은 파회의 중요

▶ **천년송**
파회 가장자리에 위치한 바위에는 마치 분재와 같은 소나무가 바위틈에서 자라고 있다.

한 경관 요소이며 그 전설이 파회의 장소성을 더해주고 있다.

파회에서 이어지는 계곡의 상류에는 수심대水心臺가 있다. 수심대는 구천동의 제12경으로 파회로부터 약 600m 상류에 있다. 수심대는 일지대사가 이곳에 흐르는 맑은 물에 비친 그림자를 보고 도를 깨우쳤다는 것에서 유래된 이름이다. 이곳은 기암괴석이 절벽을 이루고 병풍처럼 두른 모습이 금강산을 연상시킨다 하여 소금강 또는 금강봉이라고 부를 만큼 경관이 빼어나다. 수심대는 이름대로 맑은 계류가 찾는 이의 마음을 씻어주는 듯한 청량한 경승이다.

파회나 수심대 같은 감입곡류 하천은 산지가 많은 우리나라의 특성상 산하에 많이 존재한다. 평야지대를 자연스럽게 곡류하던 하천의 지반이 지각변동에 의해 융기된 후 오랫동안 침식이 지속되어 형성된 하천 지형이다. 시간이 흐르면서 침식이 지속될수록 점점 더 깊은 협곡을 만들어 결국 하천은 급하게 굽이

▼ 물돌이
원당천이 U자형으로 감돌아 나가는 만곡부에 파회가 위치하고 있다. 감입곡류 하천의 모습을 잘 보여준다.

쳐 흐르게 되는 것이다. 따라서 감입곡류 하천은 유로의 길이가 매우 길어지는 특징을 지닌다.

덕유산 주변의 계곡에는 이처럼 물줄기가 사행하는 감입곡류 하천이 많다. 소백산맥의 중심부에 우뚝 솟아 있는 덕유산은 높이가 1,614m에 이른다. 남서쪽에 있는 1,507m의 중봉中峰(남덕유산)과 쌍봉을 이루며 두 봉을 연결하는 분수령은 전라북도와 경상남도의 경계를 형성하고 있다. 덕유산에서 발원하는 하천은 세 곳이다. 서쪽사면으로 흐르는 구리향천은 금강의 지류로 칠연폭포, 용추폭포와 같은 경승을 지나며 안성분지로 흘러든다. 또한 남동사면에 형성된 하천은 거창 땅으로 흐르는 위천의 상류로 황강을 경유하여 낙동강으로 흘러간다. 또한 북동사면

▲ 수심대
하천의 오랜 침식작용으로 형성된 깎아지른 듯한 수심대의 석벽과 계곡, 주변의 수림이 서로 어우러져 비경을 연출하고 있다. 문화재연구소 제공.

은 금강의 한 지류인 원당천이 심하게 감입곡류하면서 수많은 계곡과 폭포를 만들어 이른바 무주구천동의 절경을 이루며 흘러간다.

파회와 수심대는 원당천이 사행하는 과정에서 침식작용이 강하게 나타난 곳이다. 원당천계곡은 석영안산암 지대에 발달한 지형으로 잘리고 깎이고 마모되어 이루어진 암석들이 구천동의 절경을 형성하고 있다. 파회 부근에는 연하고 짙은 회색의 빛깔을 띠는 변성암 계통의 암석이 기반암을 이루고 있는데 계곡을 따라 흐르는 맑은 물과 어우러져 청정한 경관을 연출한다.

파회는 구천동 33경 중에서 제11경이다. 연재 송병선이 이름 지은 명소로 구천동 무계구곡의 제9곡에 해당한다. 계곡의 바위에는 '파회'라고 쓴 각자가 있다. 파회와 수심대가 위치한 계곡의 동쪽으로는 수직암벽을 비롯하여 가파른 산 지형에 소나무가 주를 이루는 산림이 잘 형성되어 있다. 반대편의 산에는 느티나무, 갈참나무, 물푸레나무와 같은 낙엽이 지는 활엽수림이 발달해 있다. 이러한 산림은 기암괴석으로 이루어진 구절양장 계곡과 잘 어울려 계절마다 다양하고 신비로운 비경을 뽐낸다.

파회, 수심대를 비롯한 아름다운 경승지가 곳곳에 자리하고 있는 무주구천동은 계곡이 깊어 한여름에도 아주 시원하다. 맑고 깨끗한 물, 티 없이 순수하고 자연스러운 수림과 바위, 소슬하고 청량한 공기 등 천연 그대로의 모습을 간직해오고 있다. 이러한 천연 지역이 지니고 있는 가치로 인해 덕유산 일대는 1975년 국립공원으로 지정되었다.

최근 덕유산 주변에는 리조트와 같은 종합 휴양 시설을 비롯한 여러 시설들이 들어섰다. 또한 대전에서 통영을 연결하는 고속도로가 개설된 후 구천동으로의 접근이 용이해져 많은 사람들이 찾아오고 있는 상황이다. 그래서 자연스럽게 무주구천동의 계곡은 심산유곡으로서의 정취가 사라져가고 있다. 아름다운 자연, 특히 국가지정 명승은 당연히 국민이 쉽게 접근하여 즐기는 대상이다. 그러나 더 중요한 것은 명승이 지니고 있는 본래의 모습과 가치를 유지하는 것이다. 심산유곡에 위치한 파회, 수심대와 같은 명승은 이용과 보존이라는 상반된 가치를 조화롭게 공존시킬 때 더욱 이름 높은 경승지가 될 것이다.

명승 제30호

죽죽이 개척한 대재, 죽령 옛길

▶ 죽령 옛길
죽령을 지나는 차도가 별도의 노선으로 개설된 후 옛길은 예전 모습 그대로 남아 있다. 영주시 제공.

신라의 8대 임금 아달라이사금 阿達羅尼師今은 영토확장을 위해 소백산맥 너머 북쪽으로 진출할 수 있는 길을 만들라고 죽죽에게 명령한다. 왕명을 받은 죽죽은 소백산 서쪽의 계곡을 따라 산맥 능선의 안부를 넘는 고갯길을 개척했다. 바로 죽령 옛길이다.

죽령 옛길은 경상북도 영주시 풍기읍과 충청북도 단양군 대강면의 경계에 있는 고갯길이다. 큰 고개라는 의미로 대재라 부르기도 하는 도솔봉(1,314m)과 연화봉(1,394m) 사이의 가장 낮은 산허리를 넘어가는 길이다. 《삼국사기》에 "아달라왕 5년(158)에 죽령길이 열렸다"는 기록이 있고, 《동국여지승람》에는 "아달라왕 5년에 죽죽이 죽령 길을 개척하다 지쳐서 순사했다"고 전해진다. 죽령 옛길은 충주에서 문경으로 넘어가는 고갯길인 하늘재보다 2년 늦게 개척된 것으로 알려져 있다.

백두대간은 강원도 동쪽 해안을 따라 흐르다가 태백산을 지나 내륙으로 향하면서 영남과 호서, 호남을 가르는 큰 산줄기다. 이러한 지형적인 조건 때문에 예로부터 대간의 산줄기를 중심으로 마주하고 있는 양쪽 지방 사람들은 큰 산을 넘어야만 비로소 교류할 수 있었다. 죽령 옛길은 영남과 호서 지방을 연결하는 고갯길 중에서 가장 동쪽에 있는 옛길로 고갯마루가 689m에 이른다. 따라서 개척 또한 쉽지 않았을 것으로 생각된다.

▼ **과거길**
고려와 조선의 선비들이 과거를 보러 죽령 옛길을 넘어가는 모습을 재현하고 있다. 영주시 제공.

▶ **다양한 교통로**
죽령에는 옛길, 철로, 신작로, 고속도로 등 매우 다양한 도로가 있다. 이곳이 교통의 요지라는 사실을 알 수 있다.

　죽령은 삼국시대에 고구려와 신라의 국경이었던 지역으로 분쟁이 매우 심했다. 그래서 이 고갯길 역시 군사적인 목적으로 처음 열린 것으로 보인다.《삼국사기》에는 551년 신라 진흥왕이 백제와 연합하여 죽령 이북에 있는 열 개 고을을 탈취했다는 것과, 590년 고구려 영양왕 때 명장 온달溫達이 자청하여 군사를 이끌고 나가면서 "죽령 이북의 잃은 땅을 회복하지 못하면 돌아오지 않겠다"고 다짐했다는 기록이 남아 있다. 이를 통해 죽령 지역이 그 당시 군사적으로 대단히 중요한 요충지였음을 알 수 있다.

　죽령은 한강과 낙동강 수계의 분수령이다. 동쪽사면은 낙동강 수계의 하나인 내성천 유역으로 내성천의 지류인 서천의 상류로 통하고, 서쪽사면은 남한강의 지류인 죽령천의 상류로 이어진다. 경상도에 해당하는 동쪽사면은 침식에 의해 경사가 급하고 굴곡이 심하다. 이러한 지형 때문에 죽령 옛길은 매우 아름다운 경관을 형성하고 있다.

　20세기 초 차도가 개설되기 전까지 죽령 옛길은 매우 중요한 교통로였다. 경상도 동북 지방에서 서울을 왕래할 때는 모두 이 길을 이용했다. 청운의 뜻을 품고 과거길에 올랐던 젊은 선비, 온갖 물산을 나르던 보부상들이 해마다 사시장철 넘나들던 길이었다. 그래서 자연히 이곳에는 길손들의 숙식을 위한 객점과 마방들이 길목을 차지하게 되었고 죽죽의 제사를 지내던 사당도 있었다고 한다. 또한 국방상으로 매우 중요한 고갯길인 죽령은 삼국시대 이래로 봄과 가을에 제사를 지내왔는데 조선시대에는 죽령사竹嶺祠라는 사당이 있었다.

우리나라의 근대화 과정에서 내륙을 종단하는 중요한 길들은 모두 죽령을 지나게 되었다. 가장 먼저 차도가 개설되었는데 차량이 다닐 수 있는 최소한의 경사를 유지하기 위해 등고선을 따라 굴곡이 심한 형태로 만들어졌다. 1941년에는 죽령을 통과하는 중앙선 철도가 개통되었다. 죽령 구간은 지하로 4,500m나 되는 긴 터널을 뚫어 통과하고 터널의 동쪽에는 희방사역, 서쪽에는 죽령역이 개설되었다. 이 철도는 경사가 심한 고개를 통과하는 바람에 원형의 '또아리굴(금대2터널)'을 파서 360도 회전하

며 내려간다. 이와 같은 두 개의 큰 터널 외에도 죽령의 양쪽 경사면을 통과하는 중앙선 철로는 많은 굴을 지나간다. 또한 20세기 말에는 중앙고속도로가 만들어졌는데 이 역시 죽령 구간을 터널로 통과하고 있다. 이처럼 여러 가지 교통수단이 지나는 죽령은 우리나라 내륙의 중앙부를 종단하는 중요한 길이다.

차도의 등장으로 죽령 옛길은 폐쇄되었다. 그러나 경사가 심한 구간이었기 때문에 새로운 길이 별도의 노선으로 개설되면서 옛 모습을 보존할 수 있었다. 이러한 옛길의 문화 경관적 가치가 새롭게 부각되면서 문화재청에서는 죽령 옛길을 비롯한 다수의 옛길을 명승으로 지정했다.

옛길에 특별한 의미를 부여하고 이를 잘 활용한 사례는 여러 나라에서 볼 수 있다. 미국의 경우 19세기에 주로 이용되었던 중앙부에서 서부에 이르는 산타페 마차길 Santa Fe Trail이 유명하다. 1880년 철도가 놓이기 전까지 사용된 길로 옛 교통수단의 감흥을 불러일으키고 있다. 일본에는 옛길을 복원하고 단절 구간을 연결하여 만든 자연보도가 있다. '도카이 자연보도'는 총연장이 1,697km에 달한다. 우리나라에서도 1980년대 초 '조국순례 자연보도'라는 명칭으로 옛길을 찾아 단장하는 사업을 일시적으로 시행한 적이 있다. 죽령 옛길도 이 사업의 일환이었는데 당시 옛길을 정비하고 안내판, 편익 시설 등을 조성했으나 지속적인 유지관리가 따르지 않고 활용 프로그램이 제대로 마련되지 않는 등의 문제로 결국 실패하고 말았다. 그야말로 일회성 전시행정의 표본과도 같은 사업이었다.

죽령 옛길의 명승지정은 옛길이 지니고 있는 역사·문화적 가

▶ **장승군**
죽령 옛길 고갯마루에 위치한 장승군으로 우리 전통문화를 잘 표현해주고 있는 노변 점경물이다.

치를 국가에서 인정한 것으로 옛길의 품격을 문화재, 국가유산으로 격상시킨 것을 의미한다. 국민의 문화의식이 매우 높아져 있는 현시점에서 볼 때 옛길은 선조들의 발자취와 숨결을 고스란히 느낄 수 있도록 보존과 활용이 필요하다. 옛길 주변에 있는 자연 경승은 물론 다양한 문화 경관과도 유기적으로 결합하여 이용할 수 있는 프로그램이 만들어져야 한다. 특히 주변에 직접적으로 관련되어 있는 희방사역, 죽령역, 죽령폭포, 도솔봉, 연화봉 등과 효율적으로 연계하여 계획을 마련하는 것이 문화재 활용의 측면에서 매우 중요할 것이다.

명승 제36호

백사실계곡의 원림 유적, 백석동천

한양도성의 북문인 숙정문肅靖門을 지나 북악산 산마루를 넘으면 백사실계곡에 다다른다. 이곳에는 연못터, 주초석만 남은 건물터 등 고정원의 흔적이 남아 있는데, 주인이 누구였는지조차 알 수 없는 원림 유적이다. 노무현 대통령이 탄핵정국을 맞았을 때 소일차 들러 관심을 보이기도 했던 곳으로 문화재 지정명칭으로는 '서울 부암동 백석동천'이다.

'백석동천'은 백사실계곡에 자리하고 있는데 인근 주민들에 의하면 '백사실'은 백사白沙 이항복李恒福(1556~1618)과 관련된 지명이라고 한다. 백사실 정원 유적은 백사의 별장지 혹은 그가 어린 시절 공부하던 곳으로 전해진다. 백사실의 지명이 이항복의 호와 유사한 것에서 유래된 것으로 생각된다. 물론 다른 주장도 있다. 이곳은 일제시대 지도에 백석동이라고 기록되어 있는데 계곡의 상부에 위치한 바위에 '백석동천白石洞天'이라고 암각된 글자가 있어 처음에는 '백석실'이라 부르다가 '백사실'로 바뀌었다고 한다.

백석동천은 백사실 원림 유적을 포함한 계곡 일대의 지역을 지칭한다. 신선의 경역을 일컫는 동천은 조선시대 한양의 도성 안팎의 경승지에까지 명명되었다. 청운동의 도화동천, 가회동의 청린동천, 인왕산 자락의 청계동천, 부암동의 백석동천, 성

▼ 백사실계곡
북악산의 산마루를 넘어 북사면으로 흘러내린 능선이 아래위로 갈라져 그 사이에 깊고 안온한 계곡이 형성되었다.

북동의 쌍류동천 등이 바로 그것이다. 서울의 도시화로 도화동천, 청린동천, 청계동천 등은 옛 모습을 알 수 없게 되었지만 쌍류동천은 성락원이 보존되면서 경내에 해당하는 동천 지역이 남아 있는 상황이다. 그러나 백석동천은 청와대 뒷산인 백악산 후면에 있기 때문에 각종 규제를 받아 오히려 자연 상태로 경역이 유지되었다. 건물터와 연못 유구가 위치한 동천의 중심에서 보면 사방이 계곡과 자연만 조망되어 서울에 있는 동천 중에서는 그 모습을 가장 잘 간직하고 있는 곳이라 할 수 있다.

　백석동천으로 들어가려면 본래 세검정 방향의 하천을 건너 암반을 타고 물줄기가 흘러내리는 동령폭포를 거슬러 올라가야 한다. 이곳을 통해야만 신선의 경역으로 들어가는 느낌과 그 의미를 제대로 맛볼 수 있다. 지금은 북악스카이웨이 방향에서 거

보고 생각하고 느끼는 우리 명승기행

▲ **연못과 각자**
계곡물을 수원으로 한 원형의 연못이다. 높은 곳에 지어진 건물에서 문을 열면 한눈에 조망할 수 있도록 축조되었다. 아래 사진은 '백석동천' 각자다.

꾸로 내려오는 길이 있어 위쪽에서 동천으로 들어올 수 있는데 이것은 잘못된 진입로다. 물론 세검정 방향 역시 진입부의 아름다운 바위 근처에 분위기를 해치는 볼품없는 건물이 다수 지어져 있는 상황이다. 그래서 과거 수려했던 동령폭포 주변의 경관은 거의 알아볼 수 없게 되었다.

동천의 초입에 위치한 동령폭포의 너럭바위를 지나 계류를 따라 올라가면 좌측에 자리한 고정원 유적을 발견하게 된다. 이 유적은 남북 방향으로 구성되어 있으며 남측에 둥근 연못이 있고 연못의 남단에는 지금은 사라진 육각형 정자의 주초석만 남아 있다. 연못의 북쪽에는 주변보다 3.7m 정도 높게 단을 조성하여 이 위에 건물을 지었다. 사랑채와 안채로 구성된 한옥으로, 특히 사랑채에서 연못이 바로 아래로 보이도록 조망위치를 고려해 건축을 한 것으로 추정된다.

백석동천 내에는 동천을 상징하는 글자가 바위에 각자되어 있다. 건물지에서 계류를 건너 서측 계곡을 따라 오르면 볼 수 있는 커다란 바위의 수직면에 '백석동천'이라고 음각했다. 백석이라는 명칭은 흰 바위라는 뜻으로 중국의 명산인 백석산白石山과 관련이 있다는 설과 북악(백악)의 후면에 위치한 곳이기 때문에 백악에서 취한 이름이라는 주장이 있다.

고정원 유구의 맞은편 서쪽 산마루 근처 바위에도 월암月巖이라는 각자가 음각되어 있다. 월암의 위치는 건물터에서 정서쪽으로 매월 초승달이 뜨는 방향이다. '월출어서月出於西'라 하여 달이 서쪽에서 떠오른다고 했다. 사랑채에서 월암 방향으로 떠오르는 초승달을 감상하는 것은 매우 멋진 풍광이었을 것이다. 월

▶ **정원 유적**
연못과 건물이 서로 긴밀한 관계를 지니고 있으며, 규모로 보아 별장으로 지어진 것으로 추측된다. 사랑채의 앞부분과 마주 보이는 연못 남단에 위치한 정자의 주초석이 장주長柱로 되어 있어 두 건물의 위용을 짐작하게 한다.

암은 그런 의미로 새겨진 각자로 보지만 명확하지는 않다. 혹시 월암이라는 호를 가진 인물과 관련이 있는지 학자들이 추적을 해보았으나 특별히 밝혀진 사실은 없다.

백석동천은 서울에 남아 있는 고정원 관련 유산 중 주변의 현대적인 인공 시설과 격리되어 자연 경관이 잘 보존된 원림 유적이다. 또한 현재 상태와 지대의 조건으로 보아 전통정원의 모습을 가장 잘 보여주는 고정원으로의 복원이 가능한 대표적인 곳이다. 지금 유적의 원형을 규명하기 위한 발굴조사는 이미 진행되었고, 건물의 복원을 위한 사업을 시작하려는 상황이다. 그러나 단순히 건물과 정원 유구의 복원에만 치중하여 사업이 진행된다면 졸속을 면하지 못하는 결과만 가져올 것이다.

백석동천의 복원사업은 동천 전체를 대상으로 접근하여 본래의 경관을 살려내는 데 초점이 맞춰져야 한다. 진입부의 폭포 주위에 난립한 불량 건축물을 정리하여 아름다운 암반 경관을 회복하고, 계곡부의 석축을 전통적인 기법으로 복원하는 등 우리 고유의 동천 경관을 철저하게 복원하는 노력이 필요하다. 그래야만 국내외에 보여줄 수 있는 대표적인 전통정원으로 백석동천이 거듭날 수 있을 것이다.

백석동천의 원형을 찾아 복원하는 일은 언제든지 가능하다. 그러나 가장 중요한 것은 잃어버린 주인을 찾는 작업이다. 근래에 백석동천의 별서를 추사 김정희가 소유했었다는 발표가 있었지만 아직 학계에 공식적으로 인정되지 않고 있다. 또한 이 사실이 증명된다고 해도 이는 추사가 죽은 해인 1856년(철종 7) 이전에 해당하는 역사일 뿐이다. 이 별서정원이 언제 만들어진

것인지, 추사 이후에는 누가 소유했으며 어떤 과정을 거쳐 오늘에 이르고 있는지 전혀 모르는 일이다. 백석동천의 진정한 복원은 이러한 사실을 밝혀내는 연구부터 시작되어야 한다.

명승
제48호

희고 푸른 바위들의 향연, 옥순봉

▶ **옥순봉 원경**
만수위가 형성된 청풍호의 푸른 물, 옥순대교, 주변 산이 함께 어우러진 풍경이다. 제천시 제공.

옥순봉玉筍峯은 단양팔경 중 유일하게 단양에 소재하지 않은 곳으로 현재 제천시 수산면에 위치하고 있다. 조선시대부터 옥순봉은 청풍에 속했는데 행정구역의 개편으로 청풍이 제천에 속하게 되어 원래부터 단양에 있었던 적이 없다. 그럼에도 불구하고 옥순봉은 분명히 단양팔경의 하나다.

그 옛날 한양에서 단양팔경을 유람하러 가면 제일 먼저 만나게 되는 경승이 옥순봉이었다. 한양에서 단양으로 가는 길은 육로와 수로 두 가지가 있었는데 수로의 속도가 훨씬 빨랐기 때문에 뱃길이 더 많이 이용되었다. 따라서 남한강 물길을 따라 충주에서 단양 방향으로 올라가면 청풍을 지나게 되고 청풍에서 단양으로 진입하는 경계에 바로 옥순봉이 위치하고 있다.

옥순봉이 단양팔경에 속하게 된 것은 조선 명종 때 이황에 의해서였다. 당시 단양군수였던 그는 단양팔경을 정하면서 상선암, 중선암, 하선암, 도담삼봉, 석문, 사인암, 구담봉 등 일곱 개의 경승지에 옥순봉을 꼭 포함시켜야 단양팔경이 제대로 구성된다고 생각했다. 이황은 옥순봉을 단양에 속하게 해달라고 청풍부사에게 청했지만 이를 거부당했다. 그래서 대신 옥순봉 석벽에 '단구동문丹丘洞門'이라 새기고 이곳을 단양의 관문으로 정했다고 한다. 후일 청풍부사가 옥순봉을 찾아가 각자를 보게 되

었는데 글씨가 힘차고 살아 있어 누구의 것인지 물었다. 곧 이황의 글씨라는 이야기를 듣고 감탄한 그는 옥순봉을 단양에 주었다고 한다. 그러나 실제로 옥순봉이 단양에 속했던 기록이나 역사는 없다.

　장회나루에서 배를 타고 구담봉을 지나 청풍 방향으로 내려가면 희고 푸른 바위들이 하늘을 향해 우뚝 솟아오른 신비한 총석叢石을 만나게 된다. 돌기둥처럼 생긴 석봉들은 비가 갠 후 옥과 같이 푸르고 흰 대나무 순이 돋아난 듯하다 해서 옥순봉이라는 이름이 붙여졌다고 한다. 이황은 옥순봉을 중국의 소상팔경보다 더 빼어난 경승이라고 극찬하면서 〈단양산수기丹陽山水記〉에 이렇게 서술했다.

▶ 〈옥순봉도〉
단원 김홍도가 단양의 산수를 둘러보고 그린 것으로 《병진년화첩》에 수록되어 있으며 현재는 호암미술관에 소장되어 있다.

 구담봉에서 여울을 따라 남쪽 언덕으로 가다 보면 절벽 아래에 이른다. 그 위에 여러 봉우리가 깎은 듯 서 있는데 천 길이나 되는 죽순과도 같은 바위가 높이 솟아 하늘을 버티고 있다. 그 빛은 푸르고 혹은 희며 등나무 같은 고목이 아득하게 침침하여 우러러볼 수는 있어도 만질 수는 없다. 이 바위를 옥순봉이라 한 것은 그 모양에서 연유한 것이다.

 해발 283m의 옥순봉은 높은 산봉우리는 아니지만 청풍호와 어우러져 아름다운 풍광을 연출한다. 옥순봉이 수직으로 된 절벽을 형성하게 된 것은 수직절리가 발달한 화강암에 하천의 침식작용이 지속되어 깎아지른 단애가 만들어졌기 때문이다. 우리나라 화강암 지대에서 많이 나타나는 모습으로 옥순봉의 자태가 그토록 아름다운 이유라 할 수 있다. 금강산이나 설악산 같은 명산의 기암괴석도 대부분 화강암으로 구성되어 있다.

옥순봉은 소금강이라는 별칭으로 불릴 정도로 빼어난 비경을 자랑한다. 청풍호를 가로질러 놓인 옥순대교에서 구담봉 방향으로 올라가면 병풍을 접은 것과 같은 형상을 하고 있으며, 반대로 하류로 내려오면 병풍을 편 것 같은 모습을 하고 있다. 그래서 조선 명종조의 황준량은 일엽편주가 옥순봉을 지나는 모습을 보고 "조각배에 탄 사람이 병풍 속으로 들어간다"고 묘사하기도 했다.

퇴계 이황에 의해 단양팔경이 명명되고 200여 년이 훨씬 더 지난 후, 정조로부터 연풍현감에 제수되었던 단원 김홍도는 단양의 아름다운 산수를 그리기 위해 청풍의 남한강가를 거닐고 있었다. 그는 단양의 관문에 있는 옥순봉을 수없이 바라보았다. 그리고 실제 모습을 그대로 묘사하는 실경산수의 화법으로 옥순봉을 그려 1796년에 제작된 《병진년화첩》에 〈옥순봉도〉를 남긴다. 이 그림은 마치 금강의 암봉과 같은 봉우리들이 수직으로 하늘을 떠받치듯 구성되어 있다. 그밖에 엄치욱, 이운영 등의 화가들도 신비스러운 옥순봉의 모습을 그림으로 그려 오늘에 전하고 있다.

옥순봉의 기이한 모습은 매우 인상적이어서 조선시대 여러 문헌에도 자주 등장한다. 《동국여지승람》에는 연산군 때 문신 김일손金馹孫이 이곳을 탐승하면서 협곡의 절경을 극찬했다고 기록되어 있다. 또한 단양 일대의 경승지를 소개하고 있는 자료에

보고 생각하고 느끼는 우리 명승기행

◀ 옥순봉
대나무의 죽순이 땅에서 힘차게 올라온 것과 같은 모습을 하고 있다고 해서 붙여진 이름으로 마디가 있는 바위가 하늘을 향해 솟아 있다.

는 "기묘한 산봉우리들이 조화를 이루어 금강을 방불케 하고 산봉우리가 이어진 산형이 절묘할 뿐만 아니라 기복과 굴곡이 자유분방하여 자연 그대로의 아름다움을 간직하고 있는 곳이다"라고 소개하고 있다. 이중환의 《택리지》에도 "옥순봉은 수많은 봉우리가 온전히 돌로 되어 우뚝 솟아 있어서 마치 거인이 손을 잡고 있는 것 같다"며 이곳의 뛰어난 경치를 기술하고 있다. 이러한 수많은 자료를 통해 옥순봉이 이 지역의 대표적인 경관 요소라는 사실을 알 수 있다.

충주댐이 건설되기 전 옥순봉 아래에는 백사장이 펼쳐져 있어 더욱 아름다운 절경이었을 것으로 짐작된다. 그러나 충주호의 건설로 옥순봉과 구담봉의 아랫부분이 물에 잠기게 되어 옛 모습이 다소 변했고 강 위에서 바라보는 조망도 댐을 막기 전보다는 약간 높아진 상황이다. 반면에 호수의 수면이 넓어져 수직으로 선 봉우리와 조화를 잘 이루게 되었고, 수운도 용이해져 배를 타고 옥순봉을 감상하기가 좋아진 것은 다행스러운 일이라 하겠다.

희고 푸른 바위가 모여 향연을 펼치고 있는 옥순봉의 모습은 분명히 달라졌다. 그러나 물에 잠기지 않았던 그 옛날의 모습뿐만 아니라 지금의 옥순봉도 빼어난 풍광을 보여주고 있다. 새로운 모습으로 단장하고 호수의 너른 수면에 그림자를 드리우는 옥순봉의 자태는 또 다른 아름다움을 자아내는 청풍호반의 명승이다.

백두대간을 넘는 최초의 고갯길, 하늘재

천년사직 신라가 멸망했다. 마지막 임금이었던 경순왕의 아들 마의태자는 그의 누이 덕주공주와 함께 서라벌을 떠나 북쪽으로 향했다. 하늘재를 넘고 미륵리에 당도한 마의태자는 그곳에 미륵입상을 세우고, 덕주공주는 월악산에 덕주사를 건립한 후 오랜 세월을 기도하며 신라의 부흥을 기다렸다. 그러나 끝내 그들의 내세는 오지 않았다. 망국의 한을 품고 하늘재를 넘었던 마의태자는 결국 금강산을 향해 떠났다.

하늘재는 백두대간을 넘는 최초의 고갯길이다.《삼국사기》에 의하면 신라시대 초인 156년 아달라이사금왕의 북진을 위해 하늘재를 개척했으며, 죽령 옛길보다 2년 앞서 열린 것으로 기록되어 있다. 이곳은 충청도 충주와 경상도 문경 사이의 고갯길 중 가장 낮다. 하늘재라는 명칭은 하늘에 닿을 듯이 높은 고개라 하여 붙여진 것이지만, 실제로는 고갯마루의 높이가 해발 525m로 그다지 높지 않다.

하늘재는 당시 한반도의 남북을 연결하는 매우 중요한 교통로였다. 삼국이 서로 대치하고 있는 접경 지역에 위치하여 군사상으로 볼 때 상대방을 공격하기 위해 지날 수밖에 없는 곳이었다. 고개를 점령한 국가가 전투에서 단연 유리한 고지를 점할 수 있기 때문에 하늘재는 국토방위와 영토확장에 있어 대단히 중요한 요충지였다. 삼국 모두 영토를 확장하기 위해 북진·남진정책을 추진했는데 하늘재는 이러한 정책을 수행하기 위한 길목이었으므로 전투가 매우 심했던 격전지였다.

이 고개는 문명의 길이기도 했다. 삼국시대 한반도에 도입된 종교이자 새로운 문명의 원동력이 된 불교가 신라로 전해지는 과정에서 하늘재가 큰 역할을 담당했다. 한마디로 불교문화의 전래길이라 할 수 있다. 그리고 오랫동안 영남과 충청 이북 지방에서 생산된 많은 물산의 교역이 이루어진 남북무역의 중심지기도 했다.

고려 말 왜구가 창궐하면서 강물을 따라 통행이 이루어지는 조운漕運이 점점 약화되고, 도로를 중심으로 하는 육운陸運이 성행하면서 하늘재의 가치가 차츰 상실되기 시작했다. 조선 태종 때 지금의 새재鳥嶺인 초점이 크게 개척되었기 때문이다. 하늘재에서 멀지 않은 위치에 개설된 새재가 새로운 고갯길로 각광을 받으면서 하늘재의 이용은 점점 줄어들었다. 임진왜란 이후에는 본격적으로 새재가 중요한 구실을 했으며 관방 시설을 설치하고 난 뒤에는 인근의 다른 통행로를 폐쇄하기에 이르렀다. 이때 하늘재 옛길도 폐쇄되어 행인의 왕래가 끊긴 지 오래되었다.

하늘재는 음을 그대로 바꿔 한자로 천치天峙라 표기하기도 하고 하니재, 하닛재 등으로 발음을 달리하여 부르기도 했다. 높은 고개라는 뜻에서 한치라고도 했다. 또한 신라시대에는 계립령이나 마목현, 고려시대에는 계립령 북쪽에 대원사가 창건되면서 절의 이름에서 따 대원령이라 불렀다. 이후 조선시대로 들어서면서 고개 부근에 한훤령산성이 있어 한훤령이라고도 불렀

▲ 하늘재
백두대간을 넘는 최초의
고갯길로 정감이 넘치는
자연스러운 매력이 있다.

보고 생각하고 느끼는 우리 명승기행

는데 시간이 지나면서 발음이 약화되어 한원령으로 변했다. 2,000년 가까운 역사를 지닌 하늘재는 정말로 다양한 이름을 가진 고갯길이다.

백두대간의 중간쯤에는 북쪽으로 포암산(962m), 남쪽으로 부봉(935m)과 월항삼봉(851m)이 자리하고 있다. 남북의 산을 연결하는 산줄기 사이에 말안장처럼 움푹 들어간 곳이 바로 하늘재의 정상이다. 하늘재는 동달천과 산북천의 분수령을 이루고 있는데 빗방울이 떨어지면 어느 사면으로 흐르느냐에 따라 도달하는 바다가 완전히 달라진다. 서쪽으로 가면 동달천의 지류로 흘러가게 되는데, 수안보면 미륵리를 거쳐 제천시 한수면 송계계곡으로 이어져 한강을 지나 서해로 향한다. 반대로 이 빗방울이 동쪽으로 흐르면 산북천의 지류로 흘러가게 된다. 산북천은 동쪽으로 흘러 낙동강을 지나 남해에 이른다. 곧 하늘재는 국토의 반대 방향으로 흘러가는 한강과 낙동강의 분수령인 것이다.

계립령 고갯길 중 경상도에 해당하는 문경시 구간은 19세기 초 신작로가 만들어지면서 노면이 콘크리트로 포장되어 옛길의 전통적인 모습이 크게 훼손되었다. 그러나 미륵리 절터에서 문경으로 넘어가는 고개인 하늘재는 지금도 충청북도 충주시 구간이 옛 모습 그대로 남아 있다. 포암산과 주흘산 부봉 사이에 발달한 큰 계곡을 따라 1.5km에 이르는 옛길은 자연 본래의 상태를 유지하고 있으며 주변의 약 40만㎡에 이르는 자연 지역이 명승으로 지정되어 있다. 옛길을 따라 흐르는 계곡과 주변에 펼쳐지는 월악산의 아름다운 경관이 하늘재의 역사적 의미와 어우러져 소슬하고 청아한 정취를 자아낸다. 또한 하늘재 주변의

▲ 중원미륵리사지
하늘재와 연결되는 문화유산이다. 석굴암을 모방하여 만든 석굴사원으로 출토된 유물과 지명을 통해 본래 이름이 미륵대원彌勒大院으로 추정된다.

산림은 매우 양호하여 월악산의 다양한 식생환경을 체험하는 탐방로 역할도 하고 있다.

하늘재 부근에는 다양한 문화재가 많다. 포암산 방향에 있는 한훤령산성은 480m에 이르는 석성으로 만들어진 시기는 정확히 알 수 없다. 다만 성벽 주위에서 신라계의 연질 토기와 경질 토기가 발견된 것으로 보아 신라에서 축조한 성으로 보고 있다. 또한 중원미륵리사지(사적 제317호), 중원미륵리오층석탑(보물 제95호), 중원미륵리석불입상(보물 제96호) 등 국가지정문화재와 다수의 지방문화재가 있어 풍부한 문화 경관 요소를 자랑한다. 그중 하늘재 서쪽에 있는 중원미륵리사지는 고려 초기에 조성된 약 8만m²에 이르는 대규모 사찰터로 곳곳에 흩어져 있는 문화재가 당시 사찰의 위용을 짐작하게 한다.

　백두대간을 넘는 최초의 고갯길인 하늘재를 넘는 것은 매우 의미 있는 일이다. 이곳에서 일어났던 수많은 전쟁과 고대 한반도의 주인이 되고자 했던 고구려, 신라, 백제가 영토확장을 위해 치열하게 다투었던 기상을 생각하고, 불교의 전래를 통한 새로운 문화의 발전을 되새겨보는 것은 대단히 흥미로운 일이 아닐 수 없다. 잊혀진 수없이 많은 사건들을 간직하고 있는 역사의 수레바퀴를 굴려가며 옛길의 모습을 그대로 지닌 하늘재를 걸어보는 것은 생각만 해도 즐거운 일이다.

제 4 장

역사·문화 명소

명산名山과 대찰大刹은 서로 짝을 이루고 있는 말이다. 이름난 산은 산수가 빼어나고, 아름다운 산에는 이름 높은 큰 절이 있기 마련이다. 이러한 명산과 그 산속에 지어진 대찰은 명승이 아닐 수 없다. 우리 민족의 상징과 얼, 그리고 한이 서린 경승지 역시 의미 깊은 역사·문화 명소라 할 수 있다.

명승 제62호

법보사찰의 으뜸, 가야산 해인사 일원

부처의 지혜로 우주의 모든 만물을 깨닫고 통달하는 것을 해인 海印이라 한다. 부처님의 말씀, 즉 법을 관조觀照한다는 것은 바다가 만상萬象을 비추는 것과 같음을 비유하여 이르는 말이다. 온 세상이 진리의 물결로 가득한 곳, 부처의 가르침, 곧 석가여래의 말씀으로 넘쳐나는 바다, 해인의 세계가 바로 가야산 산록에 위치한 해인사다.

해인사는 삼보사찰三寶寺刹 중 하나다. 불교에는 세 가지 보물이 있는데 바로 부처佛와 부처의 가르침法, 그 가르침을 전하는 승려僧를 말한다. 이를 삼보라 하여 불보佛寶, 법보法寶, 승보僧寶라고 부른다. 우리나라의 많은 사찰 중에서 이러한 세 가지 보물의 으뜸 역할을 하는 사찰이 있다. 불보사찰로는 양산의 통도사通度寺, 승보사찰로는 순천의 송광사松廣寺, 법보사찰로는 합천의 해인사다. 법이란 부처님의 말씀, 즉 석가여래의 지혜를 의미하는데 해인사는 부처님의 말씀이 새겨진 '팔만대장경'을 보유하고 있는 불교경전의 성지이므로 법보사찰이라 함은 당연한 일이다.

해인사를 품고 있는 가야산은 남부 내륙의 명산이다. 예로부터 '조선팔경' 또는 '12대 명산'의 하나로 꼽혀왔다. 백두대간이 내륙으로 뻗어 내려 덕유산에서 분지되는데, 대간의 본줄기는

보고 생각하고 느끼는 우리 명승기행

▼ **해인사**
남산제일봉 방향에서 본 가야산의 너른 품속에 자리한 해인사의 전경이다. 이광춘 명예교수 제공.

남쪽의 지리산으로 향하고 여기서 동으로 흐르는 산줄기가 솟구쳐 오른 곳이 바로 가야산이다. 해발 1,430m에 이르는 가야산은 경상남도 합천군과 경상북도 성주군을 가르는 위치에 있다. 가야산의 동쪽에는 낙동강, 남쪽에는 황강이 흐르고 정상에서 서쪽으로는 덕유산, 남쪽으로는 멀리 지리산이 보인다. 가야산은 주봉인 상왕봉을 중심으로 두리봉(1,133m), 남산(1,113m), 단지봉(1,028m), 남산제일봉(1,010m), 매화산(954m) 등 1,000m 내외의 연봉과 능선이 둘러 있고, 그 한가운데에 해인사와 부속 암자들이 자리하고 있다.

▲ **홍류동계곡**
해인사로 진입하는 골짜기에 자리한 홍류동계곡으로 솔숲과 어우러진 농산정의 풍광이 아름답다.

　우리나라의 명산은 대부분 기암괴석으로 이루어진 경우가 많다. 이것은 화강암, 또는 화강편마암으로 이루어진 지질이 풍화되어 다양한 바위 경관을 연출하기 때문이다. 가야산도 산꼭대기를 비롯해 산기슭, 홍류동계곡 등은 모두 화강암 침식 지형이다. 이중환은 《택리지》에서 우리나라의 산을 돌산과 토산으로 구분하고 있다. 경상도 지방의 산은 대부분 토산인데 유독 가야산만은 돌산이다. 그는 이 책에서 화강암으로 이루어진 가야산 봉우리의 빼어난 모습과 기암괴석의 암반으로 형성된 계곡의 아름다움을 다음과 같이 예찬하고 있다.

> 경상도에는 석화성石火星이 없다. 오로지 합천의 가야산만이 뾰족한 돌이 잇달아서 마치 불꽃같으며 하늘로 솟아서 매우 높고 빼어나다. 골짜기 입구에는 홍류동과 무릉교가 있으며 나는 듯한 샘물과 반석이 수십 리에 뻗어 있다.

　가야산의 아름다운 풍광은 해인사로 진입하는 골짜기에서부터 시작된다. 가야면사무소를 지나 해인사로 오르는 계곡은 오랜 세월 동안 물에 깎여 기기묘묘한 암석 지형을 이루고 있다. 이 계곡이 신라시대 명유였던 고운孤雲 최치원崔致遠이 신선이 되어 하늘에 올랐다는 홍류동이다. 현재는 해인사로 향하는 신작로가 넓게 개설되어 그 옛날의 비경이 다소 훼손되었지만 지금도 홍류동계곡 곳곳의 경치는 대단히 아름답다.

　가야산은 여러 이름을 가지고 있다. 《동국여지승람》에 의하면 가야산은 그 형상이 소의 머리와 비슷하다고 해서 우두산牛頭山

이라 불렸으며 상왕산, 기달산, 중향산, 설산이라고도 불렸다. 가야산이라는 이름은 이 지역에 있던 고대국가 대가야국에서 비롯된 것이라 전해진다. 이 지역에서 가장 높고 국가의 기원에 관한 전설이 있는 산이기 때문에 '가야의 산'이라는 의미로 지어진 명칭이라는 것이다. 또 다른 주장도 있다. 인도의 불교성지이며 부처의 주요 설법처로 신성시되는 부다가야Buddhagaya 부근에 위치한 가야산에서 가져온 것이며, 또한 범어로 '가야'는 소를 뜻하는데 불교의 전래 이전에 우두산이라 불리던 산이 가야산으로 바뀌게 된 것이라고 한다.

가야산은 가야연맹의 정신적 지주 역할을 한 성산聖山이다. 산의 이름과 가야산신의 전설을 통해 볼 때 옛 가야 지방을 대표하는 상징적 의미를 지니고 있다는 것을 알 수 있다. 가야산신은 '정견모주正見母主'라 불리는 여신으로 가야국을 창건한 왕을 낳았다. 정견모주는 해인사 경내에 있었다는 가야산신의 사당인 정견천왕사에 모셔진 산신이다. 가야산 정상에서 근래까지 산신제를 지냈는데 가야산신이 이 지역에서 깊은 신앙의 대상이었음을 보여주고 있다.

지역의 성스러운 명산 가야산은 해인사를 빼놓고는 말할 수 없다. 해인사는 가야산의 너른 품에 자리하여 대찰이 될 수 있었으며, 가야산은 해인사를 산자락에 두면서 명산의 이름을 얻게 되었다. 화엄십찰 중 하나인 해인사는 802년(애장왕 3)에 순응順應과 이정利貞이 창건했다고 한다. 우리나라 대부분의 사찰이 그러하듯 해인사 또한 창건된 뒤 수차례의 중흥이 이루어졌다. 애장왕의 지원, 고려 태조의 귀의, 조선 태조의 발원, 세종

▲ 장경각
팔만대장경을 소장하고 있는 장경각은 일반 건물과는 다른 구조를 지닌다. 즉 바닥은 마루로 만들어 지면의 습기를 방지하고 창살을 댄 간단한 창을 두어 통풍이 잘 되게 하였다.

과 세조, 성종의 중창 등 각별한 국가적 지원을 통해 오랫동안 거찰로 유지되었다. 해인사는 창건 이후 일곱 차례의 큰 화재를 입었는데 그때마다 곧바로 보수되었으며, 현재의 건물들은 대부분 조선 말엽에 중건되었다.

특히 해인사는 고려시대에 호국불교의 상징으로 제작된 고귀한 문화유산인 팔만대장경을 600여 년이나 고이 보전함으로써 법보사찰의 명성을 얻게 되었다. 이러한 해인사의 명성은 삼재三災 불입의 영기가 서려 있다는 가야산의 신령스러운 기운에 의해 이룩된 것이라 한다. 또한 해인사는 과거 우리나라가 국난을 맞아 위기에 처했을 때 호국사찰의 중심지였다. 이미 신라 말에 시작된 승군僧軍의 전통은 임진왜란과 일제시대 항일운동에까지

▲ **해인사 산문**
홍류동계곡에 자리한 해인사의 산문으로 홍류문이라고도 한다. 벚꽃이 활짝 피어 있어 화사한 경치를 보여준다.

이어지게 되었다. 이처럼 해인사는 역사적 구국의 근거지였다.

가야산은 아름다운 경치로 인해 신라시대 최치원의 은둔처가 된 이래, 많은 문사들의 유람과 풍류의 대상지로 신성한 경역이 된 곳이다. 해인사로 들어가는 입구의 계곡은 맑은 계류와 더불어 물에 의해 마모된 매끈한 암반과 돌덩이들로 청량하기 그지없다. 이곳이 바로 홍류동계곡이다. 홍류동이란 신선이 사는 홍류의 동천을 의미한다. 신선의 세계인 홍류동을 비롯해 가야산의 암봉과 철따라 변화하는 아름다운 수목들은 사계절 빼어난 모습을 연출하여 옛사람들을 풍류에 도취하게 했을 것이다.

'가야산 해인사 일원'은 해인사를 포함한 가야산 일대에 지정된 명승이다. 본래 '사적 및 명승'으로 지정되었던 문화재였는데 2009년 명승으로 수정하여 지정된 국가유산이다. 가야산의 경역에는 50여 동에 이르는 해인사 본찰을 비롯해 홍제암, 삼선암, 약수암 등 많은 부속암자가 곳곳에 자리하고 있다. 또한 무릉교, 농산정, 체필암, 취적봉, 음풍뢰, 낙화담, 첩석대, 분옥폭, 제월담, 완재암 등 수많은 경승이 곳곳에 위치하고 있다. 천년고찰 해인사를 품고 있는 가야산은 정말 아름다운 명산이다. 조선 전기의 문신 강희맹 姜希孟(1424~1483)은 가야산 계곡 음풍뢰 吟風瀨에서 이렇게 읊고 있다.

> 뿜는 물방울은 뛰는 구슬을 급하게 하고
> 놀란 물결은 깊이 주름진 비단과도 같도다
> 마주 보면 볼수록 무언가 미흡하기만 한데
> 웅덩이 아래에 용이 있어 끝없이 우는구나
>
> _ 강희맹, 〈음풍뢰〉

명승 제21호

곰을 상징하는 백제의 중심지, 공주 고마나루

곰은 백제를 상징하는 토템으로 백제인은 곰족의 후예다. 곰은 '고마固麻'로 발음되기도 하는데 '고마나루'는 곰나루, 즉 백제를 상징하는 동물인 곰에서 취한 지명이다. 곰을 의미하는 지명은 백제의 여러 지역에서 발견된다. 백제 초기 한강 유역에 축조된 몽촌토성의 몽촌夢村은 고어로 '곰마을'을 뜻하며, 금강 유역으로 수도를 옮기면서 새로 정착한 도읍지에 고마나루, 한자로는 웅진熊津이라고 지명을 부여했다. 고마나루는 웅천주熊川州라 부르기도 했으며 고려시대에 곰주, 즉 공주公州로 개칭되어 오늘에 이르고 있다.

백제의 상징 동물인 곰은 일본으로도 건너갔다. 백제인들이 많이 이주한 일본의 규슈에는 곰과 관련된 지명으로 쿠마(곰)모토, 쿠마가와 등이 남아 있다. 이를 통해 고마나루가 곰의 본향이라는 사실을 알 수 있다.

백제의 문주왕은 475년 고구려의 장수왕이 3만 명의 병력을 이끌고 한성을 공격하자 한강 유역을 버리고 금강 유역의 요충지였던 고마나루(웅진)로 천도하게 된다. 고마나루는 이때부터 538년(성왕 16) 사비(부여)로 다시 도읍을 옮길 때까지 약 60여 년 동안 백제의 수도였다. 그러나 도시 이름이 공주로 바뀌면서 오늘날 고마나루는 강변의 나루 지역을 지칭하는 말로 사용되

▼ **고마나루**
상류 방향에서 바라본 고마나루다. 연미산 앞을 굽이쳐 흐르는 금강 줄기에 위치한 고마나루는 웅진시대 백제의 교통과 행정의 중심지였다.

고 있다.

고마나루는 금강이 공주시 유역을 굽이돌아 흘러가는 강변에 위치하고 있다. 금강의 짙푸른 물길과 고운 백사장, 그 위로 길게 조성된 소나무 숲, 강 건너에 우뚝 솟은 연미산이 모두 고마나루의 권역이다. 연미산의 중턱에서 바라보는 고마나루의 모습은 정말 아름답다. 푸른 강물, 흰 모래밭, 창송이 아주 절묘한 형태로 어우러진 빼어난 풍광을 조망할 수 있다.

고마나루는 웅진시대 백제의 행정, 군사, 교통의 중심지였다. 660년 나당연합군이 백제를 공격할 때 당나라의 장수인 소정방이 금강을 거슬러 올라와 주둔한 곳으로 백제 멸망 이후 웅진도

독부가 설치되기도 했다. 1010년 고려의 현종도 거란의 침략으로 나주로 피난할 때 고마나루를 이용했다. 이러한 역사적 사실로 보아 고려시대 이후로도 고마나루는 우리나라의 남북을 연결하는 중요한 교통로 역할을 했음을 알 수 있다.

오늘날 고마나루에는 금강의 수신水神에게 제사를 올리던 웅진단熊津壇의 터가 남아 있다. 웅진단은 백제에서 조선에 이르기까지 공식적인 국가의 제사를 지냈던 곳이었다. 이 제사를 웅진단제라고 하는데 이제 국가제의는 아니지만 여전히 지역민을 중심으로 곰사당(웅신단)에서 매년 음력 3월 16일에 행해지고 있다. 계룡산 산신제와 함께 유교식으로 지내는 수신제로 중사中祀의 규모인데, 소사小祀인 산신제보다는 절차가 복잡하고 제수음식도 다양하다고 한다.

고마나루의 건너편에는 연미산燕尾山이 자리하고 있다. 연미산은 산의 끝부분이 제비의 꼬리를 닮았다고 해서 그 명칭이 유래되었고 높이가 192m이며 공주시에서 보면 서쪽 방향에 위치해 있다. 공주시를 관류하는 금강이 북서에서 남서로 방향을 바꾸는 곳이다. 연미산의 지세는 고마나루를 병풍처럼 감싸고 있는 듯한 형국이다. 《신증동국여지승람》에는 "여미산余美山이 서쪽 3리에 있다"고 기록되어 있는데 이를 통해 연미산이 여미산으로 불렸음을 알 수 있다.

연미산에도 곰에 관한 유적이 위치하고 있다. 연미산 주차장에서 100m 정도 등산로를 따라 올라가면 안내표지판이 서 있는데 이곳에서 우측으로 약 350m 정도 더 가면 곰굴이 나온다. 공주시의 향토문화 유적으로 지정된 이 곰굴은 커다란 바위 두

개가 머리를 마주하고 있는 모습으로 높이가 138cm, 길이는 120cm다. 1980년대까지 연미산에는 고마나루 전설과 관련된 곰굴이 있었다고 한다. 지금은 파괴되었지만 등산로에서 멀리 떨어져 접근이 어렵기 때문에 그 모습이 그대로 보존되어 현재의 바위굴이 전설상의 곰굴로 알려지게 되었다.

이곳에는 총각과 처녀곰에 관한 전설이 전해지고 있는데 그 줄거리는 이러하다. 옛날 한 총각이 연미산에서 길을 잃고 헤매다 바위굴에 들어가 쉬고 있었는데 그 안에서 아름다운 처녀를 만나게 된다. 총각은 처녀와 굴속에서 하룻밤을 보내고 부부의 연을 맺는다. 이후 며칠을 지내는 동안 매일 굴 밖으로 나가 음식을 가져오는 부인을 이상하게 여기고 따라간 총각은 그녀가 곰으로 변하는 것을 목격하게 된다. 이후 부자연스러워진 남자를 의심하게 된 암곰은 그를 굴속에 가두고 살았지만 자식을 둘이나 낳은 후에 남자는 도망쳐 금강을 건넜다. 상심한 암곰은 자식을 안고 강물에 뛰어들어 죽고 말았다. 그 후 이 강을 건너는 나룻배가 풍랑으로 뒤집히는 일이 많아졌다. 그래서 강 옆에 사당을 짓고 곰의 넋을 위로했다는 전설이다.

1972년 고마나루에서는 6세기경 제작된 것으로 추정되는 돌로 만들어진 곰상이 출토되었다. 현재 곰상은 공주박물관에 소장되어 있고 출토된 자리에는 사당인 웅신당熊神堂을 지어 곰을 숭배하고 있다. 백제와 공주는 정말 곰과 관련이 깊다고 할 수 있다.

고마나루에는 강변의 백사장과 모래 언덕 위에 솔숲이 조성되어 있다. 공주시를 굽이치는 금강에 큰물이 질 때마다 상류에

▲ **솔숲**
운무가 가득 내려앉은 솔숲의 풍광이다. 흑백사진과도 같은 사진 속 소나무의 형태와 질감이 정감을 느끼게 한다. 공주시 제공.

▶ 곰사당
백제의 토템인 곰을 모신 사당으로 솔숲 가장자리에 위치하고 있다.

서 급류에 실려온 깨끗한 모래가 고마나루에 긴 백사장을 형성한 것이다. 연미산 방향에서 보면 백사장의 흰 모래가 강변을 따라 길게 청정한 모래밭을 이루어 소상팔경에서 말하는 평사낙안의 명승지를 연상하게 한다. 또한 모래밭 언덕 위로는 연륜이 오래된 소나무가 울창하게 조성되어 있어 나루의 배경을 이루고 있다. 이 솔숲은 과거에 더 규모가 크고 길게 형성되었던 것으로 추정되며 고마나루의 명승적 가치를 한층 높여주고 있다.

20세기 들어 근대적 교통이 발달함에 따라 수운을 중심으로 하는 교통의 기능은 상실되었다. 고마나루도 1933년에 금강을 가로지르는 금강교가 건설되면서 금강을 통한 수운이 급격히 쇠퇴했고 나루로서의 기능 역시 사라지게 되었다. 그러나 고마나루의 아름다운 경관과 함께 문화적 가치가 높게 평가되어 2006년 12월에 명승으로 지정되었다.

고마나루는 근래에 크게 훼손될 위기를 맞았었다. 최근에 4대강 사업이 시행되면서 '금강살리기' 계획의 일환으로 공주보가 고마나루의 바로 아래에 건설될 예정이었다. 이곳에 공주보가 건설되면 나루 주변의 수위가 크게 높아져 전통적인 모습이 크게 훼손될 상황이었다. 문화재청과 문화재 전문가들은 공주보의 위치를 옮기도록 강력하게 주장했다. 그래서 당초보다 800m 정도 아래에 건설하도록 계획이 조정되었다. 이러한 노력으로 고마나루는 사업으로 인한 영향이 최소화되어 명승의 모습을 최대한 보존할 수 있게 되었다.

명승 제66호

만년불패의 터전, 두륜산 대흥사 일원

▶ **두륜산**
부처가 누운 듯한 와불의 형상을 하고 있는 두륜산의 풍광이다.

온 나라가 죽음의 땅이 된 임진왜란. 당시 73세의 노구로 1,500명의 승군을 이끌었던 서산대사는 풍전등화와 같았던 조선의 운명을 이겨낸 인물이었다. 그는 묘향산의 암자에서 입적을 앞두고 제자였던 사명대사에게 자신의 가사와 발우를 해남 두륜산에 두라는 유언을 남긴다. 서산대사가 입적한 후 천년 동안 어떠한 병화도 미치지 않은 터전이요, 만년이 지나간다 해도 끝내 허물어지지 않을 불패의 땅이라고 일컬어진 두륜산 대흥사_{大興寺}에 모셔진 것이다. 그 후 조그마한 사찰이었던 대흥사는 크게 부흥하여 13대 종사와 13대 강사를 배출한 대찰이 되었다.

대흥사가 위치한 두륜산은 '만년불패지지_{萬年不敗之地}'라며 서산대사가 극찬한 곳이다. 한반도 서남단, 해남의 땅끝 가까이에 우뚝 솟은 두륜산은 능선이 마치 부처가 누워 있는 와불_{臥佛}의 형상을 하고 있다. 이러한 능선의 모습 때문인지 혹은 주위를 겹겹이 두르고 있는 산세에 위요된 아늑하고 안온한 절의 입지 때문인지는 모르겠지만, 대흥사는 어떠한 외세의 침입이나 굶주림, 돌림병도 없었다. 서산대사는 대흥사를 두고 "삼재가 들어오지 않는 곳이요, 만세토록 허물어지지 않을 땅이며, 종통이 돌아갈 곳_{三災不入之處 萬歲不毀之處 宗統所歸之處}"이라 평했다.

《정감록_{鄭鑑錄}》과 같은 비전서에 국가적인 큰 변란이 있을 때

안전하게 삶을 도모할 수 있는 땅이라는 '십승지지+勝之地', 그중 하나가 바로 두륜산 대흥사다. 두륜산은 산속에 대흥사(대둔사)가 위치하고 있기 때문에 대둔산 또는 대흥산으로 불리기도 한다. 대둔산의 '대둔'은 큰 산을 뜻한다. 본래 크다는 뜻의 '한'에 산을 의미하는 '듬'을 합쳐 '한듬'으로 부르다가 한자 이름인 '대둔'으로 고쳤다. 그래서 대둔사는 '한듬절'로 불렸다고 한다.

두륜산은 해발 703m로 그다지 높지 않지만 바다 근처에 위치하고 있어 기저부의 높이가 해면에 가깝기 때문에 산 자체는 비교적 높아 보인다. 주봉인 두륜봉을 중심으로 가련봉, 고계봉, 노승봉, 도솔봉, 혈망봉, 연화봉 등의 봉우리가 능선을 따라 이어져 있다.

▼ **대웅보전**
대흥사의 주전인 대웅보전의 모습과 원교 이광사의 동국진체로 쓰인 편액이다.

소백산맥의 남단인 해남반도에 솟아 있는 두륜산의 정상에 올라서면 멀리 완도와 진도 등 다도해의 여러 섬들이 아름답고 시원하게 펼쳐진다. 두륜산의 동쪽사면은 경사가 급하고 서쪽 사면은 비교적 완만한 산세를 형성하고 있다. 또한 난대성 상록 활엽수와 온대성 낙엽 활엽수가 주종인 식생이 잘 보존되어 있어 경관이 뛰어나고 산봉우리가 병풍처럼 둘러져 절경을 이룬다. 봄에는 신록과 만개한 꽃이 아름답고, 여름에는 우거진 녹음이, 가을에는 붉은 단풍이, 겨울에는 동백이 아름답다. 특히 약 2km에 이르는 고목의 동백나무 숲과 붉은 동백꽃, 가을에 두륜봉과 가련봉 사이의 넓은 지역에 펼쳐지는 억새밭은 장관을 연출한다. 아울러 곳곳에 위치한 능허대, 백운대, 구름다리, 극락대, 학사대, 대장대, 금강굴, 흔들바위, 여의주봉 등도 수려한 조망으로 큰 가치가 있는 경승지들이다.

보고 생각하고 느끼는 우리 명승기행

대흥사는 현재 대한불교조계종 제22교구의 본사로 많은 창건 설화를 가지고 있다. 426년(구이신왕 7)에 정관존자淨觀尊者, 514년에는 아도화상, 895년에는 도선道詵국사가 창건했다고 한다. 그러나 《대둔사지大屯寺誌》를 집대성한 혜장惠藏(1772~1811)은 이 모두가 신빙성이 없으며 다만 신라 말에 창건된 것이 확실한 것으로 보고 있다. 임진왜란 이전의 대흥사는 일정한 규모를 갖춘 사찰다운 사찰이 되지 못한 상태였다. 1607년(선조 40) 이곳에 자신의 의발을 전한 서산대사의 전공으로 배불정책을 시행한 조선의 억불 분위기 속에서도 탄압을 피해 많은 인재를 배출하는 대찰로 발전한 것이다.

《대둔사지》에 의하면 대흥사는 북원과 남원으로 구분되어 있었다. 남원에는 극락전, 대장전, 지장전 등 12개소, 북원에는 대웅보전, 나한전, 시왕전 등 24개소의 당우가 있었다고 한다. 하지만 현재 규모를 보면 북원보다 남원이 훨씬 넓기 때문에 이 기록은 어딘가에 잘못이 있는 것으로 여겨진다. 대흥사는 북쪽에서 흘러내리는 금당천을 중심으로 절집들이 남북으로 나뉘어 있으며 지금도 남원, 북원이라 한다. 대웅전을 중심으로 하는 북원, 천불전과 서산대사의 유물이 있는 표충사 일곽의 남원, 그리고 초의선사가 중건한 대광명전을 중심으로 하는 공간 등 세 곳의 경역으로 나눌 수 있다.

대흥사에는 귀중한 문화재가 많다. 신라시대 자장慈藏이 중국에서 가져온 석가여래의 진신사리를 봉안했다는 보물 제320호 응진전전삼층석탑과 국보 제308호로 지정된 북미륵암 마애여래좌상, 또한 여러 점의 탱화와 서산대사의 유물, 그리고 역대

▲ **대흥사 부도**
대흥사 입구에 위치하고 있으며 서산대사를 비롯해 많은 스님들의 부도가 세워져 있다.

▲ **휴정**
서산대사라는 호로 더 잘 알려져 있다. 임진왜란이 일어나자 왕명에 따라 '팔도십육종도총섭'이 되어 승병을 모아 한양을 수복하는 공을 세웠다.

명필(원교 이광사, 추사 김정희 등)의 편액 등이 남아 있다. 특히 서산대사뿐만 아니라 수많은 스님들의 부도와 탑, 한국 다도의 성인으로 추앙되고 있는 초의선사와 관련된 시설과 흔적도 보존되어 있다. 초의선사 草衣禪師(1786~1866)는 조선 후기의 대표적인 선승으로 알려져 있는데 '다선일여 茶禪一如', 즉 다도와 참선은 하나라고 강조했다. 따라서 대흥사는 한국 다도의 본산으로 일컬어지는 곳이기도 하다.

대흥사의 대웅전에서 700m 정도 가파른 산길을 올라가면 다도를 위해 조성된 다원인 일지암이 위치하고 있다. 전라남도 무안에서 출생한 초의는 16세에 승려가 되었는데 수행과 더불어 차를 직접 재배하고 만들었으며, 차를 끓이고 마시는 예절에 대해 깊이 연구했다. 일지암에서 40년 동안 수행을 한 초의는 다산 정약용으로부터 유학 儒學과 시문을 배우고, 해동 제일의 명필

추사 김정희와도 친교를 나누었던 폭넓은 지식인이었다. 초의는 차에 관한 저술로 《다신전茶神傳》을 집필했다. 《다신전》에는 찻잎 따기, 차 만들기, 차의 식별법, 차의 보관, 물 끓이는 법, 차 타는 법, 차 마시는 법, 차의 향기, 차의 색 등 20여 가지로 나누어 제다製茶와 다도茶道를 상세하게 기록하고 있다. 초의는 《동다송東茶頌》 제29송에서 다도의 정신을 이렇게 읊고 있다.

비록 물의 체體와 차의 신神이 온전하다 해도
오히려 중정中正을 잃을까 두려우니
중정을 잃지 않는다면
건健과 영靈을 함께 얻으리라

이처럼 남도의 차 문화를 고이 간직하고 있는 두륜산 대흥사 일원은 빼어난 자연 경관과 문화적 의미 등이 인정되어 1975년에 명승 제4호로 지정되었다. 그러나 1998년에 사적 및 명승 제9호로 다시 지정되어 명승에서 삭제되었다가 2009년에 또다시 명승 제66호로 재분류된 자연유산이다. 명승으로 지정된 후 명승에서 삭제되고 또다시 명승이 된 '두륜산 대흥사 일원'은 곡절이 많은 명승이기는 하지만 어쩔 수 없이 명승일 수밖에 없는 운명을 지녔다고 할 수 있다.

명승 제50호

단종의 한이 서린 유형의 땅, 영월 청령포

▶ **청령포 전경**
서강이 험준한 육육봉을 휘돌아가는 곳에 자리한 청령포는 자연이 만들어낸 천연의 유배지다. 영월군 제공.

원통한 새 한 마리가 궁중을 나오니
외로운 몸 그림자마저 짝 잃고 푸른 산을 헤매누나
밤은 오는데 잠은 이룰 수 없고
해가 바뀌어도 한은 끝없어라
새벽 산에 울음소리 끊어지고 여명의 달이 흰 빛을 잃어가면
피 흐르는 봄 골짜기에 떨어진 꽃만 붉겠구나
하늘은 귀먹어 하소연을 듣지 못하는데
서러운 이 몸의 귀만 어찌 이리 밝아지는가

_단종, 〈자규시 子規詩〉

어린 단종의 한과 슬픔이 가득 묻어나는 피맺힌 절규다. 단종은 어린 시절 자기를 업어주던 할아버지 세종의 인자한 모습과 집현전 학사들에게 세자를 부탁한다는 말을 남기고 요절한 아버지 문종의 얼굴을 떠올렸다. 자신을 낳고 3일 만에 돌아가신 어머니, 왕위 회복을 위해 충정을 다한 사육신의 죽음, 그리고 생이별한 아내 정순왕후의 비통한 모습이 흘러내리는 눈물 속에 어른거렸다. 어린 나이에 육지 속의 고도 청령포로 유배된 단종은 한없는 슬픔에 잠겼다.
　청령포는 영월의 서강 건너에 위치하고 있다. 서쪽은 육육봉

이 험준한 층암절벽으로 솟아 있고 주위에 삼면이 강으로 둘러싸여 마치 섬과 같은 형태를 이루고 있다. 내륙의 깊은 산속에 위치한 이 유형流刑의 땅은 배를 타고 서강을 건너지 않으면 밖으로 나올 수 없는 감옥과도 같은 곳이다. 바로 1457년(세조 3) 조선의 6대 임금 단종이 세조에게 왕위를 빼앗기고 유배되었던 청령포다.

청령포는 서강이 굽이쳐 흐르면서 만들어진 요새와 같은 곳이다. 말굽처럼 휘돌아 나가는 서강의 물줄기는 오랜 세월 동안 산을 깎아 동쪽, 남쪽, 북쪽이 모두 강물로 감싸인 아주 특이한 지형을 만들었다. 슬픈 역사를 지닌 서강의 청령포는 처연하리만큼 아름다운 모습을 지니고 있다. 청령포로 들어가는 나루에

▶ **관음송**
유배된 단종의 모습을 보고 그의 애끓는 오열을 들었다는 관음송은 천연기념물 제349호로 지정되어 있다.

▶ **단종어가 내부**
단종어가의 방 안에는 슬픈 모습으로 앉아 있는 단종이 재현되어 있다.

보고 생각하고 느끼는 우리 명승기행

서 바라보면 푸른 강물로 둘러싸인 절경이 한눈에 들어온다. 강물 건너로는 깨끗한 자갈과 흰 모래밭이 강굽이를 따라 펼쳐지고 위로는 울창한 소나무 숲이 가로로 길게 조성되어 푸르른 빛을 발하고 있다. 솔숲 뒤로는 험준한 지세의 육육봉이 기암괴석으로 배경을 이루고 있어 마치 한 폭의 그림과도 같은 비경을 보여준다.

청령포는 특히 소나무 숲이 매우 아름답다. 창송으로 이루어진 소나무 숲은 밖에서 보는 모습도 빼어나지만 하늘을 빼곡히 뒤덮고 있는 숲 안의 풍광도 매우 청량하다. 이곳에는 천연기념물 제349호로 지정된 관음송이 있다. 아주 오랜 풍상을 겪은 모습으로 하늘을 찌를 듯이 높게 자라 육중한 몸을 굳게 버티고 서 있는데 단종의 애처로운 모습을 보고觀, 슬픔과 울분으로 가득 찬 그의 오열嗚을 들었다고 해서 관음송觀音松이라는 이름이 붙여졌다고 한다. 관음송은 높이가 30m에 달하는 노거수로 중간에서 두 갈래로 갈라져 동서로 비스듬히 자란 형태다. 수령은 약 600년으로 보고 있는데, 이는 단종이 유배되었을 때의 수령을 80년으로 추정하여 계산한 것이라 한다.

청령포에는 단종어가, 단묘유지비, 노산대, 망향탑, 금표비 등 단종과 관련된 여러 시설이 위치하고 있다. 단종어가는 소나무 숲과 연접하여 건립되어 있다. 2004년 《승정원일기 承政院日記》의 기록을 토대로 하여 당시 모습을 재현한 것으로 내부에는 인형으로 단종이 만들어져 있어 역사적 장소성을 잘 보여준다. 마당에는 1763년(영조 39) 영조의 친필을 각자하여 세운 단묘유지비가 서 있다. 높이 162cm의 크기로 화강암 비좌 위에 오석으로 된 비신을 세웠다. 비석의 전면에는 '단묘재본부시유지 端廟在本府時遺址'라는 글이 새겨져 있어 단종이 청령포에 살았음을 증명하고 있다.

청령포 서측의 능선에는 노산대와 망향탑이 위치하고 있다. 단종은 층암절벽 위에 자리한 노산대에서 한양에 두고 온 왕비를 간절히 생각하며 흩어져 있는 돌을 쌓아 망향탑을 만들었다고 한다. 또한 소나무 숲의 가장자리에 금표비가 서 있는데 영조 2년(1726)에 세워진 것으로 청령포의 동서 방향으로 300척, 남북으로는 490척 안에서 소나무의 벌목을 금하고 퇴적된 흙을 파가지 못하도록 하는 내용을 담고 있다.

1457년 여름에 홍수로 서강이 범람하여 청령포가 잠기고 말았다. 그래서 단종은 두어 달 만에 영월부사의 객사인 관풍헌으로 처소를 옮겼는데 10월에 이곳에서 사약을 받고 죽음을 맞았

▶ **망향탑**
왕후 송씨를 생각하면서 눈물로 쌓은 탑으로 단종이 남긴 유일한 흔적이다.

제4장 역사·문화 명소

다. 청령포 강 건너 나루 옆에는 단종의 유배길과 사형길에 금부도사로 왔던 왕방연의 시비가 서 있다. 그는 왕명을 수행하는 관리였기 때문에 단종에게 내려진 형을 집행할 수밖에 없었지만 마음은 한없는 슬픔으로 가득했다. 왕방연의 심정을 담은 그의 시 〈회단종이작시조懷端宗而作時調〉는 비석에 이렇게 남아 있다.

천만리 머나먼 길에	千里遠遠道
고운님 여의옵고	美人別離秋
내 마음 둘 데 없어	此心未所着
냇가에 앉았으니	下馬臨川流
저 물도 내 안과 같아서	川流亦如我
울면서 밤길을 가더라	嗚咽去不休

영월은 단종과 관련된 역사의 땅이다. 단종의 능인 장릉이 소재하고 있는 곳이기도 하다. 본래 왕릉은 한양에서 100리 이내에 두는 것이 관례다. 그러나 조선의 왕릉 중에서 단종의 능만이 유독 한양에서 먼 곳에 위치하고 있다. 단종은 죽임을 당한 후 동강에 버려졌는데 영월의 호장이었던 엄홍도가 시신을 몰래 수습하여 산자락에 암장했다고 한다. 그래서 오랫동안 묘의 위치조차 알 수 없었는데 100여 년이 지난 중종조에 당시 영월군수 박충원이 묘를 찾아 묘역을 정비하였고, 250여 년이 지난 숙종조에 와서야 비로소 단종으로 복위되어 무덤도 장릉이란 능호를 갖게 된 것이다.

단종의 슬픈 역사로 점철된 청령포는 학술적으로도 중요한 의미를 지닌다. 청령포에는 '구하도'라는 것이 있다. 감입곡류 하천이 큰 모양으로 형성되어 흐르다가 중간 부분이 터져 물돌이가 짧게 휘돌게 되었는데 이것이 오늘날 청령포 하천의 모습이다. 옛날에 물길이었던 곳은 그 후로 더 이상 물이 흐르지 않고 하천 지형만 남게 되는데 이를 구하도라 한다. 청령포 앞의 구하도는 중요한 지리학적 의미를 갖는 지형이다.

　청령포는 물돌이, 소나무 숲, 관음송, 육육봉의 기암절벽 등 자연 경관의 아름다움은 물론 단종과 관련된 역사적 의미가 매우 깊은 장소다. 이러한 장소적 가치를 높게 평가하여 2008년 문화재청에서는 청령포를 명승 제50호로 지정했다. 청령포가 명승으로 지정된 후 많은 관광객이 이곳을 찾고 있다.

　영월군에는 청령포 외에도 선돌, 한반도 지형 등이 명승으로 지정되어 있다. 이러한 명승들은 볼거리로 연결되어 활용의 상승효과를 높여주고 있다. 따라서 영월을 찾는 탐방객은 매년 증가하고 있는 상황이다. 숨어 있는 명소를 발굴하여 명승으로 지정하는 것은 우리 국토의 아름다움을 밝히는 것이자 국민이 향유할 수 있는 소중한 자연유산을 확보하는 길이라 할 수 있다.

명승 제61호

속세를 떠난 이상향, 속리산 법주사 일원

▶ **속리산**
법주사 방향에서 오르는 등산로에서 바라본 속리산 전경으로 멀리 문장대가 보인다.

도는 떠나지 않았는데 사람들이 도를 멀리했고
道不遠人人遠道
산은 세속을 떠나지 않았으나 세속이 산을 떠났도다
山非俗離俗離山

조선 중기의 시인 백호白湖 임제林悌가 속리산을 보고 남긴 시의 한 구절이다. 속리산은 맑고 청량한 산이다. 그 옛날 이곳을 찾았던 백호의 시에 묘사된 것처럼 속리산은 속세를 떠난 피안彼岸의 세계다. 구름 속에 갈무리되어 마치 하늘나라처럼 신비스러운 유토피아, 곧 극락의 세계가 속리산이다. 속리산 문장대文藏臺의 옛 이름은 구름이 가득 서려 있는 곳이라는 뜻의 운장대雲藏臺였다.

세 번 오르면 극락에 갈 수 있다는 속리산 문장대에 올라서면 사방으로 펼쳐진 절경이 한눈에 들어온다. 속리산은 동서로 이어지는 높은 능선을 중심으로 남쪽과 북쪽으로는 겹겹이 산줄기가 뻗어 있고 그 사이로 여러 개의 계곡이 깊은 골을 이루어 신령스러운 명산의 모습을 여실히 보여준다. 산봉우리와 능선 곳곳에는 기묘한 형상의 바위들이 자리하고 있는데 이러한 기암괴석들은 속리산의 모습을 한층 더 신비롭게 만들고 있다. 특

히 문장대에는 큰 바위가 산꼭대기에 올라앉아 있는데 마치 그 모습이 하늘에 맞닿아 있는 것과 같이 매우 기묘한 형태를 보이고 있다. 문장대는 바위 꼭대기에 100여 명이 함께 올라설 수 있을 정도로 거대한 규모를 자랑한다.

속리산은 최고봉인 천황봉(해발 1,058m)을 비롯하여 비로봉, 문장대, 문수봉, 신선대, 관음봉 등 아홉 개의 높은 봉우리로 형성되어 있다. 그래서 원래는 구봉산이라 불리다가 신라 때부터 속리산으로 바뀌었다고 한다. 백두대간이 태백산을 지나면서 내륙으로 꺾여 흐르는 중앙부에 위치한 속리산은 금북정맥이 분지되는 지점이기도 하다. 문장대를 중심으로 동쪽 천황봉에서 서쪽 관음봉까지 연결되는 산봉우리를 비롯해 능선의 남쪽

보고 생각하고 느끼는 우리 명승기행

◀ **문장대**
속리산의 최고봉은 천황봉이지만 등산객들이 가장 많이 오르는 곳은 문장대다. 기암으로 이루어진 문장대의 모습이다. 이광춘 명예교수 제공.

과 북쪽으로 전개되는 넓은 사면 지역을 품안에 두고 있다.

천황봉에서 관음봉으로 연결되는 능선의 남쪽 지역에 법주사가 있다. 이곳이 바로 '속리산 법주사 일원'이라는 명승으로 지정된 구역이다. 법주사에 가는 대부분의 사람들이 찾는 곳이기도 하다. 오랜 세월 자연에 의해 형성된 아름다운 산수와 법주사를 중심으로 역사 깊은 문화 경관이 함께 어우러져 빼어난 조화를 이루고 있는 경승지다.

속리산은 한국팔경에 속하는 명산으로 사계절 내내 철따라 매우 특이하고 뚜렷한 모습으로 옷을 갈아입는다. 봄철에는 산벚꽃을 비롯해 야생화로 온 산이 뒤덮이고, 여름에는 노거수로 형성된 소나무 군락이 창송의 푸르름을 발하며, 가을에는 불타는 듯한 단풍이 산 전체를 붉게 물들이고, 겨울에는 눈이 덮여 온통 하얀 세계를 만든다. 이렇듯 수려한 경치를 자랑하는 속리산에는 기암의 절경 문장대를 비롯해 입석대, 신선대, 경업대, 배석대, 학소대, 봉황대, 산호대 등 여덟 개의 대가 있으며 은폭동계곡, 용유동계곡, 쌍룡폭포, 오송폭포 등과 같은 아름다운 경승이 많다.

속세를 벗어난 아름다운 절경으로 속리산은 제2의 금강이라고도 불린다. '속리'라는 이름은 신라시대에 갖게 된 명칭이다. 신라가 통일을 한 후 불교가 융성해졌던 784년(선덕왕 5)에 진표 스님이 이 산에 이르게 되었다. 산 아래 밭에서 소들이 밭을 갈고 있었는데 스님을 보자 일하던 소들이 모두 스님 앞에 무릎을 꿇었다. 이를 본 농부들이 "짐승도 저렇게 부처님께 귀의하고자 하는데 하물며 사람들은 반드시 부처를 섬겨야 하는 것이 아닌가" 하며 속세를 버리고 진표를 따라 입산하였다고 한다. 이렇듯 이곳 사람들이 속세를 버렸다는 데서 그 이름이 유래되었다. 그러나 이러한 전설보다 오니로 물든 세상에서 깨끗하고 신성한 산으로 떠난 곳이라는 의미로 생긴 이름이 아닌가 하는 생각이 든다. 속리산은 이름 또한 다양하다. 구봉산 외에도 광명산, 미지산, 형제산, 소금강산 등 다양한 별칭을 가지고 있다.

이처럼 순수한 자연으로 이루어진 속리산 안에 명당터가 있는데 그곳에 법주사가 자리하고 있다. 일찍이 불법을 구하러 천축국으로 건너간 의신義信스님이 경전을 얻어 귀국한 후 속리산에 들어와 553년(진흥왕 14)에 창건한 사찰로 '법이 편안히 안주할 수 있는 절'이라 하여 법주사로 이름 지었다고 한다. 그러나 법주사의 정신적 지주가 된 미륵신앙이나 법상종의 유식사상唯識思想은 혜공왕 때 이곳의 중흥에 크게 기여한 진표眞表와 그의 제자 영심永深에 의해 발현된 것이다.

법주사는 신라 성덕왕 때 중수되었고 지금 남아 있는 석물도 모두 이때 만들어졌다. 이후에도 여러 차례 건물을 중수했으며 현존하는 목조건물은 모두 조선 후기에 조성되었다. 법주사 경내에는 유명한 법주사 쌍사자석등(국보 제5호), 팔상전(국보 제55호), 석련지(국보 제64호), 사천왕석등(보물 제15호), 마애여래의상(보물 제216호), 대웅전(보물 제915호), 원통보전(보물 제916호) 등이 있고, 다수의 지정되지 않은 문화재를 비롯하여 주위에 크고 작은 암자가 위치해 있다.

속리산과 법주사에는 많은 설화가 전해진다. 이 중 조선의 7대 임금 세조와 관련된 설화가 으뜸이라 할 수 있다. 왕위를 찬탈

▼ 팔상전과 대불
법주사 경내에 있는 목탑인 팔상전과 수정봉 앞에 세워진 대불이다.

한 후 어린 조카 단종을 죽인 세조는 깊은 마음의 병과 몸에 생긴 피부병으로 고생했다. 심신의 병을 고치기 위해 세조는 먼저 속리산으로 비접을 떠났다. 법주사 본찰에서 문장대로 가는 도중에 있는 복천암에서 세조는 두 가지 지병을 치료하고자 기도를 했다. 3일간 기도를 하고 신미대사로부터 3일 동안 설법을 들은 후 샘물을 마시고는 마음의 병을 고치게 되었다. 그러나 몸의 피부병은 낫지 않아 다시 오대산 월정사로 가서 병을 고쳤다고 한다.

▶ **마애여래의상**
보물 제216호로 지정된 마애여래의상은 고려시대의 대표적인 마애불로 알려져 있다.

    또한 천연기념물 제103호인 '정이품송'은 비접행차와 관련된 전설을 가지고 있다. 세조의 연(가마)이 이 소나무를 지나게 되었는데 가지가 늘어져 있어 "연 걸린다"고 하자 스스로 가지를 들어 올려 세조가 정이품 벼슬을 하사했다는 나무다. 그리고 외속리면 장재리에는 대궐터가 있는데 세조가 보은을 지나 속리산 쪽의 나지막한 고개에 올랐을 때 노승이 나타나 행궁을 지으라고 일러준 곳이라고 한다. 이밖에도 세조가 말을 갈아탄 말티 고개를 비롯해 미륵댕이, 북바위, 목욕소, 은구석 등에도 왕과 관련된 설화가 전해지고 있다. 실제로《조선왕조실록》세조 32권에는 세조가 1464년(세조 10) 오랫동안 비접을 다녀왔다는 기록이 있다.

    설화는 장소의 가치를 더해준다. 속리산과 법주사뿐만 아니라 우리나라에는 곳곳에 많은 설화가 전해지고 있다. 이것은 우리가 많은 이야기를 만들어내는 문화민족임을 의미하며, 한반도의 역사가 매우 오래되었다는 사실을 증명하는 것이다.

    현재 우리나라에는 '속리산 법주사 일원'을 비롯해 '가야산 해인사 일원' 등 사찰과 주변의 자연경승지를 포함하고 있는 유산이 다수 명승으로 지정되어 있다. 이는 과거 '사적 및 명승'이었던 유산을 재분류하여 명승으로 지정한 것이다. 사적지 주변의 아름다운 풍광을 사적과 함께 명승으로 중복하여 지정하는 것은 사적의 보존과 활용을 위해 매우 바람직한 일이다. '속리산 법주사 일원'의 명승 지정은 법주사와 같은 유명한 사찰을 효율적으로 보존하고 주변의 경승지를 조화롭게 가꾸어 속리산을 국민이 더욱 즐겨 찾는 장소로 친밀하게 만들고 있다.

명승 제65호

승보사찰의 명산, 조계산 송광사와 선암사 일원

▼ 조계산
봄꽃으로 덮인 신록의 조계산 전경이다.

▶ 송광사
조계산의 서측 품안에 자리하고 있는 송광사의 풍경이다. 신록과 화사한 꽃으로 덮인 봄의 조계산이 청량하고 아름답다.

조계산은 동쪽에 선암사, 서쪽에 송광사를 품고 있다. 높이가 884m로 그리 높지는 않지만 천년고찰 두 곳이 소재해 있고 광주의 무등산, 영암의 월출산과 함께 호남의 3대 명산이라고 불린다. 이 세 산은 한반도 서남 지역에 삼각형을 형성하고 있는데 조계산은 동쪽 모서리에 자리하고 있다. 소백산맥의 끝자락에 솟아 있지만 산세는 그다지 험준하지 않으며 산 전체가 숲으로 덮여 있어 사시사철 숲이 변화하는 모습을 선명하게 보여준다.

조계산이라는 명칭은 본래 중국에서 시작되었다. 당나라 남

종선의 시조로 불리는 대감선사大鑑禪師 혜능慧能(638~713)이 육조六祖를 제수받고 돌아가던 중에 소조부(광동성 곡광현)에 이르렀는데, 그곳에 살던 조숙량이 선사를 흠모하여 쌍계원을 짓고 스님으로 모셨다. 혜능선사가 머무른 이 산의 이름을 조숙량의 성에서 '조'를 취하고 쌍계원에서 '계'를 택하여 조계산이라 명명한 것이라 한다.

전라남도 순천에 위치한 조계산은 이러한 유래가 있다. 고려시대인 1208년(희종 4) 보조국사 지눌이 수선사를 세워 승풍을 쇄신하기 위해 정혜결사定慧結社를 펼쳤다. 유년기에 스승이었던 지눌의 가르침을 받은 희종이 이 소식을 듣고 '조계산 수선사'라는 편액을 내린 이후로 이 산을 조계산이라 부르게 되었다고 한다. 또한 선암사 사적비(1929)에는 고려 고종 때의 대각국사 의천이 선암사를 중창하고 산의 이름을 조계산이라 했다고 기록

▶ **우화각과 삼청교**
송광사의 우화각과 삼청교 주변은 계곡에서 흘러온 물과 함께 매우 아름다운 경관을 형성하고 있다.

하고 있다. 이 두 가지 기록을 통해 볼 때 조계산이 고려시대에 명명된 이름이라는 사실은 틀림없는 듯하다. '조계'라는 이름은 이곳을 중심으로 중흥을 이루어 한국 불교의 가장 큰 종파를 형성한 조계종의 명칭이 된다.

조계산에는 우리나라 삼보사찰 중의 하나인 송광사가 자리하고 있다. 송광사는 삼십일본산(일제강점기에 전국의 사찰을 31개 구역으로 구분하여 본산本山을 두었던 제도) 중에서도 매우 규모가 크다. 송광사는 770년경 신라의 혜린대사가 처음 창건했는데 이후 불교의 중흥조인 보조국사를 비롯해 무려 16명의 국사를 배출했다. 불교의 세 가지 보물, 즉 삼보 중에서 스님은 불교를 지속적으로 전승하는 보물인데 이처럼 많은 국사가 나오면서 송광사는 승보사찰의 명예를 얻게 되었다.

송광사는 조계산의 옛 이름인 송광산에서 절의 이름이 연유되었다고 한다. 송광松廣이란 '십팔공十八公이 배출되어 불법을 널리 펼친다'는 의미로 해석되기도 한다. 이것은 송松자를 파자하여 18명의 공으로, 또한 광廣자를 불법으로 널리 펼친다佛法廣布는 의미로 풀이한 것이다. 하지만 송광사의 유래로 가장 신뢰성이 높은 것은 이 지방 사람들이 이 산을 솔갱이, 솔뫼라 부른 것에서 비롯되었다는 주장이다. 그러나 송광사가 승보사찰이라는 점에서 볼 때 '송'을 '십팔공'으로 보는 파자 전설은 일리가 있다.

송광사는 조계산 서쪽 신평천 계곡의 우거진 수림 속에 많은 절집들이 가로세로 정연하게 모여 있는 아름다운 사찰이다. 특히 조계산에서 흘러내리는 계곡물이 절집을 감돌아 나가는 구조를 지니고 있어 맑은 물과 건물이 조화를 이루어 청량한 수도

제4장 역사·문화 명소

도량의 품위를 한층 드높이고 있다. 연산봉의 서쪽 장박골, 피아골, 홍골에서 모여든 계곡물이 우화각의 돌다리 아래를 지나 청량각으로 향하는 곳은 송광사의 백미를 이룬다. 이곳의 계류는 임경당 앞에서 물줄기가 막혀 작은 못을 이루고 있는데 비가 와 수량이 많아지면 물이 넘쳐 하류로 폭포를 이루며 흘러가는 구조로 되어 있다. 우화각 아래 징검다리에서 바라보는 절집과 연못이 어울린 모습은 정말 아름답다.

   송광사의 반대 방향인 조계산 동쪽 산기슭에도 삼십일본산의 하나인 선암사가 위치하고 있다. 선암사는 542년(진흥왕 3)에 아도화상이 비로암으로 처음 개창했고 875년(헌강왕 1) 도선국사가 절집을 창건해 선암사로 명명했다고 한다. 사찰의 서쪽에 10여

◀ **삼인당**
도선이 축조한 장타원형의 연못으로 안에 섬이 조성되어 있다. 안에 있는 섬은 '자이이타', 밖의 장타원형은 '자각각타'를 의미한다. 이는 불교의 대의를 표현한 것이라 한다.

장 높이의 크고 평평한 돌이 있는데 사람들은 옛 선인들이 바둑을 두던 곳이라 하여 선암仙巖이라 불렀으며, 이 바위의 이름에서 선암사의 명칭이 유래되었다는 것이다.

선암사는 입구에서부터 특별한 모습을 보여준다. 입구의 주차장에서 한적하고 넓은 숲길을 따라 올라가면 제일 먼저 나타나는 것이 승선교昇仙橋다. 보물 제400호로 지정되어 있는 아치형의 다리로 조선 숙종 39년(1713)에 지어졌다. 지금은 거의 쓰지 않는 용어지만 과거에는 '무지개다리'라는 뜻의 홍교로 불린 형식이다. 승선교의 반원형 홍예虹蜺는 매우 아름다운 곡선을 나타낸다. 승선교 위에 서면 정말로 신선이 되어 하늘로 승천할 것 같은 느낌을 준다. 그 위쪽에는 강선루降仙樓가 자리하고 있는데 승선교의 홍예를 통해 보는 강선루의 모습 또한 한 폭의 그림 같다.

승선교에서 강선루를 지나 진입로를 계속 오르면 둥그렇게 생긴 연못인 삼인당에 다다른다. 긴 알 모양의 섬이 한가운데 위치한 형태로 862년(경문왕 2) 도선이 축조했다고 한다. 삼인이란 삼법인, 즉 제행무상인諸行無常印, 제법무아인諸法無我印, 열반적정인涅槃寂靜印을 뜻하는데 삼인당은 불교의 중심사상을 나타낸 것으로 우리나라에서는 선암사에서만 볼 수 있다.

조계산은 많은 사람들이 찾고 있다. 조계산의 양쪽에 유명한 천년고찰이 자리하고 있어 송광사에서 선암사로, 혹은 선암사에서 송광사로 이 산을 넘어간다. 조계산의 주봉인 장군봉에서 범바위와 장박골로 이어지는 등산로, 연산봉과 피아골로 통하는 길, 남쪽의 굴목재를 넘어 홍골로 통하는 등산로 등이 조계

◀ 쌍향수
천연기념물 제88호로 지정된 천자암 쌍향수는 줄기가 나선형으로 감아 오르며 자란 특이한 향나무다. 이광춘 명예교수 제공.

산의 풍광을 즐길 수 있는 길이다.

특히 굴목재 남쪽에 우뚝 솟은 천자암산에 위치한 천자암에는 천연기념물로 지정된 송광사 천자암 쌍향수가 신비스런 모습으로 자리하고 있다. 일명 곱향나무로도 불리는 쌍향수는 마치 굵은 엿가락을 비틀어 감은 모습을 하고 있다. 두 개의 줄기가 똑같이 왼쪽 방향으로 나사처럼 감고 있는 형상인데 그 모습이 매우 기이하면서도 아름답다.

조계산은 산역이 넓거나 높이가 큰 산은 아니지만 고찰과 함께 많은 문화재를 지니고 있는 유서 깊은 곳이다. 국보로 지정된 목조삼존불과 국사전, 보물로 지정된 경패, 하사당, 약사전 등 송광사에는 다수의 문화재가 있으며 선암사에도 승선교, 삼층석탑, 선암매 등이 있어 조계산은 그야말로 호남의 명산이란 이름에 걸맞은 명승이라 할 수 있다.

명승 제63호

백제의 고도, 부여 구드래 일원

▼ 구드래
구드래 둔치에서 바라본 부산과 구드래의 모습이다.

'구드래'는 '구들돌'에서 비롯된 명칭이다. 《삼국유사三國遺事》에는 구드래에 대한 유래가 이렇게 기록되어 있다. "백제 왕이 배를 타고 왕흥사에 예불을 드리러 갈 때 먼저 사비수(백마강) 언덕에 있는 10여 명이 오를 수 있는 바위에 앉아 부처님을 향해 망배를 하였다. 그러자 왕이 앉았던 바위가 저절로 따뜻해져서 이곳을 구들돌이라 부르게 되었다." 이 구들돌이 다시 구드래로 변하여 오늘날의 지명이 되었다고 한다.

일본에서는 '구다라'라는 어휘를 많이 사용한다. 어떤 물건의 품질이 좋지 않을 때 '구다라나이(쓸모없다)'라는 말을 상용어로

보고 생각하고 느끼는 우리 명승기행

널리 쓰고 있다. 구다라는 큰 나라, 즉 백제를 의미하는 단어로 '구다라나이'를 직역하면 '백제의 것이 아니다'는 의미라고 한다. 백제가 아니면, 또는 백제의 것이 아니라면 모두 가치가 없다는 뜻이다. 일본인들이 백제를 '구다라'로 부르게 된 것은 백제를 내왕한 일본의 배들이 백제 왕도의 포구 이름인 '구드래'를 국명으로 불렀기 때문인 것으로 보인다. 구드래나루터는 사비시대 백제 도성의 포구로 중국이나 일본의 배가 드나들던 곳이다.

구드래는 부여읍의 서쪽으로 흐르는 백마강변에 위치하고 있다. 백마강은 공주를 지나온 금강이 부여를 지나가는 한 구간을 말한다. 부여읍 정동리 앞에 위치한 범바위에서부터 부여읍 현북리 파진산 모퉁이까지의 16km 구간을 보통 백마강이라고 한다. 옛 문헌에 사비강泗泌江, 사비하泗泌河, 백강白江, 백촌강白村江 등으로 기록되어 있다. 부여의 옛 지명은 소부리蘇扶里 또는 사비泗泌였는데 이에 따라 백마강도 소부리의 강, 사비의 강이라 불

▶ **수북정**
정면 3칸, 측면 2칸의 팔작지붕 정자로 1984년 충남문화재자료 제100호로 지정되었다. 광해군 때 김흥국이 세웠는데 정자 이름은 자신의 호인 수북정을 딴 것이다.

▶ **고란사**
일제시대에 찍은 부소산 기슭의 고란사의 사진이다. 뒤로 백마강과 부산이 보인다.

렸다. 이것은 오늘날의 이름으로 바꾸면 '서울의 강'으로 풀이될 수 있다. 백마강은 부여 북쪽에서 흘러와 서쪽, 남쪽을 감돌아 흐르는데 그 모양이 반달과도 같아 반월성半月城이라고 부르기도 했다.

구드래는 부소산 서쪽 기슭의 백마강에 있는 나루터 일대를 말한다. 부여를 지나는 백마강에는 아름다운 경승지가 많다. 국가지정 명승인 '부여 구드래 일원'이 백마강을 중심으로 좌우측의 경승지를 포함하고 있다. 부소산에 접한 백마강 일대와 조룡대釣龍臺, 부산성浮山城, 나성羅城, 대재각大哉閣, 수북정水北亭, 자온대自溫臺, 왕흥사지王興寺址 등이 속해 있다.

백마강 상류에는 겨우 한 사람 정도 앉을 수 있는 크기의 바위가 하나 있다. 당나라 장수 소정방蘇定方이 용을 낚았다는 전설을 지니고 있는 조룡대다. 소정방은 조룡대에서 용을 낚을 때 용이 좋아하는 말을 미끼로 썼는데 백마를 미끼로 용을 낚은 강이라 하여 백마강이라 불렀다고 한다. 이러한 전설은 《신증동국여지승람》 부여현 고적조에 실려 있다.

조룡대에서 조금 내려오면 부소산에 자리한 고란사皐蘭寺와 낙화암落花岩을 볼 수 있다. 낙화암은 백제 멸망의 슬픈 역사를 간직하고 있는 바위다. 660년(의자왕 20) 백제가 나당연합군의 침공으로 함락되자 궁녀 3,000여 명이 이 바위 위에서 백마강으로 투신하여 죽었다고 한다. 궁녀들이 떨어지는 모습이 마치 꽃이 지는 모습 같다고 해서 낙화암이라 이름 지은 것이다. 절벽 아래에는 1929년 당시 부여군수가 쓴 '낙화암'이라는 글씨가 새겨져 있다.

낙화암 건너에는 왕흥사지가 위치하고 있다. 왕흥사는 백제 법왕 2년(600)에 창건된 국찰이었다.《삼국사기》에는 "절은 물가에 임하여 채색과 장식이 장엄하고 화려했으며, 왕은 매번 배를 타고 절에 가서 향불을 올렸다其寺臨水 彩飾壯麗 王每乘舟入寺行香"라고 기록되어 있다. 그 당시 매우 웅장하고 아름다운 사찰이었음을 알 수 있다. 과거 왕흥사의 위치에 대해서 여러 논란이 있었다. 그러다 1943년 '왕흥'이라는 글자가 새겨진 기와조각이 발견되면서 그곳이 왕흥사 자리임이 밝혀졌다.

낙화암과 왕흥사지가 마주 보고 있는 곳에서 강을 따라 조금 더 내려오면 부소산이 끝나는 지점에 현재 백마강 유람선을 타는 곳이 있다. 이곳에서부터 하류 쪽으로 백마강 기슭에는 길고 너른 평지가 펼쳐진다. 부소산 아래에 형성된 퇴적사면이다. 사실 옛날의 구드래나루 위치는 정확히 알 수 없다. 다만 사비성으로 진입하기 쉽고 나루로 이용하기 좋은 장소라면 이 부근이지 않을까 하는 생각이 든다. 지금은 퇴적사면의 상단부에 '구드래조각공원'이 조성되어 있고, 강의 둔치에는 넓게 잔디밭이 만들어져 체육공원으로 사용하고 있다.

체육공원이 위치한 곳의 강 건너에는 둥그렇게 생긴 산이 있다. 백마강변에 외따로 솟아 있는데 마치 물 위에 떠 있는 듯한 모습을 하고 있어 부산浮山이라 한다. 부산은 높이가 107m로 그다지 높지 않다.《신증동국여지승람》에 "부산은 고성진古省津의 북쪽 언덕에 있다"고 하였다.《1872년 지방지도》에도 강가에 그려진 부산이 나타나 있으며 그 아래로는 대재각과 부산서원浮山書院의 옛터도 함께 묘사되어 있다.《조선지형도》에도 규암면

▲ 부산
부산의 전경이다.

진변리에 흐르는 백강의 강변에 작은 산을 묘사하고 그 이름을 부산이라 기록하고 있다. 부산의 기슭에 자리한 대재각은 병자호란으로 청나라에 잡혀갔던 이경여 李敬輿가 낙향하여 거처하던 곳에 그의 손자 이이명 李頤命이 세운 정자다. 깎아지른 석벽 위에 자리한 대재각은 부산을 배경으로 매우 청아한 모습을 하고 있으며, 이곳에서는 길게 펼쳐진 시원한 백마강의 풍광이 널리 조망된다.

구드래 일원의 하류 지역에는 현재 부여읍에서 규암면사무소 방향으로 백제교가 놓여 있으며, 바로 아래 백마강 서안에는 수

보고 생각하고 느끼는 우리 명승기행

◀ **구드래의 옛 전경**
윗줄 왼쪽부터 순서대로
부산 기슭에 위치한
대재각, 소정방이 용을
낚았다는 조룡대,
백마강에서 바라본
부소산, 낙화암, 수북정과
자온대, 부산의 모습이다.
한국전통문화대학교
김영모 교수 제공.

북정이 위치하고 있다. 수북정은 규암나루의 조그마한 언덕 위에 양주목사를 지낸 김흥국 金興國(1557~1623)이 인조반정을 피해 이곳에 살면서 지었다고 한다. 수북정에 오르면 백마강이 상류 방향으로 길게 조망되는데 동안으로는 구드래 둔치와 부소산이, 서안으로는 부산이 강을 중심으로 서로 마주하고 있는 모습이 펼쳐진다. 지금은 백제교가 근경을 가로막아 조망 경관이 다소 훼손되었지만 다리가 놓이기 전에는 수북정에서 바라보는 백마강의 모습이 더욱 아름다웠을 것으로 생각된다. 수북정이 있는 강쪽 절벽에는 '자온대'라는 우암 송시열의 글씨가 각자되어 있다.

부여의 백마강변에 위치한 명승 구드래 일원에는 이렇듯 다양한 경승지가 많다. 이외에도 정림사지, 궁남지, 부여 왕궁 유적 등 백제를 대표하는 수없이 많은 문화유산이 분포되어 있다. 부여는 역사도시로 일컬어지는 경주, 공주, 익산 등의 도시보다 도시화의 과정을 덜 겪어 개발의 상처가 비교적 적은 곳이다. 앞으로는 부여를 한반도 문화의 중심에 있었던 찬란한 백제문화를 다시 살려내는 도시로 가꾸어야 한다. 아울러 구드래나루는 백제문화를 자랑하고 실어 나르던 사비도성의 항구로서 옛 영광을 되찾을 수 있는 명승으로 승화되어야 할 것이다.

명승 제64호

화엄의 불국세계,
지리산 화엄사 일원

　백두대간은 백두에서 시작되어 지리에서 끝난다. 한반도를 종주하는 백두대간의 산줄기는 곳곳에 우뚝우뚝 봉우리를 만들고 반도의 남쪽으로 이어져 마지막으로 크고 넓게 뭉쳐 솟아오른다. 이 오름이 바로 남한 지역의 내륙에서 가장 높다는 지리산이다. 산세는 유순하지만 산역의 둘레가 800여 리에 달하는 거대한 산이다. 전체 면적이 무려 440km²에 이르고 최고봉인 천왕봉(해발 1,915m)을 중심으로 서쪽의 노고단에서부터 반야봉, 토끼봉, 명선봉, 덕평봉, 칠선봉을 지나 동쪽으로는 중봉, 하봉, 싸리봉에 이르기까지 긴 능선을 따라 높이가 1,500m 이상 되는 봉들이 줄줄이 늘어서 있다.
　서남쪽에서 동북쪽 방향으로 발달한 주능선과 여기에서 분지되어 거의 수직 방향으로 생겨난 가지능선은 700~1,300m의 높이로 종석대, 고리봉, 만복대 등 여러 봉우리를 형성하고 있다. 품이 너른 지리산은 이러한 가지능선 사이로 여러 개의 계곡이 자리하고 있다. 피아골, 뱀사골, 한신계곡, 칠선계곡 등이 깊은 골짜기를 이루고 맑은 물이 골골이 발원하여 지천을 만든다. 이 지천들은 다시 합류하여 큰 하천을 이룬다.
　지리산 계곡에서 발원한 모든 물줄기는 두 개의 큰 강으로 합류된다. 하나는 낙동강 지류인 남강의 상류로 함양과 산청을 거처 흐르고, 또 하나는 멀리 마이산과 봉황산에서 흘러온 섬진강으로 지리산의 서쪽을 향해 흐른다. 지리산에서 발원하는 화개천, 연곡천, 동천, 경호강, 덕천강 등 10여 개의 하천이 이 두 강으로 흘러가며 맑은 물과 아름다운 경치로 '지리산 12동천'을 이루고 있다.

지리산은 융기와 침식작용에 의해 산간분지와 고원, 깊은 협곡이 형성되었다. 지질학적으로 볼 때 천왕봉은 화성암의 일종인 섬록암으로 이루어져 있고, 주변은 화강암과 화강편마암이 넓게 분포되어 있다. 또한 남한 지역에서 유일하게 넓은 자연녹지를 유지하고 있는 지리산은 다양한 생물이 서식하고 있는 자연자원의 보고이기도 하다. 넓은 생활 지역을 필요로 하는 큰 동물들이 서식하는 곳으로 근래에는 반달곰의 복원사업이 진행된 순수한 자연환경을 갖추고 있다. 현재 지리산은 800여 종의 식물과 400여 종의 동물 등 풍부한 동식물상을 보유하고 있다.

주름 깊은 어머니의 치마폭처럼 넉넉한 지세를 지닌 지리산은 이름도 많다. 지리산은 한자로 지이산智異山이라 쓰지만 읽을 때는 지리산이라고 하는데 본래 '지이'는 지리라는 우리말을 음으로 표기한 것이다. 지리는 산을 의미하는 '두래'에서 나온 이름이다. 두래는 '달'이 나누어진 음으로 두리, 두류 등으로 음이 변해 두류頭流, 豆流, 頭留라는 한자를 붙여 지명이 된 곳이 많다. 여러 고문헌에 지리산은 음 그대로 지리산地理山이라 쓴 기록도 많다. 이처럼 지리산, 두류산頭流山 등 그 이름 또한 다양하다.

지리산은 삼신산 중 방장산으로 불리는 영산이다. 삼신산은 중국 전설에서 비롯된 것으로 발해만 동쪽에 있는 봉래산(금강

▼ **지리산 화엄동천**
연기암에서 부감하는 화엄동천의 전경으로 화사한 봄꽃으로 치장한 모습이다.

산), 방장산, 영주산(한라산)을 지칭한다. 사마천의 《사기》에 삼신산은 신선이 살고 불사약이 존재하는 곳으로 기록되어 있다. 또한 지리산은 신라시대에 일컬어지던 다섯 개의 명산, 즉 신라 오악 중 남악에 해당하는 산이기도 하다. 이처럼 동방의 삼신산, 한국의 명산인 지리산은 신선의 거처라 할 만큼 아름다운 풍광과 중후하고 장엄한 산세를 지니고 있다. 그래서 깊은 골짜기에는 산수가 좋은 위치를 점해 유명한 사찰들이 곳곳에 자리하고 있다. 화엄사를 비롯해 연곡사, 쌍계사, 실상사, 대원사 등 지리산의 품안에는 고찰들이 즐비하다.

지리산은 전라북도, 전라남도, 경상남도 등 세 곳의 도와 구례, 남원, 하동, 산청, 함양 등 다섯 개의 시와 군에 걸쳐 있다. 지리산의 서쪽, 구례군 마산면에서 노고단으로 향하는 골짜기

보고 생각하고 느끼는 우리 명승기행

▼ 화엄사계곡
화엄동천으로 불리는 화엄사계곡은 맑은 물이 쏟아지는 계곡과 계곡물이 만드는 청량한 동천의 모습을 보여준다.

는 매우 깊은 계곡을 이루고 있는데 백제 화엄종의 종찰인 화엄사가 바로 이곳에 위치하고 있다. 화엄을 중심으로 절집이 가득한 이 계곡이 바로 화엄의 불국세계라 불리는 화엄동천이다. 화엄사는 한때 8원 81암자를 거느렸던 대찰이었다. 화엄사계곡에는 헤아릴 수 없이 많은 암자가 총총히 자리하고 있어 큰 절에서부터 노고단까지 큰 소리로 전달하면 소리로써 이어갈 수 있었다고 한다.

화엄사는 544년(백제 성왕 22) 인도에서 건너온 연기緣起가 창건한 사찰로《사적기寺蹟記》에 전하고 있다. 신라가 삼국을 통일한 후 의상대사가 '화엄십찰'을 불법의 도량으로 삼으면서 화엄사는 화엄세계의 중심을 이루는 곳이 되었다. 의상은 670년(신라 문무왕 10)에 화엄사를 중수했으며 장육전丈六殿을 짓고 화엄경

▲ **화엄사**
화엄사의 중심을 이루고 있는 각황전과 대웅전의 전경이다.

을 돌에 새겨 벽에 둘렀는데, 이때 비로소 화엄사는 화엄경 전래의 모태가 되었다고 한다.

'화엄華嚴'이란 불법이 너르고 커서 끝이 없다는 광대무변廣大無邊을 비유적으로 표현하는 말로 온갖 꽃으로 장엄하게 장식한다는 잡화엄식雜華嚴飾에서 비롯되었다. 불법이 광대무변하여 모든 중생과 사물을 아우르고 있어 마치 온갖 꽃으로 가득히 장식한 세계와 같다는 것이다. 여기서 온갖 꽃으로 장식한 세계란 지혜와 광명이 가득한 아름다운 부처의 나라를 뜻한다. 이 화엄의 세계는 '연화장세계蓮華藏世界'로 여기에서 '연화장'이란 모든 분별과 대립이 극복된 이상적인 불국토를 말한다. 이러한 화엄사상은 대승불교 초기의 주요 경전인《화엄경華嚴經》에서 유래되었다.《화엄경》은 석가모니가 깨달음을 얻은 직후에 그 내용을 설법한 경문이다.

화엄사상은 중국과 한국, 일본에서 발전한 불교사상이다. 중국에서는 두순杜順, 지엄智儼, 법장法藏 등에 의해 화엄학이 정립되었다. 특히 당나라 때 법장이 화엄종을 개창했는데 수나라 때 지의智顗가 개창한 천태종과 함께 중국 불교의 대표를 이룬 교학이다. 한국에서는 신라시대 의상에 의해서 화엄사상이 크게 발전했다. 의상은 당나라에 건너가 지엄의 문하에서 화엄학을 배운 후 신라로 돌아와 해동 화엄종을 개종했다. 이로써 의상은 한국 화엄종의 비조가 되었으며 원효元曉, 윤필潤筆과 함께 화엄삼사華嚴三師로 받들어지고 있다. 의상은 668년《화엄일승법계도華嚴一乘法界圖》를 저술함으로써 화엄경의 근본정신과 깨달음의 과정을 간결하게 정리했다.

의상에 의해 발전한 화엄학과 이것의 본산이라 일컫는 화엄사는 오랜 역사를 통해 많은 변화를 겪어왔다. 화엄사는 임진왜란 때 전소되어 1630년(인조 8)에 벽암碧巖선사가 재건하기 시작하여 7년 만인 1636년(인조 14)에 완성되었다. 장육전을 두르고 있던 석경은 부서져 돌무더기로 쌓여 있다가 지금은 각황전에 일부가 보관되어 있다. 다른 절과 달리 화엄사는 대웅전이 아닌 비로자나불을 주불로 모신 각황전을 중심으로 가람을 배치하고 있다. '각황'은 임금에게 불교사상을 깨우쳐주었다는 뜻의 이름

◀ **사사자삼층석탑**
사찰 뒤편 작은 언덕에 위치한 국보 제35호 사사자삼층석탑이다. 금방이라도 튀어오를 듯 생동감 넘치는 사자의 모습은 물론, 기단과 탑신에 새겨진 화려한 조각들은 통일신라의 빼어난 예술성을 고스란히 보여준다.

으로 이를 주전으로 삼아 사찰배치가 이루어진 것이다.

'지리산 화엄사 일원'은 화엄사 본찰과 계곡을 따라 위치한 여러 암자를 포함해 주변 산록까지가 모두 명승으로 지정되어 있다. 담과 소, 암반 등이 어우러진 계곡과 오랜 수령의 수목으로 우거진 사찰 주변의 산록은 화엄동천의 의미를 실감하게 한다. 화엄사에는 문화재도 많다. 지정된 문화재는 총 14점으로 각황전앞석등, 사사자삼층석탑 등 4점의 국보와 동오층석탑, 서오층석탑, 대웅전, 원통전앞사자탑 등 5점의 보물이 있다. 또한 천연기념물로 올벚나무와 매화나무, 도지정문화재로는 화엄사보제루 등 2점, 전라남도문화재자료로 남악사 등 2점이 있다.

지리산은 장엄하다. 마음속 깊은 곳을 강렬한 울림으로 흔드는 산이다. 오랜 옛날부터 가까운 근현대에 이르기까지 수없이 많은 사건들이 역사의 수레바퀴와 함께 소용돌이친 민족사의 현장이다. 가슴을 뭉클하게 하는 질곡의 현대사 중심에 있었던 지리산과 더불어 화엄의 꽃이 만발한 연화장의 세계, 부처의 지혜와 광명이 가득한 불국토, 화엄학의 본산인 화엄동천으로 일컬어지는 '지리산 화엄사 일원'은 명승으로서의 가치가 매우 큰 곳임에 틀림없다.

제 5 장

전통산업·문화 경관

우리 선조들은 자연의 섭리와 법칙에 순응하며 살아왔다. 모든 의식주를 자연에 따랐다. 이러한 삶의 방식은 우리 산하에 어울리는 우리만의 전통적인 산업 경관을 형성했다. 옛사람들은 마을을 이루는 과정에서도 자연에 거스르지 않고 마을숲과 같은 자연물로 부족한 부분을 조금씩 보완하여 마을을 문화 경관으로 만들었다.

명승 제15호

농경이 문화 경관이 되다, 가천마을 다랑이논

▶ **다랑이논 전경**
가천마을 다랑이논의 모내기철 모습으로 벼농사를 위해 만든 무논의 형태를 잘 보여준다. 남해군 제공.

▶ **가을의 다랑이논**
가을 추수가 끝난 뒤의 모습으로 논두렁이 급한 지형을 따라 다양한 곡선을 연출하고 있다.

지중해풍의 해안이 있다. 한반도 남쪽, 남해군 홍현리의 해안은 지중해의 어느 바닷가 같은 느낌을 준다. 산마루에서 바다로 향하는 지형은 급경사를 이루어 바닷물 속으로 급히 흘러가고, 바위에 부딪혀 하얀 포말을 만들어내는 파도는 검푸른 바다로 이어져 저 멀리 수평선 너머로 끝없이 펼쳐진다. 아름다운 바닷가의 풍경이다.

홍현리 바닷가에 위치한 자연부락인 가천마을에는 바닷가로 깎아지른 급경사지에 다랑이논이 자리하고 있다. 다랑이논은 바닷가의 험한 지형에서 오랫동안 이어진 척박한 삶이 빚어놓은 풍광이다. 다랑이란 손바닥만 한 작은 논을 의미한다. 삿갓을 씌우면 보이지 않을 정도로 논배미가 작아 '삿갓배미'로 불리기도 한다. 다랑이논은 경사가 심한 비탈에 석축을 쌓아 폭이 좁고 길게 만든 논배미로 이루어진다. 어느 것은 농작물을 심는 논의 폭보다 석축의 높이가 더 큰 경우도 있다.

가천마을의 다랑이논은 무려 100층도 더 된다. 설흘산과 응봉산의 산줄기가 흘러내린 계곡을 따라 산중턱에서 바닷가까지 산비탈에 조성되어 있다. 등고선 방향으로 층층이 형성된 다랑이논의 석축은 매우 아름다울 뿐만 아니라 아침부터 저녁까지 태양의 각도에 따라 그림자가 달라지는 모습은 신비롭기 그지

보고 생각하고 느끼는 우리 명승기행

없다. 철따라 고운 옷으로 갈아입고 구름이 끼거나 눈과 비가 올 때면 시시때때로 제각기 다른 풍광을 만든다. 또한 논에 심겨진 농작물에 따라 연초록에서 황금색에 이르기까지 계절마다 다양한 색깔의 긴 띠를 층층이 형성한다. 그 사이사이에는 석축이 길게 무채색의 가로선을 그어 마치 공책의 줄과도 같은 정연한 경관을 연출한다. 더욱이 다랑이논 한가운데 자리한 마을과 그 앞으로 펼쳐진 짙푸른 바다는 함께 어울려 한 폭의 그림을 만들고 있다. 이렇게 빼어난 풍광이 바로 가천마을의 모습이다.

다랑이논은 산간오지에 살던 선조들이 급경사지에서 벼농사를 짓기 위해 산비탈을 깎아 만든 농경지다. 전통적인 삶과 자연이 조화를 이루어 만들어낸 농경문화 경관이라 할 수 있다. 한국을 비롯해 일본, 중국, 필리핀 등 여러 나라에 다랑이논이 조성되어 있지만 이들 대부분이 내륙 산간 지역에 위치한 데 반해 가천마을 다랑이논은 바다에 면하고 있다.

가천마을 다랑이논의 논두렁은 돌을 촘촘히 쌓아 축조했다. 여기에 사용된 돌은 마을 뒷산에서 채취한 것이다. 지금도 배후의 산비탈 급경사면에는 수많은 암석이 풍화되어 퇴적 지형을 형성하고 있다. 경사가 심한 이곳에 한 뼘이라도 논을 더 넓히기 위해 석축을 가능한 수직으로 쌓았다. 석축은 무논(물이 괴어 있는 논)을 만들기 위해 윗부분이 수평으로 조성되었기 때문에 매우 아름답고 독특한 농업 경관을 형성하게 된 것이다.

다랑이논은 농업을 바탕으로 하는 전통 경관이다. 그래서 농경이 지속되어야만 경관을 유지할 수 있기 때문에 벼와 마늘을 번갈아 가며 1년에 이모작으로 재배하고 있다. 현재 마을을 중심으로 기계화가 가능한 곳은 경작이 활발하게 이루어지고 있다. 하지만 비탈이 심한 지역이나 경작 여건이 어려운 논배미는 이미 휴경지로 변한 곳이 많은 상황이다. 이러한 휴경지는 세월이 지나면서 석축이 무너져 황폐해지고 그 아름다움 역시 저절로 훼손된다.

남해 가천마을이 형성된 것은 아주 오래전이다. 마을의 유래에 대한 자세한 자료는 없으나 대대로 이 마을에서 살아온 김해 김씨, 함안조씨에 의해 신라 신문왕 때 마을이 형성된 것으로 추정하고 있다. 마을에 전해지는 미륵과 육조문에 대한 전설을 통해 보면 고려시대 이전에 이미 마을을 이루었고, 임진왜란 때 사용되었다는 설흘산 봉수대는 이미 그 이전 가천마을에 주민이 집단적으로 거주했다는 사실을 증명하고 있다. 본래 마을의 옛 이름은 간천間川이었다. 아마도 능선 사이를 흐르는 개울이 있어 그렇게 불린 것이 아닌가 생각된다. 조선 중엽에 이르러 마을 이름이 가천加川으로 바뀌어 지금에 이르고 있다.

가천마을에는 농경과 관련된 문화자원이 많다. 농경사회는 기본적으로 다산多産과 풍요를 가장 중요시하기 때문에 자연스럽게 성과 관련된 성신앙이 매우 노골적으로 표현된다. 가천마을에는 이러한 성신앙을 의미하는 암수바위가 있다. 경상남도 민속문화재로 지정된 '남해 가천 암수바위'는 마을 아래쪽에 위치하고 있는데 암수의 바위 한 쌍이 약간 떨어져 서 있다. 암바위는 여인이 잉태하여 만삭이 된 모습으로 비스듬히 누워 있고, 숫바위는 남성의 성기 모양으로 우뚝하게 솟아 있다. 암수바위는 '미륵불'이라 하여 각각 암미륵, 숫미륵이라 부르기도 한다.

▼ **밥무덤**
마을제사를 지낸 후 제삿밥을 묻어두는 곳으로 마을의 중앙에 위치하고 있다.

▶ **암수바위**
가천 암수바위의 모습이다. 성신앙과 관련된 이러한 구조물이 농촌마을에 조성되는 사례가 많았다.

과거 아무도 모르게 숫미륵 밑에서 기도를 드리면 득남한다는 전설이 있어 이 고장의 여인들뿐만 아니라 다른 지방에서도 많이 다녀갔다고 한다. 이곳은 조선 영조 때 남해현령으로 부임했던 조광진에 의해서 처음 발견되었다. 그의 꿈에 노인이 나타나 계시를 주었다고 한다.

가천마을에서는 매년 풍년과 풍어, 마을의 평안을 비는 동제 洞祭를 지내고 있다. 정갈한 사람을 제주로 뽑아 제사를 모신다. 제사의식은 먼저 마을 뒷산에서 채취한 깨끗한 황토를 밥무덤에 있는 기존의 황토와 교체하는 것으로 시작된다. 다랑이논에서 수확한 햇곡식과 과일, 바다에서 잡은 생선으로 정성스럽게 상을 차려 제사를 지낸다. 제사 후 제삿밥은 밥무덤에 묻어둔다. 밥무덤은 마을의 중앙, 동쪽, 서쪽 세 곳에 있다. 돌탑으로 만들어진 밥무덤은 3단으로 되어 있다. 가장 윗단에 삼면으로 돌벽을 세우고 바닥에는 황토를 깔고 그 위에 둥근 돌을 얹어

보고 생각하고 느끼는 우리 명승기행

◀ **봉수대**
설흘산 정상에 봉수대가 설치되어 있다. 조선시대 통신수단으로 사용하던 봉수대는 가천마을의 중요한 문화자원이다.

물건을 보관할 수 있도록 만들었다. 제사가 끝난 후에는 농악을 울리고 횃불놀이를 하는 것으로 축제가 이어진다.

가천마을 뒷산인 설흘산 정상에는 봉수대가 설치되어 있다. 경상남도기념물로 지정된 봉수대는 높이 6m, 너비 7m의 규모이며 사각형의 모양으로 축조되었다. 왜구의 침입과 재난을 알리기 위해 사용된 것으로《신증동국여지승람》과《남해현읍지》에 의하면 이 봉수대에서 남해 금산, 전남 돌산의 봉수대와 서로 연락했다고 한다.

가천마을은 다양한 문화자원을 가진 아름다운 해안마을이다. 우리나라 어느 곳에도 다랑이논이 이토록 푸른 바다와 접해 비경을 연출하는 곳은 없다. 가천마을 다랑이논은 명승으로 지정되기 전까지 묵논이 되어 휴경지로 황폐해지고 있었다. 농촌의 물리적 구조는 문화를 유지하게 하는 행위가 지속되지 않으면 곧바로 파괴될 수밖에 없다. 다랑이논이 명승으로 지정되고 마을을 찾는 관광객이 많아지면서 근래에 가천마을은 활기를 되찾고 있다. 이제 마을에서 다랑이논을 바탕으로 마을주민이 주체가 되어 활용을 위한 다양한 노력이 시작되고 있다. 앞으로 더욱 다양한 프로그램을 개발하여 많은 사람들에게 활용될 수 있도록 하는 것은 마을의 번영에도 중요하지만, 활용을 중요시하는 문화재인 명승의 지정목적에도 부합하는 일이다.

명승 제26호

내앞마을의 지킴이,
백운정과 개호송숲

개호송은 내앞마을의 풍수형국을 완성하기 위해 수구막이로 조성된 마을숲이다. 마을의 문중에서는 개호송을 매우 소중히 여겨 씨족의 흥망을 이 숲의 성쇠와 동일시했다. 내앞마을의 문중에서는 1697년 마을 결의문인 〈완의문完議文〉을 만들었는데 여기에서 그들은 이렇게 다짐하고 있다.

> 이 소나무가 없으면 내앞마을도 없음이 분명하다. 내앞마을은 우리 종사宗祀가 있는 곳이다. 종족의 기반이 흥하고 피폐함은 이 소나무에 달렸으니, 조상을 존중하는 뜻이 크다면 어찌 이 소나무를 보호하는 것에 마음을 다하지 않겠는가.

내앞마을은 의성김씨 동족촌이다. 15세기 후반 김만근金萬謹(1446~1500)이 처음 이 마을에 터를 잡았다고 한다. 개호송 역시 김만근이 처음 심은 것으로 전해지며, 그의 후손 김극일金克一(1522~1585)이 영해부사로 있을 때 영해의 소나무에서 채취한 솔의 씨를 가져와 파종했다는 기록이 남아 있다. 내앞마을은 마을의 물길이 빠져나가는 수구水口가 너무 넓게 터져 있어 물길을 따라 마을의 기운이 흘러 나가는 형국인데, 이 숲은 수구를 막아 마을의 지기를 모이게 하는 장풍의 수단으로 조성된 비보裨補

숲이다.

고문헌에 임수林藪, 동수洞藪, 읍수邑藪 등으로 나타나고 있는 마을숲은 마을의 부족한 지세를 보완하거나 나쁜 기운을 차단하기 위한 풍수적 장치로 대부분 조성된 인공숲이다. 수구를 가로질러 조성하여 풍수형국을 완성함으로써 마을을 아늑하고 안온한 모습으로 만드는 역할을 한다.

개호송은 마을 앞의 동쪽으로부터 서쪽의 안동시 방향으로 흘러가는 반변천에 조성된 숲이다. 500여 년 전 내앞마을과 함께 만들어졌으나 1605년 대홍수로 대부분의 수목이 유실되는 피해를 입었다. 그 후 1617년에 김용金涌(1557~1620)은 선조들의 유지를 받들어 마을 사람들과 함께 1,000여 그루의 소나무

▼ 개호송
임하댐 아래에 조성된 조정지댐에서 바라본 개호송의 모습으로 옆에 자리한 내앞마을이 보인다.

를 식재하여 마을숲을 다시 조성했다. 그는 문중회의를 통해 이 숲을 보호하기 위한 결의문을 작성하는데 이것이 바로 〈개호종송금호의서開湖種松禁護議序〉이다. 문중의 완전한 합의를 의미하는 이 결의문에는 마음을 다해 솔숲을 보호할 것을 다짐하고 있다.

> 개호에는 선대로부터 조성된 소나무 숲이 있었으나 들불이 일어나고 냇물이 넘쳐서 황폐해진 지 벌써 10여 년이 지났다. 이 마을에 살고 있는 자손으로서 어느 곳에 조상을 공경하는 마음을 붙일까 오직 죄송스러울 뿐이다. 마을 사람들을 동원하여 1,000여 그루를 심었으니 선인들의 뜻을 저버리지 않고 우리가 소나무를 보호하지 못한 죄를 속죄하는데 이르렀다. (중략) 오늘 소나무를 심었지만 이후 불이 나서 타지 않을까, 소나 양이 짓밟을까 두렵다.

이 글은 마을숲이 내앞마을에서 얼마나 소중하고 귀중한 의미가 있는지를 실감하게 해준다. 이외에도 1737년 작성된 〈동중추완의洞中追完議〉에는 문중 사람의 옥바라지 비용을 마련하기 위해 숲에서 마른 나무 25그루를 베게 된 것을 크게 반성하는 내용이 담겨 있다. 이와 같은 의성김씨 문중에 전해온 여러 완의문完議文에는 후손들이 개호송숲을 잘 지키도록 엄격한 준수의무를 강요하고 있다. 이로써 개호송숲은 오랫동안 마을의 지속적인 보호 아래 유지되어 왔으며 특별한 관심 속에서 점점 더 소중해져 나중에는 마을의 터전과 조상의 사당을 지키는 상징적인 대상으로 여겨지게 된다. 따라서 문중 사람들에게 이 숲은 씨족의 존숭 대상으로까지 승화된 소중한 마을숲이다.

개호송숲은 반변천을 따라 길게 조성되어 있는 장고長皐숲과 개호송開湖松으로 이루어져 있다. 장고숲은 반변천의 좌안에 퇴적된 모래톱을 따라 길게 선형을 형성하고 있다. 마을에서 보면 반변천 방향으로 터져 있는 수구를 가로막은 띠 나무, 즉 수대樹帶인 것이다. 장고숲이 끝나는 지점의 강물에는 마치 섬과도 같은 모습으로 소나무 숲이 조성되어 있는데 이것이 바로 개호송이다. 반변천에 임하댐이 조성되면서 임하댐의 조정지댐이 개호송의 바로 아래에 위치하여 개호송은 호수에 떠 있는 섬과 같은 모습이 되었다.

  마을숲은 대부분 마을의 입구에 위치하여 마을의 안과 밖을 구분하는 역할을 한다. 개호송숲도 내앞마을의 안팎을 가르는 장치로 이곳을 지나야만 마을의 문을 통과한다는 의미를 가진다. 이러한 마을숲을 통해 사람들은 자신들의 마을을 외부와 명확히 구별되는 내부로 인식하는 것이다.

  개호송숲 안에 안온하게 자리하고 있는 내앞마을은 영남의 4대 길지 중 하나다. 《택리지》에는 조선 땅에서 가장 이상적인 마을의 입지로 도산, 하회, 닭실, 내앞을 4대 길지로 기록하고 있다. 이렇게 조선의 명당으로 이름난 내앞마을에서는 많은 인물이 배출되어 영남의 명문거족을 이루게 된다. 특히 입향조 김만근의 손자이며 청계공파의 중시조로 받들어지고 있는 김진金璡(1500~1581)은 그의 다섯 아들이 모두 과거에 합격하고 학행이 뛰어난 선비로서의 일가를 이루어 명문의 기반을 튼튼히 다지는 역할을 한다. "차라리 부서지는 옥이 될지언정 구차하게 기왓장으로 남아서는 안 된다寧須玉碎 不宜瓦全"라며 서릿발같이 자식

보고 생각하고 느끼는 우리 명승기행

◀ **의성김씨 종택**
의성김씨가 동족마을을 이루고 있는 내앞마을의 종택이다.

◀ **백운정 편액**
미수 허목이 썼다는 백운정의 현판이다.

을 훈도했던 김진의 가르침과 함께 그의 후손들은 임금에 직언하는 강직한 성품으로 수없이 금부도사를 부르며 명문을 형성했다.

장고숲이 자리한 반변천 건너 산 중턱에는 백운정白雲亭이 내앞마을을 바라보고 서 있다. 청계 김진의 둘째 아들 김수일金守—이 1568년(선조 1)에 세운 정자다. 백운정은 반변천 언덕에서 내앞마을과 개호송숲이 한 폭의 경관으로 부감되는 지점에 위치하여 탁월한 조망점을 형성하고 있다. 조선시대 많은 유림들이 드나들었던 이곳에는 미수 허목이 쓴 백운정 현판이 걸려 있다.

내앞마을에는 개호송숲의 보존을 위한 문중의 기록이 이렇듯 다수 남아 있다. 일반적으로 마을숲은 공원과도 같아서 대부분의 마을에 조성되었지만 개호송과 같이 보호를 위한 기록이 잘 보존되어 있는 곳은 극히 드물다. 강릉에는 율곡 이이가 그의 제자에게 강릉 지방 송림의 소중함과 보호를 특별히 강조하며 지어준 〈호송설護松說〉이 전해지고 있다. 이처럼 우리 선인들은 마을의 번영을 위해 마을숲을 가꾸고 보존하는 데 많은 노력을 기울였다.

내앞마을의 전통문화를 나타내는 문화 경관으로서의 가치를 지닌 개호송숲은 근래에 임하댐의 조성과 함께 물속에 갇혀 건강이 나빠졌고 장고숲 또한 수종과 형태가 변화된 상황이다. 다른 수종이 침입하고 있는 개호송숲은 장기적으로 볼 때 내앞마을의 문중에 전해오는 기록의 내용처럼 소나무 위주의 숲이 되도록 가꾸어야 한다.

명승 제71호

어업문화의 경관, 지족해협 죽방렴

▶ **죽방렴 전경**
창선도와 남해도 사이, 빠른 물살이 흐르고 있는 지족해협에 설치된 죽방렴의 전경이다.

고대 인류는 주로 물가에서 생활했다. 그래서 문명도 자연스럽게 물가에서부터 시작되었다. 오늘날 강가, 강어귀, 바닷가 등에서는 옛사람들이 생활한 흔적이 많이 발견되고 있다. 물가가 농업을 시작하기에 유리한 이유도 있었지만 고기잡이를 통해 먹을거리를 확보하기가 용이했기 때문이다. 고대에는 물고기를 잡는 방식도 매우 다양했던 것 같다. 낚시, 작살, 그물 등을 이용해 고기를 잡았는데 시간이 지나면서 점점 발전하여 규모가 커지고 방식도 더욱 정교해졌다.

죽방렴 竹防簾은 고정식 어업방식 중 하나다. 물목(물이 드나드는 어귀)이나 바닷가에는 고정식 그물이라 할 수 있는 죽방렴이나 독살을 설치했다. 독살은 길게 돌을 쌓아 밀물 때 잠겼던 돌 그물 안에 갇힌 고기를 물이 빠진 후에 잡는 방식이다. 죽방렴은 물목에 V자형으로 참나무 말목을 박고 대나무를 발처럼 엮어 세워 물이 빠진 후 갇힌 고기를 잡는 방식을 말한다. 죽방렴은 간만의 차가 큰 해역에서 예전부터 사용되었는데 만에 따라 그 규모나 형태가 조금씩 다르다.

남해군은 한반도 남쪽 연안의 크고 작은 섬으로 이루어져 있다. 가장 큰 섬은 남해도, 그다음으로는 창선도인데 두 섬 사이의 매우 좁은 물목의 이 바다가 바로 지족해협이다. 바다가 좁아서 간만의 차이에 의해 물살이 매우 빠르다. 지족해협에는 현재 남해도와 창선도를 연결하는 창선대교가 놓여 있는데 이곳에서 매우 특별한 경관을 조망할 수 있다. 창선대교의 중간쯤에서 동쪽 해협을 바라보면 여러 개의 죽방렴이 설치되어 있는 바다의 풍광을 만날 수 있기 때문이다. 매우 특이하고 신비한 풍경으로 이 죽방렴들은 마치 거대한 V자형의 꺾쇠를 바다에 박아놓은 것 같은 모양을 하고 있다.

죽방렴은 우리 선조들이 고안해낸 전통적인 어업문화 경관이다. '대나무 어사리(어살)'라고도 하며 조선시대에는 '방전'으로도 불렸다. 1469년(예종 1)에 편찬된 《경상도속찬지리지 慶尙道續撰地理誌》의 남해현에 관한 내용에는 오래된 전통어업으로 지족해협에서 행해진 죽방렴에 대한 기록이 남아 있다. 이러한 기록으로 볼 때 죽방렴이 매우 오랜 역사를 지닌 원시적인 어업방식임

▲ 죽방렴 근경

죽방렴은 양팔을 벌린 것처럼 V자형으로 말목을 박고 발 그물을 설치하여 고기를 둥그렇게 만든 임통으로 유인해서 잡는 방식이다. 남해군 제공.

보고 생각하고 느끼는 우리 명승기행

을 알 수 있다.

현재 통영, 여수, 완도, 진도 등 우리나라 남해안의 대부분 지역에서는 근대화된 방식으로 고기를 잡거나 기르고 있다. 그러나 유독 남해군 지족해협에서는 죽방렴 약 20여 개가 아직도 상용되고 있다. 이유는 지족해협의 거친 물살로 양식어업이 불가능하기 때문이다.

죽방렴에서의 고기잡이는 3월부터 12월까지 이어진다. 특히 5월에서 7월 사이에 고기가 많이 잡히는데 주요 어종으로는 멸치와 갈치를 비롯해 학꽁치, 도다리, 숭어, 농어, 감성돔 등이 있다. 그중에서도 가장 많이 잡히는 것은 멸치다. 어업량의 약 80%를 차지하고 있는 멸치는 일명 '죽방멸치'라 하여 최상품으로 인정받고 있다. 이곳 멸치가 유명한 이유는 크게 두 가지다. 지족해협의 물살이 거칠기 때문에 물고기의 힘이 좋고, 그물을 사용하지 않고 뜰채로 떠내는 방식으로 잡아서 멸치가 손상되지 않고 싱싱하기 때문이다.

죽방렴은 수심이 얕은 갯벌에 설치하는 어로 시설이다. 그래서 대부분 서해안과 남해안에 발달되어 있다. 독살 또한 서남해안은 물론 제주도에 이르기까지 아주 많은 곳에 설치되어 있다. 독살은 독담 또는 석방렴石防簾이라고 하며 해남에서는 '쑤기담', 제주에서는 '원담'이라고 부른다. 이러한 독살은 해안의 돌출 부분과 같은 지형을 이용하여 얕은 바다를 가로막는 방식으로 만들지만 죽방렴은 물목의 바다 안에 설치하는 것이 보통이다. 독살이나 죽방렴 같은 어살은 물이 빠지는 끝부분에 불룩한 임통(불통)을 만들어 이곳에 고기를 가두는 방식으로 물고기를 잡는

▶ **지족해협**

지족해협에 여명과 함께 아침 해가 떠오르고 있는 아름다운 풍경이다. 붉게 물든 하늘과 바다, 죽방렴의 모습이 매우 특별한 풍광을 연출하고 있다. 남해군 제공.

다. 죽방렴의 입통은 밀물 때는 열리고 썰물 때는 닫히게 되어 있다. 물고기는 하루에 2~3회 배를 타고 들어가 뜰채로 건져 낸다.

지족해협의 죽방렴은 너른 바다와 그 위를 나는 갈매기가 함께 어울려 한 폭의 그림과 같은 풍경을 보여준다. 특히 바다를 붉게 물들이며 넘어가는 일몰은 남해의 빼어난 경치 중 하나다. 이렇게 아름다운 지족해협 죽방렴은 창선대교에서 바라볼 수도 있지만 보다 가까이에서 보려면 마을에 설치된 전망대에 오르면 된다. 죽방렴의 세부를 관찰하려면 마을 위쪽에서 죽방렴까지 설치해놓은 교량과 같은 시설을 통해 접근하면 자세한 구조를 확인할 수 있으며, 시간이 맞으면 죽방멸치를 잡는 모습도 볼 수 있다.

죽방렴은 원시적인 모습을 보여주는 전통어업 경관이다. 이러한 경관은 전통어업의 지속에 의해서만 유지될 수 있다. 그래서 문화재청에서는 지족해협 죽방렴이 지니고 있는 어업문화 경관으로서의 가치를 소중하게 판단하여 명승으로 지정했다. 이로써 남해군은 다랑이논에 이어 전통어업 경관까지 명승으로 지정된 유일한 지방자치단체가 되었다. 그러나 한 가지 아쉬운 것이 있다면 옛날의 죽방렴은 통나무 말목과 대나무발을 주재료로 사용했는데, 오늘날에는 콘크리트 전신주와 철재구조물 등 다양하고 다소 조악한 형태로 되어 있다는 점이다. 장기적으로 죽방렴의 재료나 형태를 가능한 전통적인 모습으로 보여줄 수 있도록 바꾸어야 한다.

명승 제22호

전통포구의 마을숲, 법성진 숲쟁이

칠산 바다에 돈 실러 나간다
영광 법성으로 돈 실러 가세

오랜 역사를 지닌 전통포구 법성포는 조기로 유명하다. 칠산 바다와 법성포구의 조기 파시는 말 그대로 돈이 넘치는 어물시장이었다. 법성포는 서해에서 가장 품질 좋은 조기가 잡히는 칠산 앞바다에서 들어오는 조기배로 파시를 이루었기 때문에 "영광 법성으로 돈 실러 가세"라는 말이 〈뱃노래〉로 불릴 정도로 많은 보부상들이 모여들어 매우 번창했던 포구다. 법성포는 삼국시대부터 구한말에 이르기까지 중국, 일본과의 해상 교통로에 위치했던 우리나라 서해안의 대표적인 항구였다.

  주변을 둘러싸고 있는 산세에 위요되어 아늑한 지형을 이루고 있는 법성포는 매우 특이한 경관을 보여주는 해안마을이다. 법성포의 포구에서 마을 뒤편을 두르고 있는 능선을 바라보면 지평선에 가로로 길게 조성되어 있는 수림대를 볼 수 있다. 바로 영광의 명소인 '법성진 숲쟁이'다. 고려시대 이래 전라도에서 가장 번창한 포구였던 법성포와 마을을 보호하기 위해 인의산 자락의 잘록한 능선과 법성진성法聖鎭城 위에 조성된 숲이다.

  '숲쟁이'란 숲정이의 사투리로 마을이나 도시 근처에 특별한

▶ 숲쟁이 전경
현재 법성포의 갯벌은 대부분 매립되어 좁은 물길만 남아 있다. 이제 전통포구의 옛 모습은 찾아보기 힘들다.

목적으로 조성된 숲을 의미하는 용어다. 또한 '쟁이'란 재, 즉 성城을 의미하는 어휘로도 쓰여 '숲쟁이'는 숲으로 된 성을 말하기도 한다. 오늘날 도시의 허파와도 같은 도시녹지, 혹은 도시공원과 비교되는 공원녹지로서 전통마을의 시설로 친다면 곧 마을숲이라 할 수 있다. 본래 마을숲은 대부분 마을이나 도시의 입구, 혹은 물이 흘러 나가는 곳에 수구막이로 조성되는 것이 보통이다. 하지만 법성진 숲쟁이는 특별한 위치에 아주 특별한 형태로 조성되었다.

이 숲은 법성포 마을에서 홍농 방향으로 연결된 도로의 고갯마루 부분에 좌우측으로 능선을 따라 법성리와 진내리에 걸쳐 조성되어 있다. 법성포의 후면을 두르고 있는 산세는 인의산을 시작으로 좌측 능선이 대덕산 방향으로 이어지고 우측 능선은 진내리 방향으로 뻗어 내린다. 서쪽의 진내리 방향으로 인의산의 자연림이 끝나는 남쪽 부분에서 시작되는 숲쟁이는 차도가

보고 생각하고 느끼는 우리 명승기행

◀ **법성진성 숲쟁이**
진내리 방향의 법성진성 위에 조성된 숲쟁이는 느티나무, 팽나무가 주종을 이루고 있다.

◀ **법성포**
어선들이 물길을 따라 움직이기 시작하는 법성포구다. 갯벌에는 매립공사가 진행 중이다.

가로지르는 부분까지 완만한 하향 경사면에 조성되어 있다. 또한 다시 도로 건너편으로 연결되어 오르막 경사로 이루어진 산 능선을 따라 길게 선형으로 마치 두 개의 산을 연결하듯이 숲이 형성되어 있다. 산 능선을 따라 형성된 마을숲으로는 국내에서 거의 유일하다. 이 숲은 본래 하나로 연결되어 있었던 것인데 지방도로가 개설되면서 두 개로 나뉘어져 현재는 도로 위에 놓인 부용교가 숲을 연결하고 있다.

진내리 능선 위에 식재된 숲쟁이는 특이하게도 법성진성을 따라 조성되어 있는데 1514년(중종 9) 이 성을 축조할 때 함께 만들어졌기 때문이라고 한다. 법성진성의 윗부분에 줄지어 서 있는 수림대는 성이 끝나는 산 아래까지 심겨져 있고 전체 길이가 300m에 달한다. 수종은 느티나무가 가장 많고 그밖에 팽나무와 개서어나무가 다소 섞여 있다. 그러나 진내리 능선의 법성진성을 따라 심겨진 나무는 곰솔이 대부분이다. 아마도 느티나무, 팽나무 등의 활엽수를 대체해 근래에 새로 심겨진 것으로 보인다.

마을숲은 일반적으로 휴양 위락의 기능을 수행하는 마을공원의 역할을 한다. 그래서 대부분의 마을숲에는 공원 시설이 형성되는데 법성진 숲쟁이에도 와우정과 부용교를 비롯해 다양한 시설이 조성되었다. 진내리 방향의 숲에도 야외무대, 그네, 씨름장과 같은 시설이 만들어졌으나 현재는 숲의 건강을 회복하기 위해 과도한 시설들은 철거되었다.

일반적으로 마을숲은 마을의 고유한 문화 활동의 장소로서 기능한다. 그중 가장 많이 행해지는 것이 마을제사인데 보통 공동 의례로 행해진다. 그래서 마을숲에는 성황목, 제각, 장승, 솟대, 돌탑처럼 마을의 문화를 상징하는 전통적인 시설이 설치되는 경우가 많다. 법성진 숲쟁이에도 이처럼 전통문화를 상징하는 문화 요소가 존재하고 마을제의 또한 행해지고 있다. 이 숲에는 진내리 방향에 당산이 있고, 숲 내에서는 매년 음력 5월에 유명한 법성포 단오제가 거행된다.

법성포 단오제는 400년을 이어온 서해안 최대의 단오절 행사로 강릉 단오제와 함께 동서 단오제로 쌍벽을 이루는 전통제의이자 축제다. 조선 중기부터 매년 시행된 전국 규모의 행사다. 법성포 단오제가 이토록 규모가 큰 행사로 지속될 수 있었던 것은 법성포에 호남 지방 전역에서 세금으로 거둬들인 곡식을 보관하는 조창이 있어 많은 사람들이 왕래하였고, 봄이면 서해안 최대의 조기 파시가 열려 수많은 상인들이 전국 각지에서 모여들었기 때문이었다.

법성진 숲쟁이는 방풍의 기능도 하고 있다. 바닷가에서 불어오는 거센 바람을 막아주는 방풍림으로서의 역할을 했다. 아울러 마을의 경관을 아늑하게 만드는 풍수적 장치와 아름다운 경관을 위한 풍치 목적으로도 조성되었다. 또한 거대한 노거수의 숲을 이루면서 자연스럽게 사람들의 놀이와 휴식, 문화행위를 수용하는 장소가 되었다.

숲쟁이를 주무대로 한 단오제는 오랜 세월 동안 법성포의 축제로 이어져 왔다. 그러나 이러한 장구한 역사와 전통에도 불구하고 1907년경 일제에 의해 강제로 중단되어 그 맥이 끊어졌었다. 조창이 있던 법성에서 의병과 일본군의 전투가 자주 발발하여 취해진 일본의 강압 때문이었다. 거의 40여 년간 단절되었던 단오제는 광복 후 1946년에 다시 부활했다. 단오제는 용왕제, 인의제, 당산제 등의 제의행사로 먼저 시작된다. 제의를 드리는 절차가 끝난 후에는 선유놀이, 공연, 투호, 그네뛰기, 씨름, 제기차기 등 다양한 행사가 이어진다. 선유놀이는 조세를 실어 나르던 수십 척의 배가 동원되어 선상에서 풍악을 울리며 즐기는 뱃놀이로 조선시대부터 법성포에 전해 내려오는 전통놀이다.

　법성은 불교의 전래와도 깊은 관련이 있다. 백제시대 불교가 처음 전해질 때 법성포구를 통해 들어왔다고 한다. 인도의 고승 마라난타 존자가 실크로드와 중국 동진을 거쳐 백제 침류왕 원년(384)에 해로를 통해 우리나라에 최초로 입국한 곳이 바로 법성포다. 법성포의 백제시대 지명은 아무포阿無浦였다. 이것은 마라난타가 아미타불 정토신앙을 전래한 포구라는 것에서 연유했으며, 그 후 성인이 성스러운 법을 전한 포구라는 뜻의 법성포法聖浦로 다시 바뀌게 된 것이라 한다.

　'영광 법성진 숲쟁이'는 법성진성과 마을숲이 어우러진 전통문화 경관이다. 다양한 문화적 의미가 깃들어 있는 숲쟁이는 법성포와 함께 아름다운 풍광을 연출하고 있다. 또한 영광의 단오제가 행해지고 조선시대 수군진의 모습을 보여주며 파시로 번창했던 포구의 영광을 전해주는 의미 깊은 장소다. 이러한 영광의 지역문화를 잘 보여줄 수 있도록 계속해서 가꾸어야 할 소중한 역사·문화 명승인 것이다.

꿈에서 본 선경, 선몽대 일원

▶ **선몽대**
내성천에서 바라본 선몽대 일원의 전경이다. 맑고 깨끗한 물이 흐르는 내성천과 신록으로 푸르른 선몽대 주변의 경관이 싱그러운 느낌을 준다. 예천군 제공.

노송과 높은 누대는 푸른 하늘에 솟아 있고
松老高臺插翠虛
강변의 흰 모래와 푸른 절벽은 그리기도 어렵구나
白沙靑壁畵難如
나는 이제 밤마다 선몽대에 기대서니
吾今夜夜凭仙夢
예전에 이런 경치 감상하지 못한 것을 한탄하지 않노라
莫恨前時趁賞疎

퇴계는 아끼던 손자이자 문하생이었던 우암遇巖 이열도李閱道(1538~1591)가 예천의 백송리에 선몽대仙夢臺를 지었을 때 손수 편액을 쓰고 〈선몽대란 제목을 지어 부치다寄題仙夢臺〉라는 시를 지어 보냈다. 이 시는 선몽대의 아름다운 경치를 찬탄하는 수사로 가득 차 있다. 선몽대의 경치는 정말 아름답다. 비단 같은 물줄기가 흘러내리는 내성천, 시냇가 아래위로 넓게 펼쳐져 있는 흰 모래 벌판, 강변 모래밭 어귀에 줄지어 늘어선 노송 숲, 그리고 석벽 위로 우뚝하게 자리하고 있는 아름다운 정자의 모습은 신선이 살고 있는 선계와도 같은 비경이라 하지 않을 수 없다.

선몽대는 1563년(명종 18)에 창건되었다. 정자 내에는 당대의

석학인 퇴계 이황, 약포 정탁, 서애 류성룡, 청음 김상헌, 한음 이덕형, 학봉 김성일 등의 친필시가 목판에 새겨져 지금까지 전해지고 있다. 선몽대는 신선의 세계를 묘사한 상서로운 문자향이 가득한 공간이다. 조선 중기의 문신으로 다섯 차례나 대사헌에 임명되었으나 강직한 성품으로 출사와 사직을 반복했던 김상헌 金尙憲(1570~1652)은 이곳 선몽대의 아름다움에 취해 다음과 같은 시를 남겨놓았다.

모래는 깨끗하고 냇물이 밝아서 맑기가 텅빈 것 같으니
沙白川明澹若虛

> ▶ 석축제방
> 내성천의 범람을 막기 위해 필요한 시설이지만 제방이 축조된 이후 나무들이 상당한 깊이로 복토되어 수목의 생장에 영향을 주고 있다.

옥산과 옥구슬 가득한 정원에 비교함이 어떠할까
　玉山瓊圃較何如
신선의 땅이 하도 멀어 오기가 어렵다 하나
　仙區萬里應難到
이 정자에 오고감을 소홀히 하지 말자
　來往斯亭且莫疎

_ 김상헌, 〈경차선몽대운 敬次仙蒙臺韻〉

　　그 옛날 선몽대를 찾는 선비들은 가벼운 발걸음이 저절로 이곳을 향했을 것이다. 선몽대라면 오래 머무르고 싶다는 생각이 절로 들 것 같다. 이곳에서는 동서로 흐르는 아름다운 풍광의 내성천이 한눈에 들어온다. 선몽대는 백송마을의 우측에서 앞으로 뻗어 내린 능선이 끝나는 곳에 위치한 정자다. 암벽을 다듬어 경사진 터에 마치 석벽에 기대어놓은 것과 같은 모습으로 지어진 건물이다. 이름을 선몽대라 한 것은 이곳에서 신선이 나오는 꿈을 꾼 이후 건물을 지었다는 데서 유래한 것이라고 한다.
　　선몽대를 아름다운 비경으로 만드는 첫 번째 요소는 단연 내성천이다. 푸른 내성천의 물은 선몽대의 상류에서 크게 S자형으로 감돌아 흘러온 후 선몽대 앞에서 동에서 서로 물길을 따라 비단결처럼 여울져 내려간다. 이 여울은 매우 넓게 펼쳐져 있어 화창한 날 맑고 고요한 수면에 비친 선몽대의 모습이 매우 선명하다. 그야말로 명경지수 明鏡止水라 할 만하다.
　　내성천의 물길과 함께 선몽대의 비경을 한층 더 높여주는 것은 바로 넓게 자리한 백사장이다. 이곳에는 흰 모래가 아주 넓

고 두텁게 쌓여 있다. 내성천은 본래 곱고 흰 모래로 유명한데 이러한 벌판이 강물과 서로 맞닿아 아름다운 물결을 만드는 조화의 극치를 이룬다. 이러한 비경은 중국의 절경으로 이름난 소상팔경 중 하나인 '평사낙안'으로 비유되기도 한다. '평사낙안'이란 기러기가 모래사장에 내려 앉아 있는 형상으로 동양화의 화제畵題로 많이 활용된 경승이다. 기러기가 내성천의 풍부한 먹이를 먹고 백사장에서 한가로이 쉬는 아주 안온한 곳이라는 의미다.

선몽대의 선경을 구성하는 또 다른 요소는 선몽대 숲이다. 선몽대와 뒤편의 백송마을을 보호하기 위해 조성된 우리 선조들의 풍수사상이 깃든 전통적인 마을숲이다. 백송마을의 물길이 내성천으로 흘러 나가는 수구 부분에 수구막이로 조성된 숲으로 100~200여 년 수령의 소나무 노거수와 은행나무, 버드나무, 향나무 등이 함께 자라고 있다. 선몽대 숲은 매우 아름다운 모습을 지니고 있다. 특히 강변에 늘어선 노송의 자태는 고귀한 품위를 나타낸다. 이러한 마을숲은 전통적으로 마을공원의 기능을 해왔는데 이곳 또한 백송마을의 공원 역할뿐만 아니라 인근 초등학교 학생들의 소풍 장소로도 활용되고 있다.

  신선의 세계라는 찬사를 받고 있는 예천 선몽대 일원은 2006년 11월 명승 제19호로 지정되었다. 옛날의 선몽대 숲은 하천변의 경사진 모래밭에 자연스럽게 조성되어 있었다. 그러나 근래에는 숲의 규모가 축소되어 전통적인 원형이 위축된 상황이고 생육에도 지장을 받고 있다. 하천의 치수를 위해 필요한 사업이기는 하지만 선몽대 숲 앞으로는 이미 오래전부터 제방이 쌓여 있다. 이로 인해 노송을 비롯한 노거수들의 줄기가 대부분 상당한 깊이로 묻힌 상황이다. 줄기 부분까지 흙을 덮으면 그때부터 나무뿌리와 줄기는 숨을 쉬지 못해 오랜 세월이 흐르면서 끝내는 말라죽게 된다. 다행히 선몽대 숲은 나무 둘레에 큰 자연석을 두르고 묻힌 줄기 부분의 흙을 파내어 그나마 생육환경이 많이 개선되었다.

▲ **선몽대와 숲**

노송이 아름다운 자태를 뽐내고 있는 선몽대 숲은 내성천 가장자리의 모래밭에 위치하고 있다. 아래 사진은 석벽에 기대어 내성천의 비경을 바라보고 있는 선몽대의 모습이다.

명승 제20호

삼한시대의 저수지, 의림지와 제림

▶ 의림지
못 가운데 섬이 있고 건너에는 축조된 제방 위에 제림이 우거져 있는 의림지의 전경이다.

인류의 문명은 농업혁명으로부터 시작되었다. 농업혁명은 사람들의 거주방식을 이주移住에서 한 곳에 머물러 사는 정주定住의 형태로 바꾸었으며 집단의 규모 또한 크게 확대시켜 국가라는 정치공동체를 만들어냈다. 농업의 시작은 고도의 문명사회로 가는 출발점이었다고 할 수 있다. 인류가 농업혁명을 이루어낼 수 있었던 것은 두 가지의 기술 발전에 기인한다. 바로 제련과 토목기술의 발전이다. 제련기술은 농기구의 발전을 가져왔고 토목기술은 관개수로의 조성을 통한 수리의 안전을 이룩했다. 세계 4대 문명의 발상지는 모두 큰 강을 끼고 있다. 강 주위로는 큰 농경지가 일구어져 있고, 이는 강을 막는 댐과 관개수로 등의 수리 시설에 의해 연결되었다.

　제천의 의림지는 우리나라의 대표적인 고대 수리 시설 중 하나로 만수면적이 151,470m²이며 최대 저수량이 661만m³에 달하는 인공저수다. 《삼국사기》, 《고려사》, 《세종실록》, 《신증동국여지승람》 등에 기록되어 있으며 《여지도서輿地圖書》, 《제천현지도堤川縣地圖》, 《청구도靑邱圖》, 〈대동여지도大東輿地圖〉 등 조선시대 고지도에도 자세히 나타나 있다. 의림지는 조성된 연대가 확실하게 밝혀지지는 않았으나 삼한시대부터 존재했던 것으로 알려져 있다.

　고문헌을 근거로 삼국시대설, 고려시대설도 제기되었으나 2009년 제방과 호수 바닥의 퇴적물을 시료로 연대를 측정한 결과 서기 100년 전후라는 결과가 나와 2,000년 전, 즉 삼한시대에 이미 의림지가 못이었음이 확인되었다. 의림지의 조성에 관해서는 전설에서 그 유래를 짐작해볼 수 있다. 의림지는 최초로 진흥왕 때 악성 우륵이 개울물을 막아 둑을 쌓았다는 이야기가 전해지고 있으며, 700여 년이 흐른 다음 이곳에 현감으로 부임한 박의림 朴義林이 제방을 좀 더 견고하게 만든 것이라고 한다.

　고대에 조성된 우리나라 3대 수리 시설인 제천의 의림지, 김제의 벽골제, 밀양의 수산제 중에서 오늘날까지 사용하고 있는

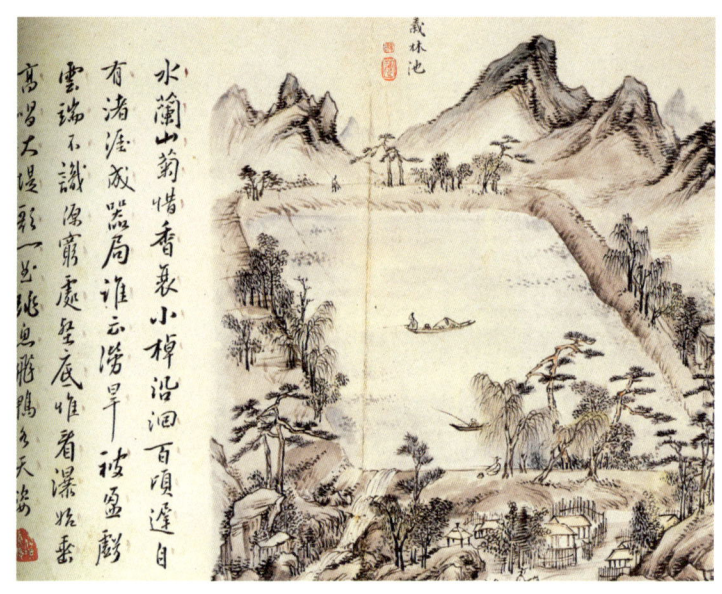

▶ 〈의림지〉
실경산수를 즐겨 그린 이방운의 산수화로 제방과 못 둘레에 소나무와 버드나무 등이 심겨져 있다.

곳은 오직 의림지뿐이다. 벽골제와 수산제는 이미 기능을 상실했다. 우리가 흔히 쓰는 '호서 지방'이라는 말이 있다. 이것은 충청 지역을 가리키는 말인데, 호서湖西는 '의림지의 서쪽'이라는 의미의 어휘다. 충청 지역을 일컬어 의림지의 서쪽 지역이라는 표현을 쓸 정도로 의림지는 유서 깊은 저수지다.

《한국지명총람》에는 의림지를 신라 때 '의림'이라 했다고 기록되어 있다. 또한 의림지에 위치한 정자인 경호루鏡湖樓의 〈경호루기〉에 의하면 신라 때 의림지는 원래 '임지林池'라 하였는데 고려 992년(성종 11) 군현의 이름을 개칭할 때 제천의 지명을 의원현義原縣, 또는 의천義泉이라 한 것에서 유래되어 '의'자를 붙여 '의림지'라 부르게 되었다고 한다.

의림지는 역사도 깊지만 그 모습이 빼어나게 아름다운 명소였기 때문에 많은 시인묵객이 즐겨 찾은 곳이기도 했다. 의림지를 탐방한 문인과 화가들은 많은 작품을 남겼다. 그중에서도 조선 후기 산수화가 이방운의 서화첩《사군강산참선수석 四郡江山參僊水石》에 묘사된 의림지는 특히나 아름답다. 예로부터 의림지는 단양사군 丹陽四郡(청풍, 영춘, 단양, 제천) 중에서 제천을 대표하는 명소로 알려져 있다.

이방운의 산수화 〈의림지〉에는 제방 위에 아름다운 수목이 빙 둘러 그려져 있다. 소나무와 버드나무가 주종인 산수화 속의 수림은 의림지의 호수와 잘 어울려 아름답게 조화를 이룬다. 의림지의 제방에는 오늘날에도 노거수 숲이 있어 매우 아름다운 경관을 연출하고 있다. 이로 인해 의림지는 제방에 위치한 숲과 함께 '제천 의림지와 제림'이란 명칭으로 명승이 된 것이다.

의림지의 명칭에 '수풀 임林'이 들어간 것도 예전부터 항상 의림지 제방에 숲이 있었기 때문이라고 추측된다. 고문헌을 살펴보면 하천이나 저수지의 제방을 축조할 때 반드시 수목을 식재했다는 사실을 알 수 있다. 수목의 뿌리가 서로 얽혀 제방을 튼튼히 해주고 토양의 유실을 막는 역할을 하기 때문이다. 현재 의림지의 제방에는 노송이 상당수 자리하고 있다. 이 소나무들은 군락을 이뤄 제방의 기능을 보완하고 곳곳에 위치한 정자와 어울려 수려한 풍광을 형성하는 역할을 하고 있다.

의림지는 용두산 골짜기에서 흘러내린 물이 수원을 이룬다. 평상시에 흘러오는 물은 저수지에 가두고, 홍수 때 실려오는 흙과 모래는 서쪽의 용추폭포를 통해 홍류동 쪽으로 보내는 특별한 구조를 가지고 있다. 이렇게 특이한 얼개를 갖고 있는 의림

▶ **제림**
의림지 제림은 과거 제방을 축조한 후 나무를 심는 것이 일반적인 공법이었음을 보여준다. 나무의 뿌리는 제방을 튼튼히 하고 토양의 침식을 막아주는 기능을 한다.

지는 예전에도 저수지의 기능을 유지하기 위해 여러 차례 공사를 시행한 기록이 나타난다. 이러한 기록의 하나로 조선 세조 때 체찰사體察使로 이곳에 왔던 정인지는 3도의 병력 1,500명을 동원하여 의림지를 대대적으로 보수했다고 한다.

의림지 제방과 호안 주변에는 진섭헌振屧軒, 임소정臨沼亭, 호월정湖月亭, 청폭정廳瀑亭, 우륵대于勒臺 등 많은 정자와 누대가 있었다. 그러나 지금은 영호정映湖亭과 경호루만이 남아 있다. 영호정은 정면 2칸, 측면 2칸 규모의 팔작지붕 정자로 1807년(순조 7) 이집경이 처음 건립했고, 6·25전쟁으로 훼손된 것을 그의 후손인 이범우가 1954년에 중건했다. 경호루는 해방 이후인 1948년 정면 3칸, 측면 2칸의 2층 규모로 지어진 누각이다.

의림지에는 제비바위라는 연자암이 있다. 이 바위에서 우륵이 가야금을 탔다는 전설이 전해지며 연암, 용바위 또는 우륵대라고도 불린다. 충주의 탄금대와 더불어 우륵의 자취는 이곳 의림지에서도 발견되고 있다. 현재 의림지의 우측 도로변 녹지에는 우륵의 자취를 재현하여 우륵정이 새로 지어졌으며, 탐방객을 위해 의림지 주변을 정화하는 작업이 계속 진행되고 있다. 하지만 이 모든 시설이 삼한시대부터 이어진 오랜 역사를 간직한 의림지의 문화 경관을 어지럽히는 일은 없어야 할 것이다.

명승 제81호

덕연구곡의 명소, 용계정과 덕동숲

덕동마을은 온통 숲으로 둘러싸인 마을이다. 덕동의 마을숲인 덕동숲은 마을 앞을 흐르는 용계천을 따라 길게 조성되어 있다. 이 숲은 송계숲, 정계숲, 섬솔밭으로 이어지는데 이 안에 포근하게 들어앉은 곳이 바로 덕동마을이다. 덕동德洞마을은 덕이 있는 사람들이 사는 마을이라는 뜻에서 그 이름이 유래되었다. 이 마을에는 덕동, 오덕리五德里, 세덕사世德祠, 덕연계곡德淵溪谷, 덕계서원德溪書院 등 '덕'과 관련한 지명이 유독 많다.

덕동마을은 임진왜란 때 북평사라는 벼슬을 지낸 정문부鄭文孚(1565~1624)가 가족을 피신시켰던 곳이다. 전쟁이 끝난 후 전주로 돌아가며 모든 재산을 손녀사위인 이강李壃(1621~1688)에게 물려주어 마을이 형성되기 시작했으며, 그 후손들이 번성하여 여강이씨의 집성촌이 되었다. 이강은 회재 이언적의 동생인 농재 이언괄의 4대손이다. 그는 사우당四友堂 고택에 정착하면서 덕동마을에 터를 닦아 여강이씨의 입향조가 되었다.

포항시 기북면 소재지에서 북쪽 방향으로 난 지방도를 따라 10여 리 정도 가면 동구에 마을숲이 위치한 덕동마을에 다다른다. 덕동마을을 에워싸고 있는 덕동숲은 여강이씨 문중의 묘터에서 용계천이 내려다보이는 것을 막기 위해 수구막이로 조성되었다. 풍수지리상 묘터에서 물이 내려다보이면 마을의 재물과 복이 물과 함께 마을 밖으로 빠져나간다고 해서 만든 숲이라고 한다.

덕동마을의 초입에는 송계숲이 위치하고 있다. '송계松契'는 글자 그대로 '소나무계'를 의미한다. 송계숲은 마을 문중에서 소나무의 몫으로 내준 두 마지기의 논과 여섯 마지기의 밭을 소유하고 있다. 마을에서는 이 땅을 경작해 얻은 수익으로 숲을 관리하며 남은 돈으로는 마을 어른들의 회갑연이나 동네의 일에 사용하고 있다고 한다. 이것은 지금까지 전해지고 있는 송계숲의 공동관리 사항을 기록한 《송계부松契簿》를 통해 알 수 있다.

송계숲을 지나면 작은 계곡인 용계천을 따라 느티나무, 은행나무, 회화나무, 굴참나무 등의 활엽수가 늘어서 있는 것을 볼 수 있다. 이곳을 지나 계속 거슬러 오르면 아름다운 계곡의 암벽 위에 자리한 용계정龍溪亭을 만나게 된다. 또한 건너편 언덕에는 소나무가 군락을 이룬 숲이 있는데 여기가 바로 정계亭契숲이다. 정계숲은 용계정의 경관을 한층 돋보이게 하는 솔숲이다. 용계정의 계자난간 앞에 앉아 바라보는 굽이진 용계천과 정계숲의 푸른 창송의 모습은 정말 소쇄瀟灑하기 그지없다.

용계정 위로는 정계숲에 이어 섬솔밭島松이 위치하고 있다. 긴 농기구인 가래와 같이 생긴 연못이라는 삽연鍤淵 옆에 조성된 섬솔밭은 넓은 공간에 형성되어 마을의 공원과 같은 장소다. 삽연은 섬솔밭과 조화를 이루고 있는 못이다. 본래 산은 강하지만 물이 약한 지세인 덕동마을의 풍수를 보완할 목적으로 조성되었다. 이와 같은 산강수약山强水弱의 지세에서는 인물이 나지 않는다고 하여 이 위치에 연못을 만들어 지세를 비보한 것이다.

▼ **용계정**
덕연계곡의 중심에 자리한 용계정은 덕동마을의 물리적 구조는 물론 심리적 측면에서도 마을의 구심을 이루고 있는 누정이다.

1970년대 들어 연못은 마을의 기운을 보완하기 위해 다시 축조되었는데, 산세를 보호하는 못이라는 의미로 호산지당護山池塘이라고도 한다.

정계숲 맞은편 암벽 위의 빼어난 장소에 자리한 용계정은 마을의 중심을 이루는 상징적인 누정이다. 1546년(명종 1)에 세워진 건물로 정문부가 별서로 사용했고, 이후 여강이씨 문중에서 소유하면서 1686년(숙종 12)에 다시 크게 지어졌다. 용계정은 경상도 지방에서 많이 볼 수 있는 정자의 유형으로 직사각형의 평면을 가지고 있다. 경사진 터를 이용해 뒷면에서는 지면과 누마루가 평면을 이루어 곧장 진입할 수 있지만 앞면은 2층 높이의 누상에 올라앉은 것과 같은 모양을 하고 있는 정자다. 앞면의 경우 계곡 등의 경관 요소를 내려다보는 부감 경관이 형성되는

▼ **용계천**
계자난간 아래로 흐르는 용계천의 모습은 용계정에서 부감되는 아름다운 풍경이다.

특징을 지니고 있다.

용계정의 건물 뒤에는 세덕사지가 있다. 1778년에 건립된 세덕사는 이언괄 부자를 모신 사당이다. 명홍당, 진덕재, 입덕문, 연연루, 면수재 등이 지어지면서 서원의 면모를 갖추게 되었다. 이후 용계정은 1800년대 들어 세덕사의 강당으로 사용되면서 강학의 처소로 변했다. 이로 인해 흥선대원군의 서원철폐령으로 세덕사가 훼철되는 수난을 당했을 때, 용계정도 철거될 운명에 놓이게 되었다. 이때 마을에서는 용계정을 보존하기 위해 밤을 새워가며 세덕사와 용계정 사이에 담장을 축조했다고 한다. 이러한 노력으로 세덕사만 훼철되고 용계정은 보존되어 오늘에 전하게 된 것이다.

자금산의 남쪽에 자리한 덕동마을은 덕연계곡에 위치하고 있

다. 용계정을 비롯한 덕동숲 또한 덕연계곡의 아름다운 경승을 형성하고 있는 요소로서, 이 계곡의 아홉 개 명소가 선발되어 덕연구곡이라 명명되었다. 제1곡은 물이 흐르는 연못이라는 수통연水通淵, 제2곡은 속세를 멀리한 너른 바위라는 뜻의 막애대邈埃臺, 제3곡은 서천폭포西川瀑布다. 제4곡은 소나무 숲이 우거진 섬솔밭이고, 제5곡은 용계정 부근에 위치한 연어대鳶魚臺, 제6곡은 물이 합쳐지는 곳이라는 합류대合流臺다. 제7곡은 구름이 피어오르는 연못이라는 운등연雲騰淵, 제8곡은 용이 누운 바위라는 뜻의 와룡암臥龍岩, 제9곡은 가래같이 생긴 연못이라는 삽연이다. 덕연구곡의 구곡 경관 중 대부분은 명승 '용계정과 덕동숲'에 포함되는 경승지다.

◀ **운등연**
덕연계곡의 제7곡으로 구름이 피어오르는 연못을 의미한다.

　본래 구곡은 중국의 무이구곡을 연원으로 한다. 주자의 성리학을 건국이념의 바탕으로 삼았던 조선의 유림들은 그들이 머무르는 심산유곡의 아름다운 장소를 동천으로 명명하고, 이러한 경승지에 주자의 무이구곡을 모방하여 많은 구곡 경관을 만들었다. 덕연구곡 역시 이러한 문화를 상징적으로 나타내는 구곡 경관이라 할 수 있다.

　덕동마을에는 덕연구곡 이외에도 전통문화를 보여주는 다양한 경관 요소들이 보존되어 있다. 이곳에는 정문부의 식솔들이 피난을 와서 살던 집인 애은당愛隱堂, 정문부의 조부인 정언각이 청송부사로 재직할 당시 풍수지리에 밝은 청지기가 가르쳐준 길지에 건립했다는 사우당, 그리고 덕계서원이 위치하고 있다. 덕동마을의 길지를 구성하는 아름다운 덕동숲과 용계천 암반 위에 자리한 용계정은 전통마을의 문화를 잘 나타내고 있는 상징적 문화 경관이라고 할 수 있다.

감사의 글

오랜 기간의 인고를 거쳐 한 권의 책을 내놓는다. 출간까지 정말 많은 시간과 노력이 필요했다. 필자는 본래부터 천학비재인 사람이라서 과거 10여 년 동안 마을숲 연구에 매달려 겨우 《마을숲》 한 권을 세상에 내놓았을 뿐이다. 그 후 또다시 문화재와 인연을 맺게 되어 10여 년의 답사와 연구를 통해 이제야 비로소 명승에 대한 책을 출판하게 되었다. 그 이유는 본시 머리나 손으로 글을 쓰는 재주가 없고, 오랜 세월 발로 직접 누벼야만 글이 써지는 둔재의 어리석음 때문이라 여겨진다. 이번에 출간한 《보고 생각하고 느끼는 우리 명승기행》은 2013년 5월 현재 문화재로 지정된 명승 104개소 중에서 역사와 문화적 의미가 깊은 명승 49개소를 대상으로 구성하였다.

   명승은 한 번의 지정으로 끝나는 것이 아니다. 계속해서 새로 발굴하고 찾아내어 아름다운 우리의 유산을 명승으로 지정해야 한다. 그래서 이 책 한 권으로 끝내지 않고 앞으로도 계속 집필을 할 생각이다. 그러나 현재까지 지정된 명승만으로도 분량이 넘쳐 두 권으로 구성할 수밖에 없었고 그중 한 권을 먼저 출간하게 되었다.

이 책의 출간에는 반드시 밝혀야 할 사안이 있다. 명승은 본래 그 모습이 매우 아름다운 문화재다. 물론 그 속에 내재해 있는 역사와 문화적인 의미가 무엇보다도 중요하지만, 이러한 의미를 이해하기에 앞서 눈으로 보여지는 물리적 실체가 먼저 감지되는 대상이다. 따라서 명승은 그 안에 담겨진 추상적인 의미를 설명하는 글 못지않게 그 모습을 한눈에 살펴볼 수 있는 사진 또한 매우 중요하다고 할 수 있다. 본문에 사용된 사진은 대부분 필자가 현장을 답사하며 촬영한 것이다. 그러나 상당수는 많은 곳에서 명승의 홍보를 위해 협조를 받은 사진임을 밝혀두려 한다. 특히 문화재청과 국립문화재연구소 자연문화재 연구실, 상지대학교 이광춘 명예교수님, 한국전통문화대학교 김영모 교수님이 사진을 많이 제공해주셨다. 아울러 명승 홍보를 위해 명승이 소재하고 있는 지방자치단체에서 보내준 사진도 다수 사용되었음을 밝힌다.

이 책이 나오기까지 많은 분의 수고와 격려가 있었다. 그중에서 전 문화재위원회 위원장님이신 우홍 이인규 선생님이 가장 큰 도움을 주셨다. 우홍 선생님은 부족한 사람이 문화재위원을 역임하는 동안 줄곧 세심한 지도와 사랑을 베풀고, 내게 '운암雲岩'이라는 아름다운 호도 지어주셨다. 또한 이 책이 출판되는 것을 알고는 기꺼이 추천의 글을 자청해 써주셨다. 우홍 선생님의 깊은 배려에 진심으로 감사드린다. 마지막으로 졸고를 기꺼이 받아 격조 높은 책으로 출판해주신 김영사에도 진심으로 감사를 드린다.

부록

지도로 보는 명승

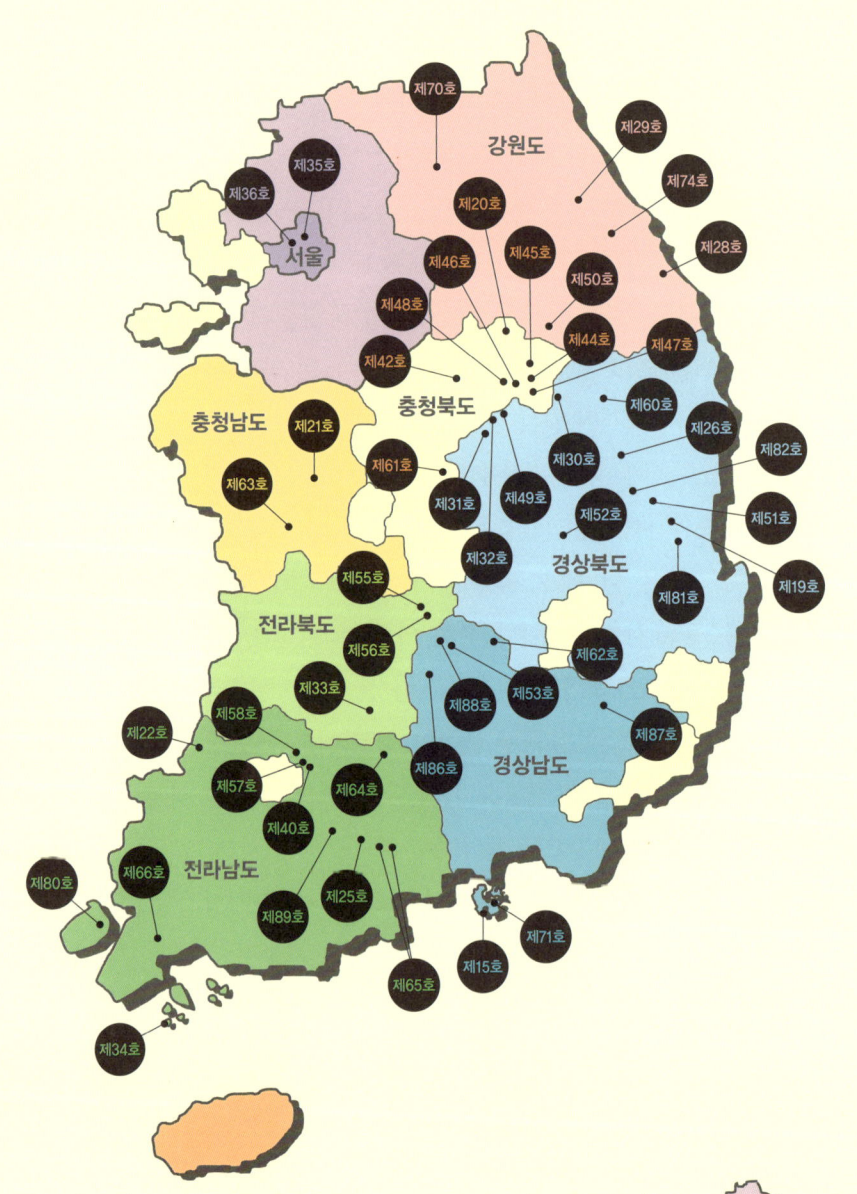

서울특별시
제35호 성락원
제36호 서울 부암동 백석동천

충청남도
제21호 공주 고마나루
제63호 부여 구드래 일원

충청북도
제20호 제천 의림지와 제림
제42호 충주 탄금대
제44호 단양 도담삼봉
제45호 단양 석문
제46호 단양 구담봉
제47호 단양 사인암
제48호 제천 옥순봉
제61호 속리산 법주사 일원

강원도
제28호 삼척 죽서루와 오십천
제29호 구룡령 옛길
제50호 영월 청령포
제70호 춘천 청평사 고려선원
제74호 대관령 옛길

전라북도
제33호 광한루원
제55호 무주구천동 일사대 일원
제56호 무주구천동 파회·수심대 일원

전라남도
제22호 영광 법성진 숲쟁이
제25호 순천 초연정 원림
제34호 보길도 윤선도 원림
제40호 담양 소쇄원
제57호 담양 식영정 일원
제58호 담양 명옥헌 원림
제64호 지리산 화엄사 일원
제65호 조계산 송광사·선암사 일원
제66호 두륜산 대흥사 일원
제80호 진도 운림산방
제89호 화순 임대정 원림

경상북도
제19호 예천 선몽대 일원
제26호 안동 백운정 및 개호송숲 일원
제30호 죽령 옛길
제31호 문경 토끼비리
제32호 문경새재
제49호 충주 계립령로 하늘재
제51호 예천 초간정 원림
제52호 구미 채미정
제60호 봉화 청암정과 석천계곡
제81호 포항 용계정과 덕동숲
제82호 안동 만휴정 원림

경상남도
제15호 남해 가천마을 다랑이논
제53호 거창 수승대
제62호 가야산 해인사 일원
제71호 남해 지족해협 죽방렴
제86호 함양 화림동 거연정 일원
제87호 밀양 월연대 일원
제88호 거창 용암정 일원

* 이 책에서 설명한 명승에 한하여 표기함.

부록

명승 목록

제19호

지정번호	명칭	소재지	관리자(단체)
제1호	명주 청학동 소금강	강원 강릉시	강릉시장
제2호	거제 해금강	경남 거제시	거제시장
제3호	완도 정도리 구계등	전남 완도군	완도군수
	해남 대둔산 일원	명승 제4호에서 해제되어 사적 및 명승 제9호로 재분류되었으나 이 종목이 또다시 해제되면서 사적 제508호 해남 대흥사, 명승 제66호 두륜산 대흥사 일원으로 나뉘어 지정됨	
	승주 송광사·선암사 일원	명승 제5호에서 해제되어 사적 및 명승 제8호로 재분류되었으나 또다시 해제되어 사적 제506호 순천 송광사, 제507호 순천 선암사, 명승 제65호 조계산 송광사·선암사 일원으로 나뉘어 지정됨	
제6호	울진 불영사 계곡 일원	경북 울진군	울진군수
제7호	여수 상백도·하백도 일원	전남 여수시	여수시장
제8호	옹진 백령도 두무진	인천 옹진군	옹진군수
제9호	진도의 바닷길	전남 진도군	진도군수
제10호	삼각산	경기 고양시	고양시장, 서울 강북구청장
제11호	청송 주왕산 주왕계곡 일원	경북 청송군	청송군수
제12호	진안 마이산	전북 진안군	진안군수
제13호	부안 채석강·적벽강 일원	전북 부안군	부안군수
제14호	영월 어라연 일원	강원 영월군	영월군수
제15호	남해 가천마을 다랑이논	경남 남해군	남해군수
제16호	예천 회룡포	경북 예천군	예천군수

제28호

지정번호	명칭	소재지	관리자(단체)
제17호	부산 영도 태종대	부산 영도구	영도구청장
제18호	소매물도 등대섬	경남 통영시	통영시장
제19호	예천 선몽대 일원	경북 예천군	예천군수, 진성이씨 백송파종중
제20호	제천 의림지와 제림	충북 제천시	제천시장
제21호	공주 고마나루	충남 공주시	공주시장
제22호	영광 법성진 숲쟁이	전남 영광군	영광군수
제23호	봉화 청량산	경북 봉화군	봉화군수, 진성이씨 상계파종중
제24호	부산 오륙도	부산 남구	남구청장
제25호	순천 초연정 원림	전남 순천시	순천시장
제26호	안동 백운정 및 개호송숲 일원	경북 안동시	안동시장
제27호	양양 낙산사 의상대와 홍련암	강원 양양군	낙산사
제28호	삼척 죽서루와 오십천	강원 삼척시	삼척시장
제29호	구룡령 옛길	강원 양양군	양양군수
제30호	죽령 옛길	경북 영주시	영주시장
제31호	문경 토끼비리	경북 문경시	문경시장
제32호	문경새재	경북 문경시	문경시장
제33호	광한루원	전북 남원시	남원시장
제34호	보길도 윤선도 원림	전남 완도군	완도군수
제35호	성락원	서울 성북구	성북구청장
제36호	서울 부암동 백석동천	서울 종로구	종로구청장
제37호	동해 무릉계곡	강원 동해시	동해시장
제38호	장성 백양사 백학봉	전남 장성군	장성군수, 백양사
제39호	남해 금산	경남 남해군	남해군수
제40호	담양 소쇄원	전남 담양군	담양군수
제41호	순천만	전남 순천시	순천시장
제42호	충주 탄금대	충북 충주시	충주시장

제45호

제47호

제58호

지정번호	명칭	소재지	관리자(단체)
제43호	제주 서귀포 정방폭포	제주 서귀포시	제주특별자치도지사
제44호	단양 도담삼봉	충북 단양군	단양군수
제45호	단양 석문	충북 단양군	단양군수
제46호	단양 구담봉	충북 단양군	단양군수
제47호	단양 사인암	충북 단양군	단양군수
제48호	제천 옥순봉	충북 제천시	제천시장
제49호	충주 계립령로 하늘재	충북 충주시	충주시장
제50호	영월 청령포	강원 영월군	영월군수
제51호	예천 초간정 원림	경북 예천군	예천군수
제52호	구미 채미정	경북 구미시	구미시장
제53호	거창 수승대	경남 거창군	거창군수
제54호	고창 선운산 도솔계곡 일원	전북 고창군	고창군수
제55호	무주구천동 일사대 일원	전북 무주군	무주군수
제56호	무주구천동 파회·수심대 일원	전북 무주군	무주군수
제57호	담양 식영정 일원	전남 담양군	담양군수
제58호	담양 명옥헌 원림	전남 담양군	담양군수
제59호	해남 달마산 미황사 일원	전남 해남군	해남군수
제60호	봉화 청암정과 석천계곡	경북 봉화군	봉화군수
제61호	속리산 법주사 일원	충북 보은군	보은군수, 법주사
제62호	가야산 해인사 일원	경남 합천군	합천군수, 해인사
제63호	부여 구드래 일원	충남 부여군	부여군수
제64호	지리산 화엄사 일원	전남 구례군	구례군수, 화엄사
제65호	조계산 송광사·선암사 일원	전남 순천시	순천시장, 송광사
제66호	두륜산 대흥사 일원	전남 해남군	해남군수, 대흥사
제67호	서울 백악산 일원	서울 종로구	서울특별시장
제68호	양양 하조대	강원 양양군	양양군수

지정번호	명칭	소재지	관리자(단체)
제69호	안면도 꽃지 할미 할아비 바위	충남 태안군	태안군수
제70호	춘천 청평사 고려선원	강원 춘천시	청평사
제71호	남해 지족해협 죽방렴	경남 남해군	남해군수
제72호	지리산 한신계곡 일원	경남 함양군	함양군수
제73호	태백 검룡소	강원 태백시	태백시장
제74호	대관령 옛길	강원 강릉시	강릉시장
제75호	영월 한반도 지형	강원 영월군	영월군수
제76호	영월 선돌	강원 영월군	영월군수
제77호	제주 서귀포 산방산	제주 서귀포시	서귀포시장
제78호	제주 서귀포 쇠소깍	제주 서귀포시	서귀포시장
제79호	제주 서귀포 외돌개	제주 서귀포시	서귀포시장
제80호	진도 운림산방	전남 진도군	진도군수
제81호	포항 용계정과 덕동숲	경북 포항시	포항시장
제82호	안동 만휴정 원림	경북 안동시	안동시장
제83호	사라오름	제주 서귀포시	제주특별자치도지사
제84호	영실기암과 오백나한	제주 서귀포시	제주특별자치도지사
제85호	함양 심진동 용추폭포	경남 함양군	함양군수
제86호	함양 화림동 거연정 일원	경남 함양군	함양군수
제87호	밀양 월연대 일원	경남 밀양시	밀양시장
제88호	거창 용암정 일원	경남 거창군	거창군수
제89호	화순 임대정 원림	전남 화순군	화순군수
제90호	한라산 백록담	제주 서귀포시	제주특별자치도지사
제91호	한라산 선작지왓	제주 서귀포시	제주특별자치도지사
제92호	제주 방선문	제주 제주시	제주시
제93호	포천 화적연	경기 포천시	포천시
제94호	포천 한탄강 멍우리 협곡	경기 포천시	포천시

제86호

제89호

지정번호	명칭	소재지	관리자(단체)
제95호	설악산 비룡폭포 계곡 일원	강원 속초시	속초시
제96호	설악산 토왕성폭포	강원 속초시	속초시
제97호	설악산 대승폭포	강원 인제군	인제군
제98호	설악산 십이선녀탕 일원	강원 인제군	인제군
제99호	설악산 수렴동·구곡담 계곡 일원	강원 인제군	인제군
제100호	설악산 울산바위	강원도 일원	강원도
제101호	설악산 비선대와 천불동계곡 일원	강원 속초시	속초시
제102호	설악산 용아장성	강원 인제군	인제군
제103호	설악산 공룡능선	강원도 일원	강원도
제104호	설악산 내설악 만경대	강원 인제군	인제군
제105호	청송 주산지 일원	경북 청송군	청송군
제106호	강릉 용연계곡 일원	강원 강릉시	강릉시
제107호	광주 환벽당 일원	광주 북구	광주광역시 북구청
제108호	강릉 경포대와 경포호	강원 강릉시	강릉시
제109호	남양주 운길산 수종사 일원	경기 남양주시	남양주시
제110호	괴산 화양구곡	충북 괴산군	괴산군
제111호	구례 오산 사성암 일원	전남 구례군	구례군